经济学理论与企业绿色营销发展探究

王丽娟 岳桂萍 于 和 ◎著

中国出版集团 现代出版社

图书在版编目（CIP）数据

经济学理论与企业绿色营销发展探究 / 王丽娟 , 岳
桂萍 , 于和著 . -- 北京 : 现代出版社 , 2023.2
ISBN 978-7-5231-0196-4

Ⅰ . ①经… Ⅱ . ①王… ②岳… ③于… Ⅲ . ①企业管
理 – 市场营销 – 研究 Ⅳ . ① F274

中国国家版本馆 CIP 数据核字 (2023) 第 026474 号

经济学理论与企业绿色营销发展探究

作　　者	王丽娟　岳桂萍　于　和
责任编辑	王志标
出版发行	现代出版社
地　　址	北京市朝阳区安外安华里 504 号
邮　　编	100011
电　　话	010-64267325　64245264（传真）
网　　址	www.1980xd.com
电子邮箱	xiandai@cnpitc.com.cn
印　　刷	北京四海锦诚印刷技术有限公司
版　　次	2023 年 2 月第 1 版　2023 年 2 月第 1 次印刷
开　　本	185mm×260mm　1 /16
印　　张	11.75
字　　数	264 千字
书　　号	ISBN 978-7-5231-0196-4
定　　价	58.00 元

前言

随着世界范围内人们的环保意识、绿色意识逐步增强，世界已进入了保护环境，崇尚自然，促进持续发展的"绿色时代"。这对人类的生产模式和消费模式产生了巨大而深刻的影响。在全球范围内越来越多的绿色商品进入市场，绿色消费已成为一种潮流。在人们绿色意识不断增强，对绿色文明的追求成为一种时尚的今天，一种新的营销方式——绿色营销（Green Marketing）便应运而生。企业作为自然社会经济复合系统中的一个组成部分，保护生态环境，促进经济与生态的协同发展，既是企业自身生存与发展的需要，又是企业不可推卸的社会责任。20 世纪 90 年代以后绿色营销风靡全球，使企业营销步入了集企业责任与社会责任于一体的理性化的高级阶段。

鉴于此，笔者撰写了《经济学理论与企业绿色营销发展探究》一书，本书以经济学的界定、经济学的演进及发展、经济学的研究对象与方法为切入点，重点研究价格理论与行为理论、市场结构理论与生产要素、绿色经济的关键支点：绿色营销、企业绿色营销的策略、企业绿色营销的创新发展。

本书一方面内容细致、严谨、完善，在详细展开企业绿色营销前加入了经济学理论与企业绿色营销的基础知识和研究意义；另一方面视野开阔，注重对相关行业最新研究成果的吸收借鉴和不同学科之间知识的相互渗透、相互融合，力图层次清晰，语言流畅，文字精练。

笔者在撰写本书的过程中，得到了许多专家学者的帮助和指导，在此表示诚挚的谢意。由于笔者水平有限，加之时间仓促，书中所涉及的内容难免有疏漏之处，希望各位读者多提宝贵意见，以便笔者进一步修改，使之更加完善。

目录

第一章　绪论

第一节　经济学的界定

一、经济学产生的基础

（一）经济学的稀缺性

经济学是一门研究经济问题的科学。所谓经济，最一般的解释是节省。经济学的研究基于一个最基本的事实，即资源的稀缺性。一个社会的稀缺性集中表现为满足人们需要的物品和劳务不能满足所有人的需要，因而是稀缺的。物品与劳务之所以稀缺，主要有以下两个原因：

（1）人的欲望是无限的。与无限的欲望相比，任何物品与劳务都是稀缺的。根据物品满足人的欲望的程度，经济学把物品分为两种：①自由物品（free goods）。这种物品可以无限满足人的需要，取之不尽，用之不竭。假设在一个完全封闭的经济体中，盛产苹果，年产量可达50万吨，而这一经济体的居民只有500人，此时此刻，苹果相对于这个小岛的居民而言，就是一种自由物品。自由物品最主要的经济特征是人们占有、使用或支配甚至消费它，不需要支付代价，即价格等于零（P=0）。显然，对这种产品，经济学并不感兴趣，它并不是经济学的研究对象。②经济物品（economic goods）。这类物品不能完全满足人的欲望，我们面临的绝大多数物品属于经济物品。因此，人们占有、使用或消费它，就需要支付价格（P＞0）。稀缺程度越高，价格越高。

一种商品价格的高低，与这种商品对人的重要与否并没有直接的关系，对人们来说，最重要的东西是空气，但人们可以免费使用。对人们来说，必不可少的是水，但水很便宜，而可有可无的有些商品，如装饰品，却非常昂贵。所以，价格是商品稀缺程度的函数。

（2）生产这些物品与劳务的生产要素是稀缺的。经济学所指的生产要素，包括资本、土地、劳动和企业家才能。由于这些要素都是稀缺的，所以它们都有价格。资本的价格为利息，土地的价格为地租，劳动的价格为工资，企业家才能的价格为利润。与其他产品的价格不同，生产要素的价格不是其所有权的价格，而是其使用权的价格。如某企业支付一定的利息，取得了一笔贷款，这笔利息只是让该企业取得了在一定的时间内使用这笔贷款的权利。到期后，该企业要还本付息。由于这些要素都是稀缺的，因此，它们不能无限地生产人们所要的东西，这就造成了满足人们需要的物品的稀缺。

（二）经济学的机会成本

当具有多种用途的稀缺资源要求经济主体做出选择时，选择也会产生成本。选择的成本我们称为机会成本。机会成本是把一定资源用于生产某种产品时所放弃的另一产品的数量。它也是做出一次决策时所放弃的其他可供选择的最好用途，是以同样资源从事相对于前者来说为次优的事情所能获致的利益，也可以说是为了从事某种事情所必须放弃的另一种事情的利益。买船的机会成本是自己造船，而自己造船的机会成本是买船。运用机会成本的概念，可以对一定资源的不同选择所能达到的经济收益进行比较，以便在使用这一资源时获得尽可能大的收益。理解机会成本需要注意以下三点：

（1）机会成本不同于实际成本，它不是在做出某项选择时所支付的实际费用，而是一种观念上的费用或损失。如投资的机会成本是把资金存入银行所取得的利息。有选择就必须有放弃，因为资源是有限的，选择了一个就必须放弃另一个，因而机会成本是一种观念上的成本。

（2）机会成本并不完全是由个人选择所引起的，其他人的选择也会给你带来机会成本。同样你的选择也会给其他人带来机会成本。如一个人在寝室里欣赏音乐的机会成本是放弃了安静，但同时，其他人也因此不能享受安静。这就是你给其他人所带来的机会成本。外部性其实就是一个经济主体给其他经济主体带来的机会成本。

（3）机会成本是经济主体做出决策时所放弃的最好收益的那种选择。机会成本的概念具有非常重要的意义。我们平常所做的可行性分析实际上就是从机会成本的概念中直接引申出来的。再如我们平时所说的盈利和亏损也必须引入机会成本的概念，才能加以说明。假定 A 项目，投资 100 万元，收益 120 万元，收支相抵，盈余 20 万元，从会计学的角度来说，这 20 万元就是利润。但当我们引入机会成本的概念时，还必须与其他选择进行比较，如 B 项目的投资也是 100 万元，收益 121 万元，收支相抵，盈余 21 万元。比较 A、B 这两个项目，就会发现 B 项目更优。因此从机会成本的角度看，A 项目仍然是亏损的。当然这是指 A 项目并没有达到最大的产出，从而也没有使资源达到最有效率的使用，因而 A 项目显然不是最佳选择。由于选择无所不在，所以这种思想对决策者的决策具有非常重要的意义。

关于机会成本，以下方面需要注意：①使用闲置的资源生产产品的机会成本等于零。

②企业主自己管理企业的机会成本是他从事其他工作可能得到的工资收入。③投资者利用自有资本进行投资的机会成本，等于把这笔资本存入银行或者借给别人得到的利息。④把生产 A 产品，转换成生产 B 产品的机会成本是生产 A 产品所带来的利润。⑤价格变化前买进的原材料，其机会成本应按变化后的价格来计算（即这批原材料在价格变动后出售所得到的收入）。⑥折旧的机会成本是该机器设备期初与期末可变卖价值之差。

二、微观经济学与宏观经济学

经济学所说的理性（rationality）是指经济学家对人的行为的一种基本假定。其基本含义是：任何一个经济主体都要在给定的条件下，存在一种追求自己的最大利益的利己主义倾向。基于利己性，人们总是愿意并努力地去得到他们能够得到的更多的好东西。人们在面临各种选择时，希望得到的净利益最大化。理性的人又可以称为经济人。给定的条件是指人们在追求个人利益的时候所面临的约束条件。这些条件主要是指法律规范和道德标准。这就是说，每个经济主体在追求个人利益时，既要遵守社会的法律规范又要符合社会在长期的进步过程中建立起来的价值观念和道德规范。

（一）微观经济学的内涵

微观经济学通过对单个经济主体的经济行为的研究来说明现代经济中市场机制的运行以及改善这种运行的途径，其中心理论为"看不见的手"价格机制。微观经济学对个体经济单位的研究大致分为三个层次。第一层次：分析单个经济主体的经济行为。消费者如何做出最优的消费决策以取得最大效用，单个生产者如何以最优的经济决策取得最大利润。第二层次：分析单个市场的价格和产量的形成。某一市场中消费者和生产者（需求和供给双方）在追求自身的经济利益的条件下，共同对市场产生作用。第三层次：把所有的市场看成是一个整体，并分析其价格和产量的形成，它们是在所有单个市场（如产品市场、劳动市场、资本市场）的共同作用下形成的。

微观经济学有两个基本的假设条件，这两个假设对微观经济分析尤为重要。

第一，人是理性的，即任何从事经济活动的人都力图以最小的经济代价去追求和获取最大的经济利益，正是这一假设使经济学的分析成为可能。第二，在微观经济学中一般有经济信息完全的假设，其含义为在市场上每一个从事经济活动的个体都掌握了有关经济活动充分的信息。当然，经济学家也承认，上述两个假设尤其是第二个假设未必完全符合事实，但现代经济学的基本分析却不能不依赖此假设。这两个假设有利于经济学初学者从简单的经济分析着手，进而一步步走向复杂真实的经济世界。微观经济学的主要框架如下所示：

（1）消费者行为。在经济学中，消费者是指能独立做出消费决策的经济单位。每一个消费者都具有双重的身份：第一，是产品的需求者。第二，是生产要素的供给者。

（2）企业行为。企业又叫厂商，是指能独立做出生产经营决策的经济单位。与消费者一样，其身份也是双重的：第一，是产品的供给者。第二，是生产要素的需求者。

（3）消费者和生产者互相提供产品，互相提出需求，因而构成了经济活动的两个市场：产品市场和要素市场。在完全竞争的条件下，无论是产品市场，还是要素市场，单个消费者和单个厂商的经济活动都表现为在市场竞争机制的作用下，各自追求自身的经济利益最大化的行为。在这样的条件下，如果没有外界力量介入，经济运行可以实现有效率的资源配置，即"帕累托最优"。而在这一过程中，价格是一个核心的杠杆，也是微观经济学的核心，同时，为克服"市场失灵"对资源配置的不利影响，微观经济学分析还包括微观经济政策。

（二）宏观经济学的内涵

在 20 世纪 30 年代以前，传统经济理论注重研究市场中个体经济单位的行为，认为完全竞争的市场经济可以实现帕累托最优资源配置。即使出现市场失灵，也可借助于政府的微观调节，最终使经济达到有效状态。然而在自由竞争的市场经济条件下，经济发展却带有明显的周期性，从 1825 年出现第一次经济危机起，几乎每隔 10 年，都要爆发生产过剩的危机，而且破坏性越来越大。周期性的经济萧条不断地出现，对自由竞争的经济理论提出了挑战，同时也孕育出了宏观经济学。

宏观经济学站在整个国民经济的高度分析经济问题，其核心理论是国民收入理论；需要解决的问题是资源的充分利用、充分就业、通货膨胀、经济增长、经济内外平衡；主要手段为政府干预，即宏观经济政策。

微观经济学和宏观经济学的区别，集中体现在研究方法上。

微观经济学对个体行为做了一些公理性的基本假设，然后通过严密的逻辑推导，揭示经济主体的行为规律。其研究以演绎等逻辑方法为主。

宏观经济学在解释经济现象、揭示经济规律时，主要依赖对可观察的经济变量之间的关系的研究，所以以归纳法为主要研究方法。宏观经济的微观基础日益受到重视，也就是将微观主体的决策最优化与经济总量变化的最优化相结合，来分析宏观经济变量的规律性变化。最常见的方法是动态递归的演绎方法。

第二节 经济学的演进及其发展

一、经济学早期的萌芽阶段

"经济"一词，源于希腊文，原意是家产管理，而不是现在人们在经济学中所使用的经济（economy）。被称为"对现代生产方式的最早的理论探讨"的是 16 ~ 17 世纪的重商主义。重商主义是欧洲资本原始积累时期，代表商业资产阶级利益的经济思想和政策主张：认为金银货币是财富的唯一形式，流通尤其是对外贸易、是财富的直接源泉。重商主义主张国家干预经济，支持和保护本国的对外贸易，实行对外扩张，通过多卖少买、多收入少支出增加国家财富。

重商主义是政治经济学产生之前最早对资本主义生产方式进行理论探讨的一个学说。由于时代的限制，重商主义的研究只限于流通领域，未涉足生产领域，因而与科学的政治经济学还相去甚远。深入生产过程内部探索资本主义生产方式内在联系的，是英法等国最早兴起的"古典政治经济学"。古典经济学家亚当·斯密发展了配第创立的劳动价值论。配第虽然认为劳动是价值的源泉，但在配第看来，只有开采金银的劳动才能创造价值，一切财富的最后源泉终归为土地和劳动。

李嘉图在 1817 年发表了主要著作《政治经济学及赋税原理》，在很多方面发展了斯密的理论，特别是关于劳动决定价值的学说。李嘉图继承了斯密价值理论的正确方面，确认劳动时间决定价值，坚持商品的价值是由生产商品时所耗费的劳动量来决定的原理，为劳动价值论的科学体系奠定了基础。分配问题在李嘉图的理论体系中也占有特殊地位，他着重分析了工资、利润和地租的数量比例关系以及它们之间的相互矛盾，后来成为微观经济学分析的主要对象。

萨伊则利用斯密价值论中的收入决定价值论，提出了"生产费用价值论"。即商品的价值取决于由工资、利息、地租所决定的生产费用。这一理论集中体现在他的分配理论中。

上述内容，可以说是经济学的萌芽。这一时期，微观分析和宏观分析是经常混合在一起的，没有明确的划分。早期古典政治经济学的著作，虽大多从国民财富、国民收入、货币流通总量等宏观考察着手，但在分析过程中，常常涉及商品的价值和价格如何决定，收入如何分配和决定等微观问题。因此，微、宏不分，或微、宏兼用是这一时期的特点。

二、微观经济学的演进与发展阶段

19 世纪 20 年代，政治经济学领域的大论战，导致了李嘉图理论体系的破产。这个时期对资产阶级影响最大、最有代表性的经济学家是英国的约翰·斯图亚特·穆勒。

穆勒（1806—1873）是 19 世纪中叶英国著名的经济学家。《政治经济学原理》是他的代表著作，其中心问题是"生产论"和"分配论"。穆勒接受萨伊的生产三要素论，认为生产决定于劳动、自然和资本三个生产要素。关于分配理论，穆勒在《政治经济学原理》中指出，财富的分配取决于社会的法律和习惯。在论工资时，穆勒认为：工资是由劳动的需求和供给决定的。在利润理论上，穆勒也表现了他折中主义的特点，认为利润是资本所有者提供生产资金所得到的收入。它包括"节欲"的代价、投资风险的补偿以及资本家监督劳动的工资。在价值理论方面，穆勒把传统经济学的几种价值理论混合起来，认为价值规律问题在理论上已经完成。

总之，穆勒作为混合主义者，综合了各种经济学理论，他的《政治经济学原理》成为19 世纪下半叶正统经济学教科书。

19 世纪 70 年代之后的 30 年，是资本主义制度从自由竞争向垄断阶段过渡的重要历史时期。生产过剩和市场狭小使经济学研究的侧重点从供给转向需求。自然科学特别是数学的发展，使经济学的研究方法有了重大变革。在这种背景下，边际效用学派掀起一场"边际革命"。

边际效用学派在政治经济学中属于心理学派。其第一部系统著作《论人类交换法则的发展及人类行为的规范》（1854 年）出自赫尔曼·海因里希·戈森（1810—1858 年）之手。《论人类交换法则的发展及人类行为的规范》集中分析了"人类行为的规律"。戈森提出了人类享乐的"规律"，即"戈森定律"，它包括两个"规律"：第一定律是，同一享受的感受程度，如果持续地享受下去，就会不断递减，甚至最后出现感受上的饱和状态；第二定律是，某一个人有选择多种享受的自由，却没有足够的时间来享受它们，因此，不管各种享受的绝对大小是如何不同，为了使他所享受的总量达到最高限度，他就必须在把最大的享受充分利用以前，先把所有的享受一部分一部分地加以利用，而且是以这样一种比例来享受，即任何一种享受在终止享受它的一刹那，其大小仍然与原来的一样。

"边际效用价值论假设，个人能对每种商品带给自己的效用量进行精确的度量，在此基础上力求在现有资源约束下最大化自己的效用。"[1] 边际效用价值论认为商品的价值不

---

① 齐良书. 论经济学中的价值理论 [J]. 政治经济学评论，2022，13（1）：152.

是由消耗于其中的劳动决定的，而是由它的"效用"决定的。衡量商品价值的尺度是商品的"边际效用"。在研究方法上，杰文斯、瓦尔拉斯及帕累托把数学尤其是高等数学引入经济学分析，创立并广泛运用边际分析法，在方法论的变革上迈出了重要的一步，被人们夸张地称为"边际革命"。这一时期的边际效用理论，不论就是就理论内容而言，还是就方法论而言，都为现代微观经济学奠定了重要基础，可以看作是微观经济学的真正开端。

1899年，美国当时最有影响力的经济学家约翰·贝茨·克拉克（1847—1938）的《财富的分配》一书问世。在这本书中，克拉克把边际理论运用到生产和分配领域，最先明确提出并系统阐述了"边际生产力论"，认为工资、地租、利息、利润等生产要素的价格，都是由各生产要素的"边际生产力"决定的。这一理论产生了广泛影响，从20世纪以来已成为微观经济学分配理论的根据，并为西方经济学界广泛运用。

1890年，英国剑桥学派的主要代表人物阿尔弗雷德·马歇尔（1842—1924）出版了《经济学原理》一书。《经济学原理》集供求论、边际效用论、边际生产力论、生产费用论等于一体，创立了以"均衡价格论"为核心的理论体系。这个理论体系被称为"新古典经济学"。以马歇尔为核心而形成的这个学派，直到20世纪30年代，在资产阶级经济学中一直占据着支配地位。马歇尔把经济学的内容分为消费、生产、交换和分配四个部分。可以说，这实际上就是现代微观经济学中的消费理论、生产理论、市场理论和分配理论几个部分。总之，马歇尔提出了除厂商理论以外的微观经济学各主要部分的基本理论，成为现代微观经济学的主要奠基者。

20世纪30年代，完全竞争完成了向垄断的过渡。1933年，美国的爱德华·哈斯丁·张伯伦（1899—1967）出版了《垄断竞争论》，英国的琼·罗宾逊（1903—1983）出版了《不完全竞争经济学》，这两本同时出版的著作提出了内容基本相同的"垄断竞争理论"。他们认为，完全竞争并不是市场的普遍情况，市场可以分为完全竞争、垄断竞争、寡头垄断及完全垄断几种类型。完全竞争和完全垄断，都是现实生活中几乎不存在的完全极端的情况。垄断竞争和寡头垄断才是现实的普遍现象。他们分别探讨了在不同的市场条件下厂商的价格和产量的决定问题，形成了"厂商理论"。这就从根本上改变了以往以完全竞争为前提的理论分析，弥补了马歇尔经济理论的缺陷，使微观经济学的理论体系最终得以形成。

随着世界经济形势的变化，微观经济学在已有的基础上得到了进一步发展。就理论内容而言，最主要的是一般均衡理论研究的深入和福利经济学研究的加强。在方法论上，则突破以往的边际分析，将集合论、线性模型引入经济学大门。20世纪60年代以来，数学思想开始全面向经济学渗透，微观经济学出现了一些新的研究课题，如不确定性与信息、博弈论等逐渐成为主流经济学的一部分，成为微观经济学的组成部分之一。

三、宏观经济学的演进与发展阶段

自18世纪的亚当·斯密到后来20世纪的马歇尔，经济学家一直坚信市场上"看不见的手"的原则，主张采取放任自流的经济政策，"商品供给自行创造需求"。他们认为一个社会不论其生产能力如何，它在提供产品的同时也为社会创造了等量的购买力。市场机制作用会带来经济的部分失衡，但某一部门的生产过剩一定意味着另一些部门生产不足，通过价格调节会使经济自发地恢复均衡，这种局部的、偶然的、暂时的危机不会影响经济整体的运行。

1936年英国剑桥大学约翰·梅纳德·凯恩斯（1883—1946）发表了《就业、利息和货币通论》，对当时的经济现象给出了一个理性的、系统的、全面的解释。

凯恩斯通过自己的研究说明，储蓄受收入和边际消费倾向制约，投资受资本边际效率和流动偏好制约。所以，储蓄并不必然转化为投资。边际消费倾向递减，使得消费需求不足；资本边际效率递减和流动偏好，使得投资需求不足。这就使得有效需求在一般情况下不足，存在"非自愿失业"，必然出现萧条和失业。市场机制本身无法使经济达到充分就业的均衡，必须通过国家干预，进行"需求管理"。通过反萧条和反通货膨胀措施，来调节有效需求，实现经济稳定。凯恩斯的理论和主张，适应了当时国家干预经济的需要，一经提出，便得到了迅速传播。

《就业、利息和货币通论》发表以后，许多学者对凯恩斯的宏观经济理论进行了补充和发展，形成了以萨缪尔森为代表的新古典综合派。20世纪30年代末，美国的萨缪尔森和阿尔文·汉森提出了加速原理和引致投资理论；20世纪40年代英国的哈罗德和美国的多马提出了经济均衡论；20世纪五六十年代，美国的索洛和英国的斯旺提出了新古典经济增长理论。这些理论都从不同角度发展了凯恩斯的投资理论。在货币理论方面，英国的希克斯和美国的阿尔文·汉森对商品市场和货币市场的均衡条件进行了综合分析。在通货膨胀理论方面，1958年，英国的菲利普斯提出了反映通货膨胀率和失业率的"菲利普斯曲线"，是通货膨胀理论研究的最重要进展。

新古典综合派的理论体系在进入20世纪60年代以后，西方国家经济形成滞胀局面，经济停滞与通货膨胀并存。凯恩斯的理论和主张显得无能为力，束手无策。按照凯恩斯理论，当经济活动处于充分就业状态时，通货膨胀率应该为零。如果经济活动小于充分就业，不但不存在通货膨胀，而且价格水平会下降。只有当经济活动大于充分就业时，才会出现通货膨胀的现象。因此，失业和通货膨胀不可能同时并存。这一结论显然与西方的滞胀现实相悖。在理论主张方面，凯恩斯主义认为，在失业问题存在的情况下，政府应该增加预算支出和赤字，以便扩大有效需求，从而增加就业数量；而当通货膨胀出现时，政府必须减少预算支出，以便降低有效需求，从而消除通货膨胀。这种政策在失业和通货膨胀同时并存时便会带来自相矛盾的后果。如果国家采取增加预算支出和赤字的政策来解决就业问题，那么，有效需求的扩大必将使通货膨胀恶化。如果通过减少预算支出来制止通货膨胀，那么，有效需求的减少必将降低消费和投资的支出，从而使失业更加严重。

理论的困难和政策的无效严重地动摇了新古典综合派的统治地位。许多西方经济学中的其他派别纷纷对该学派进行抨击和责难。货币学派、供给学派和理性预期学派等提出了自己对于"滞胀"的各种"合理"解释，以企图推翻凯恩斯主义。其主要理论武器则主要是恢复"经济自由主义"传统，笃信市场机制的绝对调节作用，反对国家干预。经过20世纪七八十年代的理论论战，现代宏观经济学的各学术流派在许多方面取得了一定的共识，产生了一定的理论和方法上的趋同。当然，也出现了一些新的进展。

第三节　经济学的研究对象与方法

一、经济学的研究对象解析

西方经济学可以分为微观经济学和宏观经济学两部分，这两个部分不仅研究的视角不同、方法不同，研究的对象也不同。

经济学是研究如何更好地配置和利用稀缺资源的一门科学。我们通常所说的矿藏资源、自然资源等毫无疑问是资源。生产和生活所必备的各种条件也是资源，如劳动、资本、收入、时间、技术、信息、知识产权、商标商誉、创新能力以及市场规模等，还有一个国家的制度、法律、政策、道德风尚等都可以称为资源。

从经济学家的角度看，资源最显著的一个特性是稀缺，即它的有限性。人不能够"为所欲为"，因为人的行为要受到多方面的限制。消费者并不是想买什么就能够买什么，他们的购买行为受到了收入等条件的限制。劳动者不是想劳动多长时间就能够劳动多长时间，他们的劳动时间受到了自身生理条件和企业用工制度等因素限制。企业也不是想生产什么就能生产什么，想生产多少就能生产多少，它们的生产受到了原料、市场、技术、资金、劳动力等多方面的限制。这些问题都显示了资源的稀缺性。

经济学存在的另一个原因是人们对于自己行为效率的追求。由于资源的稀缺性，所以，人们做事情的时候要讲究效率，力争用最小的投入取得最大的成果。效率就是工作的效果和能力，是最有效地使用社会资源。效率等于产出除以投入。用较少的投入取得较多的产出，就是富有效率，反之，则缺乏效率。经济学是帮助人们提高生产效率的一门科学。

（一）微观经济学的研究对象

"经济学的研究对象指这门科学研究的客体。"[①] 微观经济学是研究资源配置的一门学科。资源配置就是选择资源的用途，它需要解决的一些基本问题有以下三个方面：生产什么，生产多少；怎样生产；为谁生产。

（1）生产什么，生产多少。由于资源的稀缺性，社会不可能同时生产出无限的供人们消费的物品，同时，由于每个地区和企业的资源禀赋不同，所面对的市场需求和自己所处市场结构的不同，因此，人们必须根据自己的优势做出生产什么、生产多少的决策。当然，在市场经济体制下，企业也好，社会也好，做出生产什么、生产多少的决策不是根据政府的指令或企业领导人的主观意志，而是根据消费者的"货币投票"，即市场需要什么就生产什么，市场需要多少就生产多少。根据价格行情行事，这就是市场经济体制的奥妙。

（2）怎样生产。一方面，不同的生产方式和资源组合方式产生的效率不同，另一方面，不同的生产方式和资源组合方式之间是可以相互替代的。要追求高效率，要用较少的资源投入生产较多的产品，获取较多的利润，需要在不同的生产方式和资源组合方式之间进行选择，或者说，需要将稀缺的资源配置到最有效率的生产方式中去。选择高效率的生产方式和资源组合方式，这是企业之间相互竞争所导致的必然结果。如果在这种选择中做出错误的决策，企业将踏入破产、倒闭之路。因此，怎样生产取决于生产者之间的竞争。

（3）为谁生产。这是有关分配的问题。经济学不仅要解决生产问题，也要解决分配问题。所生产的物品和劳务由谁消费，取决于生产要素所有者的收入。生产要素的收入包括工资、利息、利润、租金等。经济学家认为，分配问题也主要应该通过市场机制予以解决，即为谁生产的问题取决于生产要素市场上的供给与需求。

（二）宏观经济学的研究对象

宏观经济学研究既定的社会资源总量是否被充分利用，如何才能被充分利用等问题。就资源利用需要回答的基本问题也有以下三个方面：

（1）为什么稀缺资源得不到充分利用？为什么产量达不到生产可能性边界上？这里研究的是制约经济增长的长期因素，政治原因、体制原因、资本和人力资源的投入不足、技术创新能力不够等都会使资源得不到充分利用，使社会达不到充分就业的水平。政府应

---

① 张磊，赵玉琳. 经济学研究对象理论不同观点的比较与反思 [J]. 经济纵横，2017（4）：16.

该通过体制改革和科教兴国战略的实施等措施解决一系列长期性制约因素。

（2）在资源总量不变时，为什么产量有时低有时高、起伏不定？怎样才能使经济稳定增长？这是短期经济波动或者说经济周期问题，各国经济经常面临着这种波动。政府调节经济的一个重要目的就是平滑这种波动。

（3）为什么当失业率降低时通货膨胀率要升高，当通货膨胀率降下去的时候失业率又升高了？在短期内，失业与通货膨胀之间存在着交替关系。政府的宏观政策应该兼顾这个"两难"问题，既要使失业率降低，又不能使通货膨胀严重起来。

上述微观经济学和宏观经济学的基本问题既可以在市场经济体制中解决，也可以在计划经济体制中解决。市场经济是一种主要由个人或私人企业决定生产和消费的经济制度，计划经济是由政府做出生产和分配的所有重大决策的制度。多数经济学家认为，市场是组织经济活动的一种好方法，多数微观经济问题应该由市场来解决，市场解决这些问题比政府解决这些问题效率要高；政府应该在遵循经济规律的前提下监管和调控好宏观经济中的一些问题。也就是说，在今天，大多数国家实行的是市场经济制度，大多数经济决策是在市场中做出的，同时政府也在其中起一定的作用。

二、经济学的研究方法分析

经济学在自己长期的发展过程中形成了一些独特的研究方法，为了便于学习它的基本原理，首先需要学习、了解这些方法。同时，经济学本身既是一种理论体系，也是一种思维方式，我们学习经济学的目的之一就是要像经济学家那样去思考，去分析问题和解决问题，因此，掌握经济学的研究方法是很有必要的。

从总体上说，经济学的研究方法有实证分析方法和规范分析方法两种。实证分析方法包括边际分析法，理性假定分析法，均衡分析法，静态、比较静态与动态分析法，长期与短期分析法，个量与总量分析法等。

（一）实证分析与规范分析方法

实证分析回答"是什么"一类的问题，它研究经济现象之间的关系，分析并预测经济运行的过程和结果，揭示经济规律，说明事物过去怎样、现在变成了怎样、将来又会怎样变化。实证分析以事实为根据，以逻辑推理为其基本手段，排斥了价值判断，即不对其做是好是坏、应当与否的表态。实证分析的内容有其客观性，它的正确性可以通过对事实检验或逻辑推断来证明。

规范分析回答"应该是什么"这类问题，它以一定的社会价值判断为基础，用伦理学的原则或利益标准作为尺度，衡量经济行为或经济结果，研究如何使经济行为或经济结果符合这些原则或标准。由于规范分析以一定的社会价值判断为基础，而同一件事物对不同的人具有不同的价值，所以，对同一件事物不同的人会做出不同的分析答案，即对同一件事情一些人认为是好事，另一些人则认为是坏事。规范分析依赖于主观评价，具有主观性，缺少客观性。

用实证的方法研究经济问题即为实证经济学，用规范的方法研究经济问题即为规范经济学。实证经济学与规范经济学的区分只是研究方法的不同，而不像微观经济学与宏观经济学的区分那样是研究对象的不同。

用实证方法研究经济问题时，首先要定义所研究的经济变量的含义，并假设其他条件的状况，在此基础上提出假说，然后根据假说和其他资料对研究对象的发展进行预测，最后通过事实验证所作的预测是否正确。如果预测正确，就将这一假说形成理论，否则，就对原假说进行修改或放弃该假说。实证分析有以下步骤：

（1）明确定义。明确定义就是明确所研究的经济变量的含义。变量是我们要研究的各种变化着的量，如需求量、供给量、消费量、投资量、利率、汇率等。

（2）进行假设。假设就是条件假设，以便于把对象放在一定的条件下、一定的环境中进行研究。为了使研究对象简化，西方经济学总是要假设一些条件，使这些条件成为理论存在的基础。或者说，一定的理论是在一定的假设条件下形成的，所假设的条件发生了变化，已有的理论也就不存在了。任何科学都是从假设开始的，做出所需要的假设是科学研究的艺术。经济学家像自然科学家一样最善于对研究对象所需要的条件进行假设。

（3）提出假说。假说是经济学家根据经济现象对两种或多种经济变量之间存在何种关系的阐述，是一种未被证明的理论。提出假说是实证分析很重要的一个环节，前面"明确定义"和"进行假设"的目的就是为了提出假说，但假说的正确与否还有待于检验。例如，根据一种商品的生产销售情况而得出的结论就是一种假说，它是否能够成为"理论"还有待于用其他商品的生产销售情况予以检验。

（4）做出预测并检验假说。做出预测就是将假说运用于同样情况下的别的事物，预测它会发生相同的变化。预测是否准确是对假说的验证，等待预测实现的过程也就是检验假说的过程。因为预测是根据假说作出的，预测准确说明假说用事实检验了是正确的，否则，则说明假说是错误的。有些复杂的假说再次出现的条件不存在，是不容易被检验的，但不能因此而否定它的正确性。

（5）得出理论或者修正、放弃假说。如果预测准确，那么，假说就是正确的，这一假说就成为理论。如果预测不准确，可能说明这种假说还存在某些错误，需要修正，也可能说明这种假说是完全错误的，应该放弃。

以上介绍的是实证分析方法的五个步骤。在微观经济学和宏观经济学中有许多理论都是采用这种实证方法形成的。

（二）理论的表述方法

对于理论的表述方法通常有四种：第一，文字表述法，即用文字叙述经济理论。第二，例表法，即用表格表述经济理论。第三，图形法，即用坐标等图形表述经济理论。第四，数学公式法，即用数学公式表述经济理论中要说明的函数关系。

（三）个量分析方法与总量分析方法

微观经济学主要采用的是个量分析方法。个量分析或者微观分析是以单个的人、家庭、厂商或者单个的其他经济组织作为研究的对象，研究分析单个消费者、单个生产者、单个生产要素所有者的经济行为，并通过单个经济主体行为的叠加，研究分析单个市场（单个行业）的变化规律。

宏观经济学主要采用的是总量分析方法，把一个经济整体（一个国家或一个经济独立的地区）作为对象，考察整个国民经济体系的运行情况，研究国民收入总量、就业总量、价格总水平等是如何决定的，研究关于社会商品总量和劳务总量等的总供给和总需求的均衡，研究资源总量的利用情况。总量是由个量组成的，但个体行与不行不能完全说明整体行为，对于个体来说是正确的东西，对于整体来说未必正确。因此，总量分析不同于个量分析。

（四）均衡分析方法

均衡分析法也是经济学中被广泛使用的基本研究方法之一。均衡即平衡，在经济学中，市场均衡是指经济主体在决策选择时已经不可能获得更多的好处，从而不再改变经济行为的一种状态。均衡分析法就是分析经济如何从不均衡状态中形成均衡状态的，又如何从一种均衡状态变动到另一种均衡状态的，即分析均衡形成的条件和均衡变动的条件。

均衡分析可分为局部均衡分析和一般均衡分析。局部均衡分析仅分析一种物品或劳务市场供求相等时的状态。局部均衡假定一种物品的均衡价格和均衡数量仅取决于该种物品的供求状况，而不受其他物品供求状况的影响。在分析局部均衡时，一个基本的假设是"在其他条件不变的情况下"。有了这一假设，就把其他因素对当前研究对象的影响排除掉了。一般均衡分析是对整个经济体系的所有市场同时达到均衡的条件与其变化的分析。一般均衡认为一种物品的均衡价格和均衡数量不仅取决于该物品本身的供求状况，而且也取决于所有物品的供求状况，只有所有市场（既包括产品市场也包括要素市场、金融市场、国际市场等）同时达到均衡时，该物品市场才能达到均衡。由此可见，局部均衡只考虑一域，一般均衡分析则要顾及全局；局部均衡分析较为简单，一般均衡分析则较为复杂。

（五）边际分析方法

边际分析方法自 19 世纪 70 年代从数学中引入经济学之后，便成为经济学最基本的研究方法之一。

经济学研究经济规律，也就是研究经济变量之间的关系。经济变量可以分为自变量和因变量两种。自变量是最初变动的量，因变量是由于自变量变动而引起变动的量。假如我们研究投入的劳动与玉米产量的关系，可以把劳动当作自变量，把玉米的产量当作因变量。自变量劳动增加一小时，因变量玉米产量增加 10 公斤，这就是自变量与因变量之间的关系。分析自变量与因变量之间的关系就是边际分析法。

边际即"新增"或"增量"之意。边际量是自变量增加一单位所引起的因变量的变动量。在上面的分析中，劳动增加一小时，玉米产量所增加的 10 公斤就是边际量。边际分析就是分析自变量变动一单位，因变量会变动多少。

我们可以把边际量定义为：$边际量 = \dfrac{因变量的变动量}{自变量的变动量}$。

经济学家常常通过边际收益与边际成本的比较进行决策。边际收益是增加一单位投入（自变量）所增加的收益（因变量），边际成本是增加一单位投入（自变量）所增加的成本（因变量）。在上面的举例中，增加一单位劳动（即一小时劳动）所增加的收益是 14 元（10公斤玉米的价格，即每公斤玉米 1.4 元），增加一单位劳动所增加的成本是 7 元（若一天工作 8 小时的工资为 56 元，则一小时工资为 7 元），边际收益大于边际成本，即 14 元大于 7 元，说明增加劳动的投入是有利可图的。

（六）静态、比较静态与动态分析方法

静态分析就是分析经济的均衡状态以及实现均衡状态所需要的条件，不研究实现均衡的过程和所需要的时间。静态分析恰似对一张幻灯图片的分析，仅分析这张静止的图片上现有的东西。

比较静态分析是分析经济变量发生变化时，均衡状态发生了什么变化，并将原均衡状态与新条件下产生的均衡状态进行比较。它是在静态分析的基础上，研究原有的条件发生变化时，均衡状态将如何变化，并比较新旧均衡状态的差异。

动态分析把时间因素考虑在内，分析经济变量随着时间的推移而连续不断变化最后形成均衡状态的过程。是否把时间因素考虑在内从而沿着时序推进考察经济变量变化的全过程，是静态分析和动态分析的基本区别。或者说，静态分析仅仅分析一定时点上各种经济变量之间的相互关系，动态分析则分析某一段时间中各种经济变量不断发展变化的过程。在经济学中，经常使用的是静态分析和比较静态分析，动态分析方法使用得较少。

（七）短期分析方法与长期分析方法

在微观经济学中，短期与长期的区分是以厂商在调整产量过程中是否能够改变全部的生产要素为依据的。在生产过程中，全部生产要素被分为可变生产要素和不变（固定）生产要素两部分。如果厂商只能够调整部分生产要素（或称"可变生产要素"），而另一部分生产要素（或称"不变生产要素"）由于时间短来不及调整，这个时期谓之短期。在短期中，产量的变化被看成是由部分要素的变动引起的，这种分析方法就是短期分析方法。如果厂商的全部生产要素都可以变动，这个时期谓之长期。在长期中，不变生产要素与可变生产要素的区分取消了，产量的变化与全部要素的变动有关，这种分析方法是长期分析方法。对处于不同行业的企业而言，调整全部生产要素所需要的时间不同，因此，短期与长期的时间界线对不同行业的企业来说是不相同的。

宏观经济学中短期与长期的划分与微观经济学中短期与长期的划分既有联系，又有区别。它们的区别是，微观经济学划分短期与长期的目的是分析企业的生产决策，它是以企业是否可以变动全部生产要素为标准来划分的；宏观经济学划分短期与长期是为了研究整体经济的运行，它是以价格包括工资是否能够变动为标准划分的。在短期中，价格具有黏性，不能根据供求关系的变动及时调整，价格的变化总是慢于供求关系的变化。在长期中，价格具有完全的伸缩性，能够根据供求关系的调整而及时调整。至于长期有多长，经济学家的看法不完全一致，一般认为三年以上为长期。

两者的联系是，在企业不能变动全部生产要素的短期，价格具有黏性；在企业能够变动全部生产要素的长期，价格也具有了伸缩性，能够上下调整。

第二章　价格理论与行为理论透视

第一节　需求、供给理论

一、需求理论探析

（一）需求与需求函数

一种商品的需求（demand）是指消费者在一定时期内在各种可能的价格下愿意而且能够购买的该商品的数量。在这里，需求必须是既有购买欲望又有购买能力的有效需求。如果消费者对某种商品只有购买欲望而没有购买的能力，或者具有购买能力但没有购买的欲望，都不能算作需求。一种商品的需求数量是由许多因素决定的，概括起来主要有以下五种：

（1）商品本身的价格。一般来说，一种商品的价格越高，人们愿意购买的数量越少；价格越低，人们愿意购买的数量越多，商品的价格与需求量之间存在着稳定的反方向关系。

（2）消费者的收入水平。在其他条件不变的情况下，对于大多数商品来说，当消费者的收入水平提高时，就会增加对该商品的需求。因为较高的收入代表了较高的购买能力和支付能力。相反，当消费者的收入水平下降时，就会减少对商品的需求。一般来说，收入与需求存在正相关关系。

（3）相关商品的价格。一种商品的需求数量不仅取决于商品自身的价格，也在一定程度上受其他相关商品价格的影响。在其他相关商品中，一类是替代品；另一类是互补品。替代品（substitute），即在消费中相当程度上可以互相替代的商品，如羊肉和牛肉、可口可乐和百事可乐、热狗和汉堡包等。以羊肉和牛肉为例，假定牛肉的价格下降，人们将会多吃牛肉而少吃羊肉。这种有替代关系的商品，当一种商品价格上升时，对另一种商品的需求会增加。反之，当一种商品价格下降时，对另一种商品的需求就会减少。两种替代商品之间价格与需求数量呈同方向变动。互补品（complement），是指两种商品共同满足一种欲望，它们之间是相互补充的，如汽车和汽油、电脑和软件等。以汽车和汽油为例，如果汽车的价格下降，对汽油的需求就会增加。这种存在互补关系的商品，当一种商品价格上升时，对另一种商品的需求就会减少。反之，当一种商品的价格下降时，对另一种商品的需求就会增加。两种互补商品之间价格与需求数量呈反方向变动。

（4）消费者的嗜好或偏好。偏好（preference）既与消费者的个人爱好和个性有关，也与整个社会风俗、时尚有关。随着社会生活水平的提高，消费不仅要满足人们的基本生理需求，还要满足种种心理与社会需求。因此，消费者偏好的变化对需求的影响也很大。当消费者对某种商品的偏好增强时，该商品的需求就会增加。相反，偏好程度减弱，需求就会减少。

（5）消费者对未来的预期。如果消费者预期影响需求的因素（收入水平、价格水平）发生变化，就会及时调整消费，从而影响当期的需求。例如，当消费者预期某种商品的价格在未来会上升时，就会增大对该商品的现期需求量。相反，当消费者预期某商品的价格在未来会下降时，则会减小对该商品的现期需求量。

总之，影响需求的因素是多种多样的。如果把影响需求的各种因素作为自变量，把需求作为因变量，则可以用函数关系来表示影响需求的因素与需求之间的相互关系，这种表示一种商品的需求数量和影响需求数量的各种因素之间的相互关系，称为需求函数（demand function）。以 Q_d 代表需求数量，P、Y、P_r、T、E 分别代表影响需求的各因素，则需求函数可表达为：

$$Q_d = f(P, \ Y, \ P_r, \ T, \ E) \qquad\qquad （2-1）$$

式中，P 代表商品自身的价格，Y 代表收入，P_r 代表相关商品的价格，T 代表嗜好（taste），E 代表对未来的预期。

为了简化分析，假定其他条件保持不变，仅分析一种商品价格变化对该商品需求量的影响，于是需求函数就可以用式（2-2）表示。

$$Q_d = f(P) \qquad\qquad （2-2）$$

（二）需求表、需求曲线与需求法则

上面简化的需求函数表示一种商品的需求量和价格之间存在着一一对应关系，这种函数关系还可以分别用商品的需求表和需求曲线来表示。

商品需求表（demand schedule）是一张表示某种商品各种价格与各种价格相对应的该

商品的需求数量之间关系的数字序列表。商品需求曲线（demand curve）是根据需求表中商品不同的价格 – 需求量的组合在平面坐标图上所绘制的一条曲线。

实际上，需求曲线可以是直线型的，也可以是曲线型的。在微观经济学中，为了简化分析起见，大多使用线性需求函数。线性需求函数的通常形式为：

$$Q_d = \alpha - \beta P \qquad (2\text{-}3)$$

式中，α、β 为常数，且 $\alpha, \beta > 0$，表示需求曲线在横轴上的截距，β 表示需求曲线的斜率的倒数。

需求表和需求曲线都反映了商品的价格变动和需求量（quantity demanded）变动之间的对应关系。商品的需求量随着商品价格的上升而减小。相应的，在需求曲线中具有一个明显的特征，它是向右下方倾斜的，即它的斜率为负值。它们都表示商品的价格和需求量之间呈反方向变动的关系。也就是说，在影响需求的其他因素不变的情况下，需求量随着商品本身价格的上升而减小，随着商品本身价格的下降而增大，这就是所谓的需求法则（law of demand）。

值得注意的是，需求法则是假定影响需求的其他因素不变的前提下，研究商品本身价格与需求量之间的关系，离开了这一前提，需求法则就无法成立。比如，假设消费者预期未来的收入水平由于失业而急剧下降，当某种商品的价格下降时，不但不会增加反而可能会减少该种商品的购买。此外，需求法则指的是一般商品的规律。这一规律也有例外，比较重要的例外是炫耀性商品和吉芬商品。炫耀性商品是用来显示人的社会身份的商品，如首饰、豪华型轿车就是这种商品。这种商品只有在高价时才有显示人的社会身份的作用，价格下降时需求量反而会减少。吉芬商品则是以英国的经济学家吉芬而命名。所谓吉芬商品就是在其他因素不改变的情况下，当商品价格在一定幅度内上升时，需求量增加，价格下降时，需求量减少。

（三）需求量的变动与需求的变动

需求量的变动和需求的变动都是需求数量的变动，但引起这两种变动的因素是不同的，其表现也不一样。需求量的变动是指在影响需求的其他因素不变时，由商品的价格变动所引起的该商品的需求数量的变动。在几何图形中，需求量的变动表现为商品的价格 – 需求数量组合点沿着同一条既定的需求曲线的运动。需求的变动是指在商品自身价格不变的情况下，由于其他因素（如偏好、其他商品价格等）变动所引起的该商品的需求数量的变动。在几何图形中，需求的变动表现为整条需求曲线的位置发生移动。

二、供给理论分析

（一）供给与供给函数

一种商品的供给（supply）是指生产者（厂商）在一定时期内，在各种可能的价格下愿意而且能够出售的该种商品的数量。值得注意的是：经济学中的供给，必须是出售愿望与供给能力的统一。只有供给能力而无供给欲望或只有供给欲望而无供给能力，都不能算作供给。供给反映了厂商的供给量与商品价格之间的关系。一般来说，价格越高，厂商的供给量越大。一种商品的供给数量受多种因素的影响，概括起来主要有以下五种：

（1）商品自身的价格。一般而言，一种商品的价格越高，企业的利润就越多，生产者提供的产量就越大。相反，商品的价格越低，生产者提供的产量就越小。

（2）生产技术和生产要素的价格。在一般情况下，生产技术水平的提高会降低生产成本。而生产成本的下降则会增加生产者的利润，因此生产者就愿意提供更多的数量。相反，如果某些原因使生产要素的价格上升，单位产品的成本增加，则当价格不变时，企业的利润减少，从而商品的供应量减少。

（3）相关商品的价格。如果一种商品的价格不变，而其他相关商品（尤其在生产设备、生产技术、工艺大致相近的商品）的价格发生变化时，该商品的供给量会发生变化。例如，对于种植高粱和玉米的农户来说，如果高粱的价格不变而玉米的价格上升，理性的农民则会增加玉米的种植而减小高粱的供给量。

（4）生产者对未来的预期。通过市场调查，如果生产者对未来的预期看好，则在制订生产计划时就会增加商品的供给量。如果预期未来的行情不好，商品的价格会下降，生产者在制订生产计划时就会减小商品的供给量。

（5）政府的税收政策。如果政府对某种商品征税，则事实上使商品成本提高。在相同的价格下，企业的利润减少，生产者愿意提供的商品数量减少。

总之，影响供给的因素是多种多样的。如果把影响供给的各种因素作为自变量，把供给作为因变量，则可以用函数关系来表示影响供给的因素与供给之间的相互关系，这种表示一种商品的供给数量和影响供给数量的各种因素之间的相互关系，称为供给函数。如果以 Q_s 代表供给量，P、P_j、P_i、E、T 分别代表影响供给的因素，则供给函数为：

$$Q_s = f(P、P_j、P_i、E、T) \qquad (2\text{-}4)$$

式中，P 代表商品自身的价格，P_j 代表生产要素的价格，P_i 代表相关商品的价格，E 代表对未来价格的预期，T 代表税收。

为了简化分析，假定其他条件保持不变，仅分析一种商品价格变化对该商品供给数量的影响，于是，供给函数就可以用式（2-5）表示。

$$Q_s = f(P) \qquad (2\text{-}5)$$

（二）供给表、供给曲线与供给法则

简化的供给函数表示一种商品的供给数量和价格之间存在着一一对应关系，这种函数关系还可以分别用商品供给表和供给曲线来表示。

商品供给表（supply schedule）是一张表示某种商品各种价格与各种价格相对应的该商品的供给数量之间关系的数字序列表。商品供给曲线（supply curve）是根据供给表中商品不同的价格 – 供给量的组合在平面坐标图上所绘制的一条曲线。实际上，供给曲线可以是直线型的，也可以是曲线型的。在微观经济学中，为了简化分析起见，大多使用线性供给函数。线性供给函数的通常形式为：

$$Q_s = -\delta + \gamma P \qquad (2\text{-}6)$$

式中，δ，γ 为常数，且 δ、$\gamma > 0$，$-\delta$ 表示供给曲线在横轴上的截距，γ 表示供给曲线的斜率的倒数。供给表和供给曲线都反映了商品的价格变动和供给量（quantity supplied）变动之间的对应关系。

商品供给量随着商品价格的上升而增加。相应的，在供给曲线中具有一个明显的特征，它是向右上方倾斜的，即它的斜率为正值。它们都表示商品的价格和供给量之间呈同方向变动的关系。也就是说，在影响供给的其他因素不变的情况下，供给量随着商品本身价格的上升而增加，随着商品本身价格的下降而减小，这就是所谓的供给法则（law of supply）。

值得注意的是，供给法则是假定影响供给的其他因素不变的前提下，研究商品本身价格与供给量之间的关系，离开了这一前提，供给法则就无法成立。例如，随着生产技术的

不断进步与成熟，厂商的生产成本日趋下降，在这种情况下，即使商品价格下降，厂商也将会增加商品的供给量。此外，供给法则指的是一般商品的规律，这一规律也有例外。例如，有些商品的供给量是固定的，即使价格上升，供给数量也无法增加，文物、艺术品就属于这种情况。

（三）供给量的变动与供给的变动

供给量的变动和供给的变动都是供给数量的变动，但引起这两种变动的因素是不同的，其表现形式也不同。

供给量的变动是指在影响供给的其他因素不变时，由商品的价格变动所引起的该商品的供给数量的变动。在几何图形中，供给量的变动表现为商品的价格—供给数量组合点沿着同一条既定的供给曲线的运动。供给的变动是指在商品自身价格不变的情况下，由于其他因素（如生产要素的价格等）变化所引起的该商品的供给数量变动。在几何图形中，供给的变动表现为整条供给曲线的位置发生移动。

三、基于供求、需求理论的弹性理论

（一）需求弹性理论

需求弹性是指在一定时期内，商品的需求量对影响需求量的因素变动的反应程度。需求弹性可以分为需求的价格弹性、需求的收入弹性和需求的交叉弹性，分别说明需求量变动与商品本身的价格、收入和其他商品的价格变动之间的关系。其中最重要的是需求的价格弹性，所以，一般说需求弹性就是指需求的价格弹性。

1.需求价格弹性

（1）需求价格弹性的含义。需求价格弹性通常被简称为需求弹性，是指一种商品的需求量对其价格变动的反应程度，或者说是价格变动的比率引起的需求量变动的比率。它的大小可用弹性系数来表示，弹性系数等于需求量变动的百分比与价格变动的百分比的比值，即：

$$需求弹性系数 = \frac{需求量的变化率}{价格的变化率} \qquad (2-7)$$

如果用 E_d 表示需求的弹性系数，用 Q 和 ΔQ 分别表示需求量和需求量的变动量，用 P 和 ΔP 分别表示价格和价格的变动量，则需求弹性系数的公式为：

$$E_d = \frac{\Delta Q / Q}{\Delta P / P} = \frac{\Delta Q}{\Delta P} \cdot \frac{P}{Q} \qquad (2\text{-}8)$$

例如，某商品的单位价格由 5 元下降为 4 元（$P=5$，$\Delta P=-1$），需求量由 10 单位增加到 30 单位（$Q=10$，$\Delta Q=20$），则该商品的需求弹性系数为 -10。

在理解需求弹性的含义时要注意以下几点：

1）需求量和价格这两个经济变量中，价格是自变量，需求量是因变量，所以需求弹性就是指价格变动所引起的需求量变动的程度。

2）需求弹性系数是价格变动的比率与需求量变动的比率的比值，而不是价格变动的绝对量与需求量变动的绝对量的比率。

3）弹性系数的数值可以为正，也可以为负。如果两个变量为同方向变化，则为正值；反之，若两个变量为反方向变化，则为负值。但在实际运用时，为方便起见，一般都取其绝对值。

4）同一条需求曲线上不同点的弹性系数大小并不相同。

（2）需求价格弹性的计算。根据价格和需求量变动幅度的大小，需求的价格弹性计算可分为点弹性计算法和弧弹性计算法。它们在表示需求量变化的百分比和价格变化的百分比之间的比率上是一样的，但它们所涉及的范围有所不同。

点弹性是指需求曲线上某一点的弹性。它等于需求量微小的变化比率与价格微小的变化比率之比。设商品原价格为 P_2，变化后的价格为 P_2，需求量原为 Q_2，变化后为 Q_2，则点弹性的公式为：

$$E_d = \frac{Q_2 - Q_1}{Q_1} / \frac{P_2 - P_1}{P_1} \qquad (2\text{-}9)$$

点弹性的计算方法适用于价格和需求量变化极为微小的情况，如果商品价格与需求量的变化都相当大，就要计算需求曲线上两点之间一段弧的弹性，即弧弹性。

在计算一条曲线与一段弧的弹性系数时，在价格上涨和价格下降的不同情况下，由于需求量 Q 和价格 P 的基数不同，因此价格上升时的弹性系数和价格下降时的弹性系数不同。为了消除价格上升与下降时计算的弹性系数的差别，价格和需求量的变动都取变动前后的平均值，即采用中点法计算弧弹性。

（3）需求价格弹性的分类。不同的商品，其需求弹性各不相同。根据需求弹性系数的大小，把需求的价格弹性分为以下五种类型：

1）完全无弹性：$E_d = 0$，表示不管商品价格如何变动，其需求量固定不变，即需求量与价格无关，称为完全无弹性。这在现实生活中是一种罕见的情况。在这种情况下，需求曲线是一条垂直于横轴的直线。

2）需求无限弹性：$E_d \to \infty$，称为需求对价格有完全弹性。这时，在某一既定价格水平上，商品需求量无限大，即买方将不受限制地尽量收购。这在现实生活中也是一种罕见的极端情况。在这一情况下，需求曲线是一条平行于横轴的直线。

3）单位需求弹性：$|E_d| = 1$，表示需求量变动的程度与价格变动的程度相等，称为需求对价格有单位弹性。在这种情况下，需求曲线是等轴双曲线。

严格地说，以上三种类型都是理论上的假设，在现实生活中是较为罕见的。现实生活中，绝大多数商品的需求弹性多属于以下两种：

4）需求缺乏弹性：$0 < |E_d| < 1$，表示需求量变动的程度小于价格变动的程度，称为需求对价格缺乏弹性。在实际生活中，一般生活必需品的需求都缺乏弹性，如粮食、食盐等，价格变动对这些生活必需品的购买量影响不大，因而这类商品的消费总量大体上是稳定的。

5）需求富有弹性：$1 < |E_d| < \infty$，表示需求量变动的程度大于价格变动的程度，称为需求对价格富有弹性。在实际生活中，奢侈品的需求受价格影响较大，价高时可以少购甚至不购，价低时则可以多购，所以这类商品的需求对价格是富有弹性的。

（4）影响需求弹性的因素。不同的商品，其需求的价格弹性不同。需求的价格弹性的高低主要取决于下列因素：

1）消费者对某种商品的需求程度。一般而言，消费者对生活必需品的需求强度大而且稳定，所以生活必需品的需求弹性就小，如粮食、油、盐、蔬菜这类生活必需品的需求弹性都较小。而奢侈品、高档消费品的需求弹性就较大。

2）商品的可替代程度。一种商品的可替代品越多，它的需求就越富有弹性；一种商品的可替代品越少，它的需求就越缺乏弹性。

3）用于购买该商品的支出在总支出中所占的比重。一种商品的花费占收入的比例越大，当该商品涨价时，我们会越多地被迫减少对它的消费，即收入效应越大，需求弹性就越大。

4）商品本身用途的广泛性。一般而言，商品的用途广泛，需求弹性就大；用途小，则需求弹性小。因为一种商品的用途越多，则消费者的需求量在这些用途之间调整的余地就越大，需求量做出的反应程度就越大。

5）商品的耐用程度。一般而言，使用时间长的耐用消费品需求弹性大，而使用时间短的非耐用消费品需求弹性小。

在以上影响需求弹性的因素中，最重要的是商品的需求程度、替代程度和在支出中所占的比例。商品的需求弹性到底有多大，是由上述这些因素综合决定的，不能只考虑其中一种因素。而且，某种商品的需求弹性也因时间、消费收入水平和地区的不同而不同。

2. 需求收入弹性

需求收入弹性是指某种商品的需求量对消费者收入变动的反应程度，即收入的变动比率引起的需求量变动比率。需求量变动比率与收入变动比率的比值就是需求的收入弹性系数，即：

$$需求的收入弹性系数 = \frac{需求量变动的百分比}{收入变动的百分比} \tag{2-10}$$

如果用 E_m 表示需求的收入弹性系数，用 Y 和 ΔY 分别表示收入和收入的变动量，用 Q 和 ΔQ 分别表示需求量和需求的变动量，则：

$$E_m = \frac{\Delta Q / Q}{\Delta Y / Y} = \frac{\Delta Q}{\Delta Y} \cdot \frac{Y}{Q} \tag{2-11}$$

一般而言，在影响需求的其他因素不变的条件下，需求量同消费者的收入呈同方向变化，所以需求的收入弹性系数为正值，即 $E_m > 0$。但也有些商品，消费者收入增加反而导致这些商品需求量的减少，所以它的收入弹性为负值，即 $E_m < 0$。需求量同消费者收入呈同方向变化的商品在经济学上称为正常商品，而需求量同消费者收入呈反方向变动的商品为劣质商品。

一般来说，当经济繁荣、社会收入增加时，企业就应努力增加需求收入弹性大的商品（高档商品、汽车、旅游服务等）的生产，减少"低劣品"的生产以取得更大的销售收入；对于需求收入弹性较小的生活必需品，可大体上维持产量，因为即使社会收入有较大增长，生活必需品销量也不会增加很多；对于低档需求品需求量会下降，企业则应及时减少产量。对于个人而言，如果预期经济快速发展，可以考虑购买产品需求收入弹性大的企业的股票。当经济萧条、社会收入减少时，高档品需求量会迅速下降，企业应及时减产；生活必需品（食品、日用百货、教育医药）则不太受经济形势的影响，经营比较平稳；低档品需求量会迅速上升，企业则应及时增产。对于个人而言，如果感觉经济萧条，可以考虑将资金从收入弹性大的企业股票中抽出，转投到产品需求收入弹性小的企业，如日用百货的生产和销售。

基于现代企业自身的特性，在运用需求收入弹性时，应切记以下三个原则：①需求收入弹性大的商品，利润大、风险也大；②需求收入弹性小的商品，利润小、风险也小；③不同收入弹性的组合，可降低风险，保证一定的利润。

3. 需求交叉弹性

需求交叉弹性是需求的交叉价格弹性的简称，它表示的是其他商品价格的变化对这种商品需求量变动的影响程度。需求的交叉弹性是指一种商品的需求量对另一种商品的价格的反应程度，即是由其他商品价格变动的比率引起的，即：

$$需求的交叉弹性系数 = \frac{甲商品需求量变动百分比}{乙商品价格变动百分比} \qquad （2-12）$$

需求的交叉弹性系数可以是正值，也可以是负值，它取决于商品之间的关系。一般来说，互补商品的交叉弹性系数是负值，因为某商品的互补商品的价格与该商品的需求量呈反方向变化；替代商品的交叉弹性为正值，因为某商品的替代商品的价格与该商品的需求量呈同方向变化。

4. 需求价格弹性的运用

需求价格弹性的大小，与消费者购买该商品货币支出的变动和生产者的总收益都密切相关。因为价格变动会引起需求量的变动，从而引起了消费者货币支出的变动。同时，消费者的支出和生产者的收益在量上是相同的，即为价格和销售量（需求量）的乘积。所以，分析需求弹性对总收益的影响实际上也就是分析需求弹性对居民总支出的影响。

总收益也可以称为总收入，指厂商出售一定量商品所得到的全部收入，即价格与销售量的乘积。如果以 TR 代表总收益，P 代表价格，Q 代表销售量，则：

$$TR = P \cdot Q \qquad （2-13）$$

按照这一公式，好像只要提高价格，总收益就会增加，降低价格，总收益就一定会减少，实际上并不是这样。由于各种商品的需求价格弹性不同，因此价格变化对总收益的影响也不一样。

如果某种商品的需求是富有弹性的，则价格与总收益呈反方向变动，即价格上升，总收益减少；价格下降，总收益增加。需求富有弹性的商品价格下降而总收益增加。由此可以看出，能够做到薄利多销的商品是需求富有弹性的商品。

如果某种商品是缺乏弹性的，则价格与总收益同方向变动，即价格上升，总收益增加；价格下降，总收益减少。在粮食丰收的情况下，由于粮价下跌，农民的收入减少了。因为农产品的需求缺乏弹性，丰收造成粮价下跌，并不会使需求同比例增加，从而总收益减少，农民受损。由此看来，厂商定价应注意需求弹性不同的商品的价格变动对总收益的影响。如果商品的需求是富有弹性的，则价格与总收益呈反方向变化，即价格上升，总收益减少；价格下降，总收益增多。如果商品的需求是缺乏弹性的，则价格与总收益呈同方向变化，即价格上升，总收益增加；价格下降，总收益减少。

（二）供给弹性理论

供给价格弹性简称供给弹性，是指供给量变动对价格变动的反应程度，即供给量变动比率与价格变动的比率之比，供给弹性的大小可以用供给弹性系数来表示，即：

$$供给弹性系数 = \frac{供给量变动百分比}{价格变动的百分比} \qquad （2-14）$$

例如，某种商品价格变动为10%，供给量变动为20%，则这种商品的供给弹性系数为2。由于供给量的变动与价格的变化方向上是一致的，因此供给弹性系数均为正数。

如果以 E_s 代表供给弹性系数，用 P 和 ΔP 分别代表价格和价格的变动量，用 Q 和 ΔQ 分别代表供给量和供给量的变动量，则：

$$E_s = \frac{\Delta Q / Q}{\Delta P / P} = \frac{\Delta Q}{\Delta P} \cdot \frac{P}{Q} \qquad （2-15）$$

1. 供给弹性的类型划分

根据弹性系数的大小，供给弹性可分为五种类别：

（1）供给完全无弹性，即 $E_s = 0$，表示无论价格如何变动，供给量始终不变。这时的供给曲线是一条与横轴垂直的直线。

（2）供给有无限弹性，即 $E_s \rightarrow \infty$。在这种情况下，价格既定而供给量无限。如在劳动力严重过剩的情况下，劳动力的价格（工资）即使不发生变化，劳动力的供给也会源源不断地增加。这时的供给曲线是一条与横轴平行的直线。

（3）单位供给弹性，即 $E_s=1$。在这种情况下，价格变动的百分比与供给量变动的百分比相同。例如，某些机械产品的供给量变动幅度接近于它们的价格变动幅度。这时的供给曲线是一条过原点并向右上方倾斜的直线。

（4）供给富有弹性，即 $E_s>1$。在这种情况下，供给量变动的百分比大于价格变动的百分比。一般来说，劳动密集型产品的供给多属于这种情况，因为这种产品的生产增加或减少相对容易些，所以价格变动后，供给量能较大幅度地改变。这时的供给曲线是一条向右上方倾斜且较为平坦的直线。

（5）供给缺乏弹性，即 $E_s<1$。在这种情况下，供给量变动的百分比小于价格变动的百分比。一般来说，资本密集型产品的供给多属于此类情况，因为这类生产不容易很快增加或减少，所以价格变动后，供给量的增减不会太大。这时的供给曲线是一条向右上方倾斜且较为陡峭的直线。

2. 供给弹性的影响因素

供给弹性的大小主要受下列因素影响：

（1）生产时期的长短。市场上价格发生变化若影响供给量的增减，都必须经过一段时间来调整生产要素，改变生产规模。从价格的变化到供给量的变化有一个过程，存在一个时滞：时间越短，供给弹性越小；时间越长，供给弹性越大。

（2）生产的难易程度。一般而言，容易生产而且生产周期短的产品对价格的反应快，其供给弹性大。反之，不易生产且生产周期长的产品对价格变动的反应慢，其供给弹性也就小。

（3）生产要素的供给弹性。从一般理论上讲，生产要素的供给弹性大，产品供给弹性也大。反之，生产要素的供给弹性小，产品的供给弹性也小。

（4）生产所采用的技术类型。一般来说，技术水平高、生产过程复杂的产品，其供给弹性小，而技术水平低、生产过程简单的产品，其供给弹性大。

第二节 均衡价格理论

"理论价格是相关经济主体利益竞争博弈的均衡结果，因此，经济主体行为方式及其在相互作用中的地位就是开展理论价格研究的前提。"[①]

① 胡进. 生产价格理论与均衡价格理论的比较研究 [J]. 当代经济研究，2004（2）：47.

一、均衡价格理论的内涵

（一）均衡价格的形成

均衡价格的形成是商品市场上需求和供给这两种相反的力量共同作用的结果，它是在市场的供求力量自发调节下形成的。当市场价格偏离均衡价格时，市场机制会使供求不相等的非均衡状态逐步消失，并自动恢复到均衡价格水平。一旦市场达到其均衡价格，所有买者和卖者都得到满足，也就不存在价格上升或下降的压力。在不同市场上达到均衡的快慢是不同的，这取决于价格调整的快慢。在大多数自由市场上，由于价格最终要变动到其均衡水平，所以供过于求与供不应求都只是暂时的。实际上，任何一种物品的调整都会使物品供求基本平衡，这种现象在现实生活中普遍存在，因此被称为供求定理（law of supply and demand）。

（二）均衡价格的变动与影响

一种商品的均衡价格是由该商品市场的需求曲线和供给曲线的交点决定的，所以，当某些事件使这些曲线中的一条移动时，市场上的均衡就发生了变化，相应的均衡价格和均衡数量水平也发生变动。

在分析某个事件对市场均衡的影响时，我们可以按三个步骤进行：第一步，确定该事件影响的是需求还是供给，即需求曲线移动还是供给曲线移动，或者是在某些情况下，这两条曲线同时移动；第二步，确定曲线移动的方向，是向右移动还是向左移动；第三步，用供求图形来比较原来的均衡和新的均衡。

当然，除了需求和供给分别变动的情况外，需求和供给也可能同时发生变动。这种情况对均衡价格和均衡数量的影响比较复杂。因为它们都可能按同一方向变动，也可能按相反方向变动，并且变动程度也可能不同。这些都会对均衡产生不同的影响。若需求和供给同时增加，均衡数量将增加，但均衡价格的实际变化取决于需求变化和供给变化的程度，可能上升、下降或保持不变。若需求增加，供给减少，均衡价格将上升，但均衡数量的变动不能确定，可能增加、减少或保持不变。若需求减少，供给增加，则均衡价格必然下降，均衡数量不能确定。

二、均衡价格理论的作用

（一）均衡价格理论对经济的调节作用

在市场经济中，经济的运行、资源的配置都是由价格这只"看不见的手"来调节的，价格在经济中的作用可以归纳为三种：①传递情报。②提供一种刺激，促使人们采用最节省成本的生产方法把得到的资源用于最有价值的生产。③决定谁可以得到多少产品，即决定收入的分配。这三种作用实际上解决了资源配置所包括的三个问题：生产什么、如何生产和为谁生产。从价格调节经济即决定"生产什么"的角度来看，价格的作用可以具体化为以下四种：

（1）价格作为指示器反映市场的供求状况。人们可以通过价格的变动来及时地了解市场中供求的变化：某商品价格上升，表示此商品供不应求；价格下降，表示供过于求。价格作为供求状况指示器的作用是任何其他指标都不能代替的。

（2）价格变动可以调节需求。在市场经济中，消费者享有完全的消费自由，购买消费决策只受价格的影响。当商品价格下降时，消费者会增加购买；而当商品价格上升时，消费者则减少购买。价格对需求的调节作用也是任何其他指标都不能代替的。

（3）价格变动可以调节供给。在市场经济中，生产者也是享有完全的生产自由，生产、销售行为只受价格影响。当商品的价格上升时，生产者会增加产量；而当商品的价格下降时，生产者会减少产量。价格对供给的调节作用也是任何其他指标都不能代替的。

（4）价格的调节可以使资源配置达到最优。通过价格对需求和供给的调节，最终会使需求等于供给。此时，消费者的欲望得到满足，生产者的资源得到充分利用。社会资源通过价格分配于各种用途上，这种分配使消费者的效用最大化和生产者的利润最大化得以实现，从而实现资源配置的最优化状态。

（二）均衡价格理论对市场调节的作用

根据价格理论，市场价格应该是供求平衡时的均衡价格，它是完全由市场上的供求关系自发地调节的。供求平衡的市场状态可以使市场稳定，可以使资源得到最佳配置。但是价格调节是在市场上自发进行的，有其盲目性，所以在现实中，有时由供求关系决定的价格对经济并不是最有利的。这就是说，由价格机制进行调节所得出的结果并不一定符合整个社会的长远利益。

一种情况是，从短期来看，这种供求决定的均衡价格也许是合适的，但从长期看，对生产有不利影响。例如，当农产品过剩时，农产品的价格会大幅度下降，这种下降会抑制农业生产，从短期看，这种抑制作用有利于供求平衡。但农业生产周期较长，农产品的低价格对农业产生抑制作用后，将会对农业生产的长期发展产生不利影响。当农产品的需求增加后，农产品并不能随之迅速增加，这样就会影响经济的稳定。因此，供求关系引起的农产品价格波动，从长远来看不利于农业的稳定，农业的发展需要稳定的价格。

另一种情况是，由供给和需求所决定的价格会产生不利的社会影响。例如，某些生活必需品严重短缺时，价格会很高。在这种价格之下，收入水平低的人无法维持最低水平的生活，必然会产生社会动荡。因此，市场均衡价格不一定符合整个社会的利益。

基于上述认识，国家就必须要制定一些价格政策来适当地控制市场价格。价格政策的形式有很多，我们这里主要介绍两种，即支持价格与限制价格。

1. 支持价格

支持价格是政府为了扶持某一行业而规定的该行业产品的最低价格。许多国家都通过不同的形式对农产品实行支持价格政策，以稳定农业。在具体运用中，农产品支持价格一般采用两种形式：

（1）缓冲库存法，即政府或其代理人按照年份收购全部农产品。在供大于求时，增加库存或出口；在供小于求时，减少库存，以平价进行买卖，从而使农产品的价格由于政府的支持而维持在某一水平上。

（2）稳定基金法，也就是由政府或其代理人按照平价收购全部农产品，但并不用于建立库存进行存货调节，以平价买卖，而是在供大于求时努力维持一定的价格水平，在供小于求时，使价格不致过高。在这种情况下，收购农产品的价格也是稳定的，同样可以起到支持农业生产的作用。

支持价格对经济发展和稳定有积极的意义。以对农产品实行的支持价格为例，从长期来看，支持价格确实有利于农业的发展，这是因为：①稳定了农业生产，减缓了经济危机对农业的冲击。②通过对不同农产品的不同支持价格，可以调整农业结构，使之适应市场需求的变动。③扩大农业投资，促进了农业现代化的发展和劳动生产率的提高。正因为如此，实行农产品支持价格的国家，农业生产发展都较好。但支持价格也有副作用，这主要是会使财政支出增加，使政府的负担加重。

2. 限制价格

限制价格是政府为了限制某些生活必需品的物价上涨而规定的这些产品的最高价格。限制价格政策一般是在战争或自然灾害等特殊时期使用的。但也有许多国家对某些生活必需品或劳务长期实行限制价格政策。例如，法国对关系国计民生的煤炭、电力、煤气、交通与邮电服务等，都实行了限制价格政策。英国、瑞典、澳大利亚则对房租实行了限制价格政策。还有一些国家，对粮食等生活必需品实行了限制价格政策。

限制价格有利于社会平等的实现，有利于社会的稳定。但这种政策会引起严重的不利后果。这主要是因为：①价格水平低不利于刺激生产，从而使产品长期存在短缺现象。②价格水平低不利于抑制需求，从而会在资源缺乏的同时又造成严重的浪费；正因为如此，一般经济学家都反对长期采用限制价格政策。

第三节　消费者行为理论

一、效用与边际效用的相关内容

（一）效用的内涵

所谓效用（utility），是消费者消费某种商品或商品组合时所获得的满足程度。任何一种物品的效用，不仅在于该物品本身具有的满足人们某种欲望的能力，而且还依存于消费者的主观感受。因为效用是指消费者在心理上感觉到的满足。

我们可以从消费的主体与消费的客体两个方面讨论效用。从消费的主体来讲，效用是某人从自己所从事的行为中得到的满足；从消费的客体来讲，效用是商品满足人的欲望或需要的能力。所以，某种商品的效用，对同一个人来说是可比的，对不同的人来说则是不可比的。同种商品的效用也会因时因地不同而有所不同。如果你从一本书中得到的满足程度大于从一件衬衣中得到的满足程度，我们则认为书比衬衣能带来更大的效用。关于效用有以下四点说明：

（1）效用是一种心理感觉，而且是一般正常的心理感觉，不要用个别人的心理感觉去代替一般人的心理。效用不同于商品使用价值。

（2）效用本身不具有伦理学的意义。一种商品是否具有效用要看它是否能满足人的欲望或需要，而不涉及这一欲望或需要的好坏。

（3）与效用概念意义相反的一个概念是负效用，是指某种东西所具有的引起人的不舒适感或痛苦的能力。

（4）同一物品对于不同的人的效用是不同的。因此，除非给出特殊的假定，否则，效用是不能在不同的人之间进行比较的。

在19世纪和20世纪初，西方经济学普遍使用基数效用的概念。即效用可以具体衡量并加总求和，具体的效用量之间的比较是有意义的。表示效用大小的计量单位被称作效用单位。例如：对某消费者而言，看一场精彩的电影的效用为16效用单位，吃一顿快餐的效用为8效用单位，这意味着该消费者从一场精彩的电影得到的满足是一顿快餐的2倍。假设每个消费者都能说出从每一物品中所获得的效用单位数，那么每一物品的基数效用又可分为总效用、平均效用和边际效用。

（二）总效用的内涵

总效用（total utility）是指消费者在一定时间内从一定数量的商品或商品组合消费中所得到的效用量的总和。或者说，是指消费者从事某一消费行为或消费某一定量的某种物品中所获得的总的满足程度。假定消费者只消费一种商品，对这种商品的消费数量为 Q，则总效用函数为：

$$TU = f(Q) \qquad （2-16）$$

效用函数表示总效用量随着消费者所消费的商品量的变化而变化。实际上，消费者往往同时消费多种商品。为便于分析，可假定消费者只消费 X，Y 两种商品，则总效用函数为：

$$TU = U(X,Y) \qquad （2-17）$$

公式表示，总效用与 X，Y 这两种商品的消费有关，且 X，Y 的效用相互影响。例如，盐的效用在单独使用时效用很小，但加入菜中，效用就会增大。

（三）边际效用的内涵

边际一词，在经济分析中通常指一个量的变化率。边际量的一般含义是自变量变化一个最小单位所引起的因变量的增量。

在效用函数中，边际效用（marginal utility）是指消费者在一定时期内追加一单位某种产品消费所增加的效用。或者说消费量每增加一个单位所引起的总效用的增量。以 MU 表示边际效用，则：

$$MU = \frac{\Delta TU}{\Delta Q_X} \qquad （2-18）$$

如果消费量可以无限分割，总效用函数为连续函数时，则可利用微分方程，求得总效用的精确变化率——产品 X 的边际效用，是 X 的总效用对 X 消费量的一阶导数即：

$$MU_X = \lim_{\Delta X \to 0} \frac{\Delta TU}{\Delta Q_X} = \frac{dTU}{dQ_X} \qquad （2-19）$$

（四）消费者边际效用递减规律的成立原因

边际效用的递减规律（law of diminishing marginal utility）是指在一定时间内，在其他商品的消费数量保持不变的情况下，随着消费者对某种商品所消费的数量的增加，消费者从该商品连续增加的每一消费单位中所得到的效用增量是递减的。比如，一个饭量大的人饿了去吃包子。第一个包子效用最大；以后每个包子的效用都会依次递减；当吃掉第七个包子时，包子对消费者产生了很大的负效用。

边际效用递减规律，又叫戈森第一定律。边际效用递减规律有以下特点：①边际效用的大小同人们的欲望强度成正比。②边际效用的大小同人们消费的商品数量多少成反比。人们不能准确说出每单位的边际效用，但可以人们愿意支付的需求价格来近似地表示。③边际效用离不开时间因素，是在特定时间内的效用。人们的欲望具有反复性或再生性，边际效用也具有时间性。④边际效用是决定商品价值的主观标准。主观效用论者认为，商品价值由边际效用决定，消费数量少，边际效用就高，价值或需求价格也就高；反之，则相反。

边际效用递减规律成立的原因，可以作如下两种解释：

解释一：从人的生理和心理的角度。随着相同消费品的连续增加，从人的生理和心理的角度讲，从每一单位消费品中所感受到的满足程度和对重复刺激的反应程度是递减的。心理学上的韦伯定理表明，神经元对等量外界刺激的条件反射强度，随刺激次数的增加而递减。也就是说，外部给你一个刺激（消费某种物品），你的神经系统就会产生兴奋（得到效用）。随着同样刺激的反复进行（消费同一种物品的数量增加），神经的兴奋程度会下降（边际效用递减）。

解释二：从商品的多用途的角度。由于在一种商品具有几种用途时，消费者总是将第一单位的消费品用在最重要的用途上，第二单位的消费品用在次重要的用途上等。这样，消费品的边际效用随消费品的用途重要性的递减而递减。例如：在仅有少量水的情况下（如在沙漠或航海中），人们会十分珍惜地饮用，以维持生命，水的边际效用很大。随着水量增加，除满足饮用外，还可以用来洗脸、洗澡和洗衣，水的重要性相对降低，边际效用相应减小。

在经济学中，边际效用是一个十分重要的概念，边际效用递减也是经济学的基本规律之一。经济学家用边际效用解释价的决定，引起了经济学上一种革命性变革。所以，边际效用理论的出现被称为经济学中的"边际革命"，它成为了现代经济理论的基石。当然，这类理论上的意义我们不用深究，但这种理论的现实意义却值得我们注意。在理解边际效用递减规律时，要注意以下三点：

（1）边际效用和总效用的区别。边际效用是指最后一单位的消费品带来的效用。它的递减并不意味着总效用的减少，只是说后一单位的消费品带来的效用比前一单位的效用要小。在边际效用减少的过程中，总效用依然可能增加，只不过增加的幅度在减小。在边际效用减少到零的时候，总效用停止增长，达到最大。而在边际效用变成负值的时候，继续消费会使总效用减少。

（2）边际效用递减是在一定时间内进行消费产生的现象。它的前提是人的偏好没有改变，会连续消费某种物品。

（3）在极少数情况下，有的消费是量越大越满足，但始终存在一个限度，超过这个限度以后必然出现边际效用递减。

运用边际效用递减规律可以分析许多现实问题。许多企业之所以产品没有销路，关键在于不会用有特色的产品去满足消费者的不同需求。尤其是当市场上出现一种新产品时，其他人也一哄而上去简单模仿，使产品数量增加引起边际效用递减，导致产品卖不出去。

（五）消费者均衡

消费者均衡是指消费者的偏好不变、商品现行价格和消费者的收入不变的条件下，消费者的总效用最大化时既不愿再增加、也不愿再减少购买数量的一种相对静止的状态。研究消费者均衡实现的条件，也就是研究消费者为实现效用最大化，如何决定最佳消费量。在研究消费者均衡时，我们首先假设：消费者的喜好是既定的；消费者的收入是既定的；物品的价格是既定的。在此前提下，我们探究消费者实现效用最大化的均衡条件。

假定：I 消费者既定的收入，P_1，P_2，…，P_n 分别为 n 种商品的既定价格，λ 为不变的货币的边际效用，X_1，X_2，…，X_n 分别表示 n 种商品的数量，MU_1，MU_2，…，MU_n 分别表示 n 种商品的边际效用，则消费者实现效用最大化的均衡条件为：

$$P_1 X_1 + P_2 X_2 + \cdots + P_n X_n = I \tag{2-20}$$

$$\frac{MU_1}{P_1} = \frac{MU_2}{P_2} = \cdots = \frac{MU_n}{P_n} = \lambda \tag{2-21}$$

式（2-20）、式（2-21）分别是限制条件和在限制条件下实现效用最大化的均衡条件，表示当消费者花在各种商品上的最后一元钱所带来的边际效用相等，且等于货币的边际效用时，实现了效用最大化。

与之相对应，在只购买两种商品情况下的消费者效用最大化的均衡条件为：

$$P_1 X_1 + P_2 X_2 = I \qquad\qquad （2\text{--}22）$$

$$\frac{\text{MU}_1}{P_1} = \frac{\text{MU}_2}{P_2} = \lambda \qquad\qquad （2\text{--}23）$$

只有当消费者实现了 $\dfrac{-\text{MU}_1}{P_1} = \dfrac{\text{MU}_2}{P_2} = \lambda$ 的均衡条件时，才能获得最大的效用。具体原因如下：

该均衡条件的经济含义即消费者对于任何一种商品的最优购买量，应该是使最后一元钱购买商品1所带来的边际效用与购买商品2所带来的边际效用相等，而且购买该商品所带来的边际效用与为购买该商品所支付一元钱的边际效用相等。

当 $\dfrac{\text{MU}_1}{P_1} > \dfrac{\text{MU}_2}{P_2}$ 时，说明对消费者来说，同样的一元钱购买商品1所带来的边际效用大于购买商品2所带来的边际效用，这样，理性的消费者为了获得更大的效用，必然多买商品1，少买商品2，又由于边际效用递减规律的作用，随着商品1购买量的增加和商品2购买量的减少，商品1的边际效用会越来越小，商品2的边际效用会越来越大，直至 $\dfrac{\text{MU}_1}{P_1} > \dfrac{\text{MU}_2}{P_2}$ 的情况消失，当 $\dfrac{\text{MU}_1}{P_1} = \dfrac{\text{MU}_2}{P_2}$ 时，即在每种商品上花一元钱带来的边际效用相等时，消费者获得了最大的效用。

另一方面，当 $\dfrac{\text{MU}_1}{P_1} < \dfrac{\text{MU}_2}{P_2}$ 时，说明对消费者来说，同样的一元钱购买商品1所带来的边际效用小于购买商品2所带来的边际效用，这样，理性的消费者为了获得更大的效用，必然少买商品1，多买商品2，又由于边际效用递减规律的作用，随着商品1购买量的减少和商品2购买量的增加，商品1的边际效用会越来越大，商品2的边际效用会越来越小，直至 $\dfrac{\text{MU}_1}{P_1} < \dfrac{\text{MU}_2}{P_2}$ 的情况消失。最终消费者获得最大效用时，$\dfrac{\text{MU}_1}{P_1} = \dfrac{\text{MU}_2}{P_2}$。

再从 $\dfrac{\text{MU}_i}{P} = \lambda(i=1,2)$ 的关系分析。

当 $\dfrac{\text{MU}_i}{P} > \lambda$ 时，说明对消费者来说，同样的一元钱购买商品 i / 所带来的边际效用大于所付出的这一元钱的边际效用，这样，理性的消费者为了获得更大的效用，必然多买商品 i；又由于边际效用递减规律的作用，随着该商品购买量的增加，该商品的边际效用会越来越小，直至 $\dfrac{\text{MU}_i}{P_i} > \lambda$ 的情况消失，实现 $\dfrac{\text{MU}_i}{P} = \lambda(i=1,2)$ 的条件为止。

另一方面，当 $\frac{MU_i}{P} < \lambda$ 时，说明对消费者来说，同样的一元钱购买商品 i 所带来的边际效用小于所付出的这一元钱的边际效用，这样，理性的消费者为了获得更大的效用，必然少买商品 i；又由于边际效用递减规律的作用，随着该商品购买量的减少，该商品的边际效用会越来越大，直至 $\frac{MU_i}{P_i} < \lambda$ 的情况消失，实现 $\frac{MU_i}{P} = \lambda \, (i = 1, 2)$ 的条件为止。

（六）需求曲线的推导条件

基数效用论运用边际效用递减规律和消费者均衡的条件，推导单个消费者的需求曲线，解释了需求曲线向右下方倾斜的原因。

商品的需求价格是指消费者在一定时期内对一定量的某种商品所愿意支付的最高价格。

根据消费者均衡条件，当消费者获得最大效用时，每一种商品的边际效用与价格的比都相等，且等于货币的边际效用，在货币的边际效用不变的前提下，任何商品的边际效用都与价格成正比。又根据边际效用递减规律，随着商品消费量的不断增加，商品的边际效用是递减的，从而商品的需求价格必然递减。

考虑消费者购买一种商品的情况，则消费者均衡的条件为：

$$\frac{MU}{P} = \lambda \qquad\qquad (2\text{-}24)$$

式（2-24）表示：一方面，消费者对任何一种商品的最优购买量应该是使最后一元钱购买该商品所带来的边际效用和所付出的这一元钱的货币的边际效用相等，另一方面，由于对任何一种商品而言，随着需求量不断增加，边际效用 MU 是递减的，则在货币的边际效用 MU 不变的前提下，商品的需求价格 P 必然应同比例于边际效用 MU 的递减而递减，才能实现消费者均衡。这就说明了商品的需求量与商品的价格呈反方向变动。这样我们就得到了商品的需求量和价格之间的组合关系，从而画出消费者的个人需求曲线。

（七）消费者剩余的内涵

消费者剩余（consumer surplus）是消费者为消费某种商品而愿意付出的总价值与购买商品时实际支出的差额。愿意支付的价格取决于商品的边际效用；实际支付的价格取决于该商品的市场供求关系。例如，消费者欲购买橘子，在消费者一点橘子也没有消费的情况下，为得到一斤橘子所愿意支付的价格为 4 元钱，当消费了一斤橘子以后，为得到第二斤橘子所愿意支付的价格为 3.5 元，随着橘子消费量的不断增加，消费者为额外获得的一斤橘子所愿意支付的价格越来越低。如果橘子的市场价格为每斤 2 元钱，消费者购买第一斤橘子获得的消费者剩余为 2 元，购买第二斤橘子获得的剩余是 1.5 元，则两斤橘子共获得消费者剩余 3.5 元。可见，消费者剩余的多寡一方面取决于所购买的商品数量；另一方面又取决于商品的市场价格。市场价格越低，购买的数量越多，所获得的消费者剩余也就越多。

二、无差异曲线的主要内容

自 20 世纪 30 年代至今，西方经济学中更多地使用序数效用概念。序数效用论认为，效用是主观上的满意感，无法具体衡量，效用之间的比较只能通过顺序或等级表示。例如，该消费者要回答的是偏好哪一种消费，即看一场精彩的电影，还是吃一顿麦当劳。并且，就分析消费者行为来说，以序数来度量效用的假定比以基数来度量效用的假定所受到的限制要少，可以减少一些被认为是值得怀疑的心理假设。

序数效用论者认为效用只能用偏好来表示，序数效用论者在分析考察消费者行为、消费者均衡时，是用无差异曲线分析方法，并在此基础上论证了消费者均衡条件，推导出消费者的需求曲线，深入地阐述需求曲线的经济意义。

（一）偏好的假定

所谓偏好，就是爱好或喜欢的意思。序数效用论者认为：对于各种不同的商品组合，消费者的偏好程度是有差别的，正是这种偏好程度的差别，反映了消费者对这些不同的商品组合的效用水平的评价。具体而言，给定 A（5 个苹果，3 个橘子）、B（5 个橘子，3 个苹果）两组商品组合，如果某消费者更偏好 A 组合，则他认为 5 个苹果和 3 个橘子给他带来的满足程度大于 5 个橘子和 3 个苹果的。序数效用论提出了关于消费者偏好的三个基本的假定：

（1）偏好的完全性。对于任何两个商品组合 A 和 B，消费者总是可以作出，而且也只能作出以下三种判断中的一种：对 A 的偏好大于对 B 的偏好；对 B 的偏好大于对 A 的偏好；对 A 和 B 的偏好相同。即消费者总是可以比较和排列所给出的不同商品的组合。

（2）偏好的可传递性。如果消费者对 A 的偏好大于 B，对 B 的偏好大于对 C 的偏好，那么，在 A，C 这两个组合中，必有对 A 的偏好大于 C。

（3）偏好的非饱和性。如果两个商品组合的区别仅在于其中一种商品的数量不相同，那么，消费者总是偏好含有这种商品数量较多的那个商品组合。例如 A（5 支钢笔，6 支铅笔）＞B（4支钢笔，6支铅笔）。

序数效用论者对消费者偏好的这三个基本的假设条件，又被称为消费者理论的"公理"。

值得注意的是，偏好不取决于商品的价格，也不取决于收入，只取决于消费者对商品喜好与不喜好的程度。

（二）无差异曲线的特点

无差异曲线（indifference curve）也叫等效用线，是用来表示两种商品不同数量的组合给消费者所带来的效用完全相同的一条曲线。或者说，它是表示对于消费者来说能产生同等满足程度的各种不同组合点的轨迹。

我们可以用效用函数表示某一商品组合给消费者带来的效用水平。假定消费者只消费两种商品 X_1 和 X_2，U 为效用水平，则消费函数可以表示为：

$$U = f(X_1, X_2) \qquad (2\text{-}25)$$

无差异曲线具有以下三个基本特征：

（1）在同一平面图上有无数条无差异曲线，且每一条无差异曲线代表的效用水平不相等。离原点越远的无差异曲线代表的效用水平越高。

（2）任何两条无差异曲线都不可能相交。如果可以相交，由于交点具有同样的效用水平，根据偏好的可传递性，相交的两条无差异曲线就具有同样的效用水平，显然，这与前提是相矛盾的。

（3）无差异曲线凸向原点，其斜率为负值。

（三）边际替代率与递减规律

1.边际替代率

在维持效用水平或满足程度不变的前提下，消费者增加一单位的某种商品的消费时所需要放弃的另一种商品的消费数量，被称为商品的边际替代率（marginal rate of substitution），用 MRS 表示。若用商品 1 替代商品 2，我们以 MRS_{12} 表示，其表达式为：

$$MRS_{12} = -\frac{\Delta X_2}{\Delta X_1} \qquad (2\text{-}26)$$

式中，ΔX_1 和 ΔX_2 分别为商品 1 和商品 2 的变化量，当 ΔX_1 是增加量时，ΔX_2 一定为

减少量，两者的比值是负值，为了使 MRS_{12} 的计算结果为正值，以便于比较，便在公式前加了一个负号。

当商品 1 数量的变化趋于 0 时，商品的边际替代率的公式为：

$$MRS_{12} = \lim_{\Delta X_1 \to 0} -\frac{\Delta X_2}{\Delta X_1} \qquad (2\text{--}27)$$

这说明无差异曲线上某一点的边际替代率是无差异曲线在该点的切线的斜率的绝对值。

在同一条无差异曲线上，消费者的效用水平保持不变，消费者增加一种商品的数量所带来的效用增量和相应减少的另一种商品数量所带来的效用的减少量的绝对值必定是相等的，即：

$$\left| MU_1 \cdot \Delta X_1 \right| = \left| MU_2 \cdot \Delta X_2 \right| \qquad (2\text{--}28)$$

从而

$$MRS_{12} = \frac{MU_1}{MU_2} \qquad (2\text{--}29)$$

2. 边际替代率递减规律

在维持效用水平不变的前提下，随着一种商品消费数量的连续增加，消费者为得到每一单位的这种商品所需要放弃的另一种商品的消费数量是递减的，这被称为商品的边际替代率递减规律。这一现象在现实生活中普遍存在。比如，食品与石油，当人们拥有更多的食品和较少的稀缺的石油时，为了得到一定量的石油，愿意放弃更多的食品，随着石油数量的增加以及食品数量的减少，为了得到同一单位的石油，愿意放弃的食品数量会越来越少。

这个规律存在的原因是物以稀为贵，越是稀缺的物品，人们越是珍爱它，有时甚至不惜一切代价。具体地说，对于 X_1 和 X_2 两种商品，随着 X_1 商品的增加，它的边际效用在减少；随着 X_2 商品的减少，它的边际效用在增加。这样，每增加一定数量的 X_1 商品，所能代替的 X_2 商品的数量就越来越少，或者说，当分母不变时，分子在不断减少，从而分数值就在减小了。

既然商品的边际替代率呈递减，而在几何意义上，商品的边际替代率又等于无差异曲线的斜率的绝对值，因此，无差异曲线的斜率的绝对值是递减的，也就不难理解为什么差异曲线的形状凸向原点。

（四）无差异曲线的特殊情况

一般情况下，无差异曲线是凸向原点，但也存在几种特殊情况：

（1）若两种商品为完全替代商品，则无差异曲线为一条斜率不变的直线。

（2）若两种商品为完全互补商品，无差异曲线则呈直角形状。

另外，如果所研究的商品中，有厌恶品，即消费量越多得到效用越少，那么无差异曲线就与我们前面所讨论的不同。若两种商品中一种为厌恶品，则无差异曲线斜率为正数；若两种商品都是厌恶品，则无差异曲线斜率为负数，但越远离原点效用水平越低。

还有，中性商品（neutral goods）是消费者无论从哪方面都不在乎的商品。若两种商品中一种为中性品，则无差异曲线是水平线或垂直线；若两种都为中性品，则无差异曲线不存在。

三、预算线与消费者均衡的内涵

（一）预算线的内涵

预算线（budget line）表示在消费者的收入和商品价格既定的条件下，消费者的全部收入所能购买到的两种商品的各种最大可能组合。

假定以 I 表示消费者的既定收入，P_1，P_2 分别表示商品 1 和商品 2 的价格，X_1、X_2 分别表示商品 1 和商品 2 的数量，则当收入 I 全部用来购买商品 1 和商品 2 时，预算方程为：

$$P_1X_1 + P_2X_2 = I \qquad\qquad (2-30)$$

如全部收入只购买商品 1，可购买 $\dfrac{I}{P_1}$ 单位；只购买商品 2，则可购买 $\dfrac{I}{P_2}$ 单位，他们分别表示预算线在横轴和纵轴上的截距。从预算方程还可以看出预算线的斜率为 $-\dfrac{P_1}{P_2}$。

预算线把坐标图划分为三个区域：预算线以外的区域是消费者在既定价格下，用收入 I 无法购买到的商品数量组合；预算线以内的区域是消费者在既定价格下用收入 I 能够购买到并且还有剩余的商品数量组合；预算线上的区域是消费者在既定价格下用收入 I 能够购买到并且刚好把钱花完的商品数量组合。

（二）消费者均衡的内涵

我们已经假定消费者的行为是追求效用最大化，消费者均衡是在消费者收入和商品价格既定的情况下，消费者达到效用最大化时的一种均衡状态。无差异曲线反映消费者主观上对不同产品组合的偏好，即他愿意买什么；预算线则给出消费者的收入和商品价格的信息，反映消费者能够买什么。因此我们将消费者的无差异曲线和预算线结合在一起，分析消费者实现效用最大化的均衡条件。

消费者最优购买行为必须满足两个条件：第一，最优的商品购买组合必须是能够给消费者带来最大效用的商品组合。第二，最优的商品购买组合必须位于给定的预算线上。

序数效用论指出：假定消费者的偏好不变、收入不变、商品的市场价格不变，则只有在既定的预算线与其中一条无差异曲线的切点，才是消费者获得最大效用水平或满足程度的均衡点。换句话说，在这一均衡点上的购买量会使消费者获得的效用最大。

以基数效用论为基础的消费者均衡与以序数效用论为基础的消费者均衡在本质上是相同的，只是两者的表现形式有所不同。如果我们把商品的边际效用之比看作消费者对商品的主观效用的评价，而把价格之比看作市场对商品的客观评价，那么消费者均衡条件表明：当主观评价与客观评价正好相符时，消费者达到了效用最大化。

四、变动对消费者均衡的影响

（一）收入变化对消费者均衡的影响

（1）收入–消费曲线。收入–消费（income consumption curve）是指在消费者的偏好和商品价格不变的条件下，与消费者的不同收入水平相联系的消费者效用最大化的均衡点的轨迹。我们可以设想保持商品的价格不变而让消费者的收入连续发生变化，这样可以得到许多相互平行的预算线。这些预算线分别与众多无差异曲线相切，得到若干个切点，连接这些切点便得到一条收入–消费曲线。

（2）恩格尔曲线。利用收入—消费曲线可以推导出恩格尔曲线（Engel curve），它表示消费者在每一收入水平对某商品的需求量。恩格尔曲线向后弯曲，说明在较低的收入水平下，商品1的需求量与收入水平呈同方向的变动，随着收入水平的提高，消费者对商品1的需求量下降，经济学将这种需求量与收入水平呈反方向变动的商品称为低档品。

（3）恩格尔定律。一个家庭收入越少，家庭收入中（或总支出中）用来购买食物的支出所占的比例就越大，随着家庭收入的增加，家庭收入中（或总支出中）用来购买食物的支出则会下降。推而广之，一个国家越穷，每个国民的平均收入中（或平均支出中）用于购买食物的支出所占比例就越大，随着国家的富裕，这个比例呈下降趋势。这一定律被称为恩格尔定律（Engel's law）。

反映这一定律的系数被称为恩格尔系数，又称为食物支出的收入弹性。恩格尔系数是根据恩格尔定律而得出的比例数，是表示生活水平高低的一个指标。其计算公式如下：

$$恩格尔系数 = \frac{食物支出变动百分比}{总收入变动百分比} \qquad （2-31）$$

国际上常常用恩格尔系数来衡量一个国家和地区人民生活水平的状况。

（二）价格变化对消费者均衡的影响

在消费者的偏好不变、货币收入不变，以及其他商品价格不变的条件下，与某一种商品的不同价格水平相联系的消费者预算线和无差异曲线相切的消费者效用最大化的均衡点的轨迹，便是价格–消费曲线（price consumption curve）。它说明商品价格变动时所引起的消费者商品消费量的变动。

需要注意的是，价格变化的形式可能是商品 1 价格的变化，也可能是商品 2 价格的变化，还可能是两种价格等比例甚至不等比例地发生变化。我们这里只讨论了商品 1 价格的变化的一种情况。通过对价格–消费曲线的分析，我们可以得出这样的结论：如果消费者的货币收入不变、偏好不变，当一种商品的价格发生变化引起另一种商品的相对价格发生变化时，导致消费者的实际收入水平发生变化，消费者便会沿着价格–消费曲线来调整自己的购买选择，以实现效用最大化。

第四节　生产者行为理论

一、生产者行为的生产函数

（一）生产与生产要素分析

所谓生产，是指厂商借助一定的技术手段，将各种生产要素转化为产出的过程。因此，要得到产出，就需要投入一定的生产要素。生产要素是指厂商在生产过程中所使用的各种资源。在西方经济学中，我们通常将生产要素划分为以下四种：

第一种：劳动（L），包括劳动者在生产过程中提供的体力劳动和脑力劳动。

第二种：资本（K），指在生产过程中使用的各种资金，包括实物形态的资本（如厂房、设备、原材料等）以及货币资本两大类。

第三种：土地（N），指生产过程中使用的各种自然资源，包括水、矿藏、石油等。

第四种：企业家才能（E），指企业家对整个生产过程进行组织和管理的能力。

任何产品都是以上四种生产要素（有时候是其中的两种或三种）共同作用的结果。

各种生产要素的投入量与厂商的产出量之间存在着一定的关系，这一关系可以通过生产函数来表示。生产函数是指在特定的技术水平下，生产要素的数量组合与其所能生产的最大产出量之间的一一对应关系。生产函数的数学表达式为：

$$Q = f(L, \quad K \quad N \quad E) \tag{2-32}$$

式中，Q 代表总产量；L、K、N、E 分别代表劳动、资本、土地以及企业家才能这四种生产要素的投入量。

在经济学分析中，人们通常假定土地这种要素是固定不变的，而企业家才能又难以具体衡量。因此，人们一般将总产量看成是劳动和资本的函数：

$$Q = f(L, \quad K) \tag{2-33}$$

但事实上生产者往往无法改变某些固定要素的投入水平，所以短期内厂商只好在现行固定投入的基础上尽力使其利润达到最大。

（二）短期生产函数阐述

1. 经济学分析中的长期与短期生产函数

在经济学中，时间是影响生产的一个重要因素。根据时间的特性可以分为长期和短期。在短期内，厂商不可能改变所有的生产要素投入。厂商在短期内可以进行数量调整的生产要素投入是可变投入，如原材料和劳动等。反之，厂商在短期内无法进行数量调整的生产要素投入则是不变投入，如厂房和机器设备等。在长期内，厂商可以对所有生产要素进行调整，甚至进入一个新的行业或退出一个行业的生产。在长期中，生产要素投入则无可变投入与不变投入之分了。与时间的划分相照应，生产函数有短期生产函数与长期生产函数之分。

2. 总产量、平均产量与边际产量

在短期生产函数中，经常假定只有一种生产要素可变，其余生产要素固定。具体而言，在生产函数 $Q = f(L, K)$ 中，经常假定资本投入 K 为固定，用符号 $\bar{K}$ 表示，而只有劳动投入可变，仍以符号 L 表示。则短期生产函数可以表示为：

$$Q = f(L, \bar{K}) \tag{2-34}$$

根据式（2-34）所示的短期生产函数，可以非常方便地求得总产量、平均产量以及边际产量。

总产量是指一定数量的生产要素投入所能生产得到的产出数量。通常用符号 TP_L 表示（假定除了劳动 L 以外的其他因素都不变）。

平均产量是指每单位可变生产要素所生产出来的平均产量，通常用符号 AP_L 表示。其计算公式为：

$$AP_L = \frac{TP_L}{L} \tag{2-35}$$

边际产量是指在其他生产要素保持不变的情况下，每增加 1 单位可变要素投入所带来的总产量的增加额，通常用符号 MP_L 表示其具体计算公式如下：

$$MP_L = \frac{\Delta TP_L}{\Delta L} \tag{2-36}$$

式中，TP_L 与 ΔTP_L 分别代表总产量及其变化量；L 与 ΔL 分别代表可变要素投入量及其变化量。

综上所述，总产量曲线、平均产量曲线与边际产量曲线之间的关系如下：

首先，当资本要素投入不变时，随着劳动投入的增加，总产量 TP_L、平均产量 AP_L 以及边际产量 MP_L 都呈增加的趋势。但是，当劳动投入增加到某一临界值之后，总产量 TP_L、平均产量 AP_L 以及边际产量 MP_L 都呈减少的趋势。总体而言，总产量曲线、平均产量曲线与边际产量曲线呈现出先增后减的倒 "U" 形形状。

其次，当边际产量 $MP_L = 0$ 时，总产量 TP_L 取得最大值。

最后，平均产量曲线与边际产量曲线相交于平均产量曲线的最高点。相交前，边际产量大于平均产量，平均产量增加；反之，相交后，边际产量小于平均产量，平均产量降低。

此外，可以将劳动投入量划分为以下阶段：

第 I 阶段，总产量和平均产量都呈增加趋势，且边际产量大于平均产量。这说明，增加劳动要素投入，不仅可以提高总产量，而且可以提高平均产量。理性的生产者不会将劳动投入量确定在这一领域，而是会继续增加劳动投入。

第 II 阶段，总产量继续呈增加趋势，平均产量下降但边际产量大于 0。在这一阶段，增加劳动要素投入可以提高总产量，当劳动投入增加到某一临界值时（边际产量等于 0 时），总产量达到最大值。

第 III 阶段，边际产量小于 0，总产量开始呈下降趋势。在这一阶段，劳动要素的投入过多，即使劳动是免费的，理性的生产者也会减少劳动要素的投入，以增加总产量。

由以上分析可知，理性的生产者会将劳动要素的投入控制在第 II 阶段，具体应将劳动要素投入控制在多少，则需要综合考虑成本、收益以及利润等多个方面的因素。

3. 生产者的边际收益递减规律

边际收益递减规律可以表述为：在特定的技术水平下，当其他生产要素投入保持不变时，连续增加一单位某种生产要素的投入所带来的产量增加额最终会逐渐减少，从而导致边际收益递减。

边际收益递减规律产生的原因可以理解为：在厂商的生产中，各生产要素之间必定存在一个最佳的比例。当某种生产要素的投入较少时，其偏离生产要素之间的最佳比例较远，因此，增加该要素的投入可以带来总产量的较大幅度的增加，直至生产要素投入的配置达到最佳比例。此时，如果继续增加该生产要素的投入，则生产要素的配置将偏离最佳比例越来越远，此时，继续投入该生产要素非但不能带来总产量的增加，反而会使其减少。例如，越来越多的劳动投入固定的土地或机器上，必将带来土地的拥挤和机器的超负荷运转，总产量的增加将会越来越少，边际收益递减。

边际收益递减规律是一条普遍性的规律，在现实生活中可以观察到很多这方面的例子。例如，在水稻的生产中，肥料的投入就是一个典型的例子。肥料对水稻而言是必需的，直接关系到其能否良好生长。一开始增加肥料的投入将能确保水稻的健康、快速生长，如果过度增加肥料的投入，则水稻将会死亡。

（三）长期生产函数中的规模收益与生产要素

假设所有的生产要素都是可变的，并以此来研究长期生产函数。假设某厂商生产时的投入要素只有劳动 L 和资本 K，则长期生产函数可以表示为：

$$Q = f(L, K) \qquad (2-37)$$

式中 Q 代表总产量；L 和 K 分别代表劳动投入量和资本投入量。

1. 长期生产函数中的规模收益

所谓规模收益，是指在其他条件保持不变的情况下，厂商所有生产要素投入按相同比例变化时与所导致的产量变化之间的关系。按照要素投入变化比例与产量变化之间的关系，规模收益包括规模收益递增、规模收益不变与规模收益递减三种类型。

（1）规模收益递增：即所有生产要素投入增加的比例小于产量增加的比例。

（2）规模收益不变：即所有生产要素投入增加的比例等于产量增加的比例。

（3）规模收益递减：即所有生产要素投入增加的比例大于产量增加的比例。

2. 长期生产函数中生产要素的最优组合

在对生产要素的最优组合进行分析时，需要用到两条重要的曲线：一条是等产量曲线；另一条则是等成本曲线。

（1）等产量曲线。在某些情况下，虽然厂商投入的生产要素不同，但是获得了相同的产量。所谓等产量曲线，是指在一定的技术水平下，能给厂商带来相同产量的各种生产要素投入量的不同数量组合形成的曲线。以两种生产要素为例，等产量曲线可以用函数关系表示如下：

$$Q = f(L, K) \qquad (2-38)$$

式中 Q 代表既定的产量水平；L 和 K 分别代表劳动投入量和资本投入量。

等产量曲线具有以下四个特征：

第一，在平面坐标系内存在着无数条等产量曲线，其中，距离原点越远的等产量曲线代表的产量水平越高，距离原点越近的等产量曲线代表的产量水平越低。

第二，任意两条等产量曲线之间是不可能相交的。

第三，等产量曲线是向右下方倾斜的。为确保产量保持不变，在增加一种要素投入的同时，必定需要减少另外一种要素的投入，而不能二者同时增加或减少。

第四，等产量曲线是凸向原点的。这主要是由边际技术替代率递减规律所决定的。

（2）边际技术替代率递减规律。边际技术替代率是指为了维持产量水平保持不变，增加一单位某种要素投入的同时所必须减少的另一种要素的投入量，通常用符号 $MRTS$ 表示。以劳动和资本两种生产要素为例，劳动对资本的边际技术替代率 $MRTS_{LK}$ 的计算公式为：

$$MRTS_{LK} = -\frac{\Delta K}{\Delta L} \tag{2-39}$$

式中，$MRTS_{LK}$ 代表劳动对资本的边际技术替代率；ΔL 和 ΔK 分别代表劳动和资本投入的变化量。因为在产量不变的前提下，劳动投入与资本投入之间是呈反方向变化的。因此，在式（2-39）的前面加上一个负号，以确保计算所得的边际技术替代率为正数。

当劳动投入量的变化值 ΔL 趋近于无穷小时，式（2-39）可以写成如下的微分形式：

$$MRTS_{LK} = -\lim_{\Delta L \to 0}\frac{\Delta K}{\Delta L} = -\frac{\mathrm{d}K}{\mathrm{d}L} \tag{2-40}$$

式（2-40）表明，等产量曲线上某一点的边际技术替代率与该点处等产量曲线的斜率的绝对值是等价的。

边际技术替代率与两种要素的边际产量之间是存在联系的。假设产量曲线中的点移动，劳动和资本投入的变化量分别为 ΔL 和 ΔK。总产量保持不变，则有下式一定成立 $MP_K \cdot \Delta K + MP_L \cdot \Delta L = 0$。整理得：

$$-\frac{\Delta K}{\Delta L} = \frac{MP_L}{MP_K} \tag{2-41}$$

结合式（2-39）与式（2-41），得到：

$$MRTS_{LK} = -\frac{\Delta K}{\Delta L} = \frac{MP_L}{MP_K}$$

（2-42）

式（2-42）表明，两种生产要素的边际技术替代率等于该两种要素的边际产量之比。再仔细分析式（2-42），可知，随着劳动要素投入量的增加，资本投入量随之减少。由于边际收益递减规律的作用，劳动要素的边际产量逐渐减少，而资本要素的边际产量 MP_L 则逐渐增加。因此，随着劳动要素投入的连续增加，根据式（2-42）计算得到的劳动对资本的边际技术替代率是逐渐递减的。这便是经济学中重要的边际技术替代率递减规律。

所谓边际技术替代率递减规律，是指在维持产量保持不变的前提下，随着某种要素投入量的不断增加，每一单位该要素所能替代的另外一种生产要素的数量是逐渐递减的。

（3）等成本曲线。由于资源的稀缺性，生产者不可能无偿地、无限制地使用各种生产要素。因此，其生产活动必定受到成本的约束。

等成本曲线是指在成本和生产要素的价格保持不变的情况下，生产者能够购买到的两种生产要素的不同数量组合所形成的轨迹。

若以 c 代表既定的成本，ω 代表工资率，即劳动的成本；r 代表利息率，即资本的成本。则等成本线可以用函数形式表示如下：

$$C = \omega L + rK$$

（2-43）

对上式进行整理后可以得到：

$$K = \frac{C}{r} - \frac{\omega}{r}L$$

（2-44）

由式（2-44）可以看出，等成本线为线性的，其斜率为 $-\frac{\grave{u}}{r}$。

以劳动投入为横坐标、资本投入为纵坐标建立平面直角坐标系，则可以根据等成本线的函数式得到等成本线图。

（4）生产要素的最优组合。结合等产量曲线与等成本曲线，可以对生产者实现产量最大化的最优生产要素组合进行分析。在切点处，等产量曲线的斜率与等成本曲线的斜率是相等的。等产量曲线在切点处的斜率的绝对值等于切点处的边际技术替代率，两种商品的边际技术替代率等于各自边际产量之间的比值，而等成本曲线的斜率则为一常数，等于两种要素价格之比的相反数。因此，结合式（2-42）以及式（2-44）可得，生产实现最大产量的最优生产要素组合的条件是：$MRTS_{iK} = -\dfrac{\Delta K}{\Delta L} = \dfrac{MP_L}{MP_K} = \dfrac{\omega}{r}$。对上式进行整理后得到：

$$\frac{MP_L}{\omega} = \frac{MP_K}{r} \tag{2-45}$$

式（2-45）表明，当最后一单位货币成本无论购买何种生产要素所获得的边际产量都相等时，生产要素组合将达到最优状态。

二、生产者行为的成本

理性的生产者总是以追求利润最大化为目标的，而利润是收益与成本之差。因此，分析生产者的行为，有必要进一步分析生产成本。

在经济学的学习中，有几个成本的概念是需要学习和领会的。

会计成本是指可以通过会计账目反映出来，厂商在生产过程中按照市场价格实际支付的一切费用，也称为显性成本。如企业购买原材料的费用以及支付给员工的工资等。

资源一般具有多种用途，同时资源也具有稀缺性，当某种资源被运用于某种用途的同时也就放弃了同种资源运用于其他用途而获利的机会。因此，经济学家提出机会成本的概念并成为经济学中的一个重要概念。机会成本是指当生产要素被运用于某种用途时，生产者所放弃的使用该生产要素在其他用途中所能获得的最高收入，也称为隐性成本。

因此，对厂商而言，既需要考虑会计成本，也需要考虑机会成本。经济成本这一概念也随之而生。经济成本是指会计成本与机会成本的总和。

经济成本 = 会计成本 + 机会成本 （2-46）

根据时间的特性，生产函数分为短期生产函数和长期生产函数。与此类似，成本也可以分为短期成本和长期成本两种。

（一）生产者行为的短期成本

1. 生产者行为的短期总成本

短期总成本是指短期内生产一定量产品所需要的成本总和。由于在短期内，有些生产要素可以调整，而有些生产要素不可以调整，因此，短期总成本又分为固定成本和可变成本两类。

固定成本指短期内在一定产量范围内不随产量变动而变动的成本。也就是厂商即使暂时关闭其工厂，什么也不生产也要承担的费用，包括厂房设备投资的利息、折旧费、维修费、各种保险费、部分税金，以及即使在暂时停产期间也要继续雇用的人员的工资和薪金。即使产量为零，这部分成本也存在。

可变成本指短期内随着产量变动而变动的成本。这类成本包括工人的工资，厂商为购进原料以及其他物品而发生的支出，以及电费、营业税和短期借款的利息等。它随产量的增加而增加，当产量为零时，可变成本为零。

如果用 STC 代表短期总成本，FC 代表固定成本，VC 代表可变成本，则有：

$$STC = FC + VC \qquad (2-47)$$

2. 生产者行为的短期平均成本

短期平均成本指短期内平均每一单位产品所消耗的全部成本。它是由平均固定成本和平均可变成本构成的。

平均固定成本（AFC）指短期内平均每一单位产品所消耗的固定成本。随着产量的增加，平均固定成本是逐渐减少的。用公式表示为：

$$AFC = FC / Q \qquad (2-48)$$

平均可变成本（AVC）指短期内平均每一单位产品所消耗的可变成本。随着产量的增加，平均可变成本是先递减，到达最低点以后再递增的。用公式表示为：

$$AVC = VC / Q \qquad (2-49)$$

如果用 SAC 代表短期平均成本，则有：

$$SAC = STC / Q$$
$$SAC = FC / Q + VC / Q = AFC + AVC \qquad (2-50)$$

3. 生产者行为的短期边际成本

短期边际成本指短期内厂商增加一单位产量所增加的总成本量。

如果用 SMC 代表短期边际成本，以 ΔQ 代表增加的产量，则有：

$$SMC = \Delta STC / \Delta Q \qquad （2-51）$$

值得注意的是，当产品成本由固定成本与可变成本之和构成时，该产品的边际成本与固定成本无关，而只与可变成本有联系。这是由于固定成本始终是固定不变的，而总成本等于固定成本加可变成本，所以边际成本，即多生产一个单位的产量时，总成本的增加量实际上等于增加该单位产品所增加的可变成本，故：

$$SMC = \Delta STC / \Delta Q = \Delta VC / AQ \qquad （2-52）$$

（二）生产者行为的长期成本

在长期内，所有的生产要素都是可变的，厂商甚至可以进入或者退出某一行业。因此，长期内，厂商的成本并无固定与可变之分。在长期成本分析中所使用到的成本概念主要包括三个：长期总成本、长期平均成本以及长期边际成本。

1. 生产者行为的长期总成本

长期总成本是指厂商在长期内通过选择最优生产规模生产一定产出所花费的最小总成本，通常用符号 LTC 表示。长期总成本是产量的递增函数，随着产量的增加而增加。

长期总成本 LTC 曲线可以根据短期总成本 STC 曲线得到，实质而言，长期总成本 LTC 曲线就是无数条短期总成本 STC 曲线的包络线。因此，长期总成本 LTC 曲线具有与短期总成本 STC 曲线相似的形状，为一条向右上方倾斜的曲线，开始时上升的速度比较快，然后变缓，最后又以较快的速度上升。两者之间的区别是：长期总成本 LTC 曲线是从原点出发的，而短期总成本 STC 曲线是从固定成本 SFC 曲线与纵轴的交点出发的。因为，在长期内所有的生产要素都是可变的，当产量为 0 时，长期总成本也为 0。

在长期中，为了生产同样多的产量，厂商可以选择不同的生产规模。例如，在学校里开一家理发店，其客户是相对固定的。因此，它每个月提供的服务（即产出）也就相对固定。但是，该理发店租赁的店面面积可大可小，聘请的理发师和服务员可多可少。店面面积和员工人数不同，必然造成成本的差异。

2. 生产者行为的长期平均成本

长期平均成本是指厂商在长期内生产每单位产出所花费的最低成本，通常用符号 LAC 表示。其计算公式如下：

$$LAC = LTC / Q \qquad (2-53)$$

式中，LTC 和 Q 分别代表长期总成本和产量。

长期平均成本 LAC 曲线可以由短期平均成本 SAC 曲线推导得到。在长期内，厂商可以根据产量的不同，选择最优的生产规模进行生产。

3. 生产者行为的长期边际成本

长期边际成本是指厂商在长期中每增加一单位产出而增加的成本，通常用符号 LMC 表示。其计算公式如下：

$$LMC = \Delta LTC / \Delta Q \qquad (2-54)$$

式中，ΔLTC 与 ΔQ 分别代表长期总成本 LTC 与 Q 产量的变化量。

长期边际成本 LMC 曲线可以由长期总成本 ZTC 曲线推导得来。

三、利润最大化原则的分类与求导

（一）收益与利润的分类

收益是指厂商销售产品所获得的收入，即销售收入。在收益方面。比较重要的概念包括总收益、平均收益以及边际收益三个。

（1）总收益。总收益是指厂商按照一定的价格出售一定数量的产品时所获得的全部收入，通常用符号 TR 表示。其计算公式如下：

$$TR = PQ \qquad (2-55)$$

式中，P 和 Q 分别表示产品的价格和数量。

（2）平均收益。平均收益是指厂商销售每一单位商品所获得的收入，通常用符号

AR 表示。其计算公式如下：

$$AR = TR / Q \qquad （2-56）$$

式中，TR 代表厂商的总收益；Q 代表总销售量。

（3）边际收益。边际收益是指厂商每增加一单位产品的销售所获得的额外的收入，通常用符号 MR 表示。其计算公式为：

$$MR = \Delta TR / \Delta Q \qquad （2-57）$$

式中，ΔTR 和 ΔQ 分别代表总收益和总销售量的变化量。

（4）利润。利润是指总收益扣除总成本之后的净收益，通常用符号 π 表示。它等于总收益与总成本之间的差，其计算公式为：

$$\pi(Q) = TR(Q) - TC(Q) \qquad （2-58）$$

式中，TR 与 TC 分别代表总收益和总成本。因为总收益 TR 和总成本 TC 都是产量的函数，因此，利润也是产量的函数，随着产量的变化而变化。

（二）利润最大化原则的求导

对厂商而言，追求利润最大化就是选择合适的产量，使自己获得的利润达到最大，这其实就是一个对利润计算式（2-58）求极值的问题。根据数学知识，将式（2-58）对产量 Q 求导，并令导数等于 0，可得：$\dfrac{\mathrm{d}\pi}{\mathrm{d}Q} = \dfrac{\mathrm{d}TR}{\mathrm{d}Q} - \dfrac{\mathrm{d}TC}{\mathrm{d}Q} = MR - MC = 0$。对其进行整理后得到：

$$MR = MC \qquad （2-59）$$

此即为厂商利润最大化的条件。也就是说，当厂商根据边际收益等于边际成本（$MR=MC$）的原则来确定其产量时，所获得的利润达到最大值。

当边际收益大于边际成本，即 $MR>MC$ 时，额外增加一单位产品的生产所获得的收益大于所增加的成本。此时，增加产量可以为厂商带来更多的利润。当边际收益小于边际成本，即 $MR=MC$ 时，额外增加一单位产品的生产时所获得的收益小于所增加的成本。此时，增加产量将会导致厂商所获得的利润减少。当边际收益等于边际成本，即 $MR=MC$ 时，额外增加一单位产品的生产时所获得的收益等于所增加的成本。此时，产量水平是最优的，能给厂商带来最大的利润。

第三章　市场结构理论与生产要素

第一节　完全竞争市场

一、完全竞争的特征

完全竞争是指一种竞争不受任何阻碍和干扰的市场结构，对竞争的干扰主要来自：第一，政府的干预；第二，企业互相勾结形成的市场势力。也就是说，数量众多，规模又很小的企业根据自己对市场的判断，组织生产和销售，每个企业都只占市场份额的很小的一部分，它们都是市场价格的被动接受者。完全竞争市场的特征下如。

第一，市场上有许多经济主体，这些经济主体数量众多，且每一主体规模又很小。所以，他们任何一个人都无法通过自己的行为（如价格和产量和变动）来影响市场上的供求关系，也无法影响市场价格。每个经济主体都是市场价格的被动接受者。

第二，产品是同质的，即任何一生产者的产品都是无差别的。第一个特征是任何单个经济主体（如单个企业和单个消费者）对整个市场的影响减少至可以忽略不计的程度，第二特征是个别售卖者由于其产品和他的竞争者完全一样，不能以任何方法控制产品的价格。

第三，各种资源都可以完全自由流动而不受任何限制，这包括：劳动可以在不同地区、部门、行业、企业之间无障碍流动；任何一个生产要素的所有者都不能垄断要素的投入；新资本可以毫无障碍地进入，原有资本可以毫无障碍地退出。

第四，市场信息是完全和对称的，企业与居民户都可以获得完备的市场信息，双方不存在相互的欺骗。

显然，在实际经济生活中，因为这些条件非常苛刻，符合这些特点的市场是较少的。存在同时符合以上条件的市场只是一种理论上的假设，因为在实际经济生活中，以上任何一个特点都不可能达到。现实的完全竞争市场也是罕见的，比较接近的是农产品市场。但是现实中是否存在着真正意义上的完全竞争市场并不重要，经济学分析完全竞争市场的重要性在于说明在假设的完全竞争条件下，市场机制是如何调节经济资源，达到资源的配置最佳状态的。

二、完全竞争的市场效率的不足

市场运行的经济效率是指参与市场活动的企业利用社会资源的程度。资源利用得越充分，经济效率就越高。一般认为，在完全竞争市场上，企业处于长期均衡状态时，市场是最有效率的。完全竞争市场是一种有效率的市场。但是我们认为，完全竞争市场也存在着一些缺陷，这些缺陷表现如下。

第一，在完全竞争的市场结构中，市场上企业的数量很多，规模又很小。而生产规模小的企业既没有必要、也没有可能去大规模地使用先进技术。例如，联产承包责任制实施后，我国农业生产的基本单位是家庭。小规模的家庭经营使农户觉得大规模的投入得不偿失，从而阻碍了大型农机具进入生产过程，阻碍了新的农业技术的应用。科技应用也必须以投入为基础，而较大规模的投入必须要有相应较大的生产规模。

第二，完全竞争市场产品同质的特点对消费者产生不利的影响。虽然消费者只要用等于边际收益的价格就可买到消费品，但无差别的产品也不能满足消费者多样化的需求，消费者只能被迫消费几乎完全一样的产品，从而减少消费者的福利。这可以看成是消费者以最低的价格买到商品的代价。

第三，市场上不存在对技术创新的保护，所以不利于技术创新。一般来说，企业技术创新有两个条件：动力和压力。技术创新的压力来自市场竞争。在完全市场竞争的条件下，市场竞争对企业造成的压力是存在的，而且是非常大的。技术创新的动力来源于创新所带来的经济利益。完全竞争市场信息完全和对称的特点，使市场上不存在商业秘密，也缺乏对技术创新所带来的利益的保护。因此，一个企业花大力气、大投入进行创新的结果，是整个行业的企业都能迅速地使用这一成果。这就是说，在完全竞争的市场结构中，企业创新的好处归行业而不归企业所有。这一结果会对企业的技术创新产生不利的影响。所以对所有企业来说，创新的行为是不理性的，绝大多数企业在技术创新方面的理性选择是"搭便车"，即利用其他企业的创新成果。这会影响技术的进步和劳动生产率的提高。

第二节　垄断市场与垄断竞争市场

一、垄断市场的基本内容

与竞争市场相对立的另一种市场形式是垄断市场。垄断市场也叫完全垄断市场。产品只要有差别，就有可能形成垄断。所以，一方面，垄断是一种常见的现象，很多企业生产的产品都有自己的独特之处，他们能够在一定程度上控制产品的价格；另一方面，很少有产品是真正独一无二的，大多数产品都有自己的替代品。因此，垄断是一个程度问题。

"传统经济学认为，完全竞争市场能实现社会福利的最大化，垄断市场会带来社会福利的损失。"[①] 垄断市场、垄断竞争市场和寡头市场都是不完全竞争市场，身居这些市场中的企业与完全竞争市场上的企业面临着一条水平的需求曲线不同，它们都面临着一条向右下方倾斜的需求曲线，表示了价格与需求量之间的反方向变动关系，即价格高时面对的需求量小，价格低时面对的需求量大。在决策方面，竞争企业无权决定价格，只能通过产量的调整实现利润最大化；不完全竞争企业具有一定的市场势力，可以在一定程度上决定价格，可以通过价格与产量的同时调整实现利润最大化。

（一）垄断市场产生的原因

垄断市场是行业中只有一个卖者（生产者）的市场。如果一个行业进入了两个和两个以上的卖者（生产者），这个市场就不叫垄断市场了。因此，垄断（Monopoly）也叫独占，如果一个企业是一种产品的唯一生产者或唯一卖者，而且其产品没有相近的替代品，那么，这个企业就是垄断企业。一个行业被一个企业独占，排斥了竞争，能够形成很大的市场势力，成为价格的决定者。

完全垄断企业之所以能够保持自己的垄断地位，是因为别的企业难以进入该行业与之竞争。如果有一个企业进入该行业生产同它相同或相近的产品，那么这个垄断企业的垄断地位就被打破了。因此，完全垄断产生的基本原因是进入壁垒，即进入障碍。主要有以下三个方面的原因：

（1）资源垄断。资源垄断的情况表现为一个企业独占了生产某种产品的关键资源，从而成为这种产品的唯一生产者，别的企业因为缺乏此项重要资源而不能生产该种产品或它的替代品，如一家制药企业垄断了治疗癌症的药物技术；某些稀有金属被极少的国家垄断等。如果一个村庄仅能打一口水井，而这口水井又被一家独占，那么，这一家就形成了对全村用水的垄断。资源垄断更多地表现为技术资源被垄断。

（2）行政垄断。行政垄断就是政府给予某一家企业生产某种产品的权力，别的企业不能涉足。行政垄断主要有两种形式：一是在公用事业领域，政府实行准入限制，把生产某种产品或提供某种服务的特权排他性地给予一家企业，同时限制这家企业的产品或服务价格。这一家企业的产量能够满足整个社会的需求量，可以产生规模经济效应，把成本降

---

① 李良智. 竞争市场与垄断市场：一个基于福利的分析 [J]. 当代财经，2003（8）：5.

低，使大众受益。例如，城市的自来水、供暖系统、电力输送、有线电视、通信等。如果一个城市的自来水由几家公司同时提供，必然出现重复铺设管道的现象，造成浪费。二是通过立法或制定政策，保护某些企业或个人的垄断地位，限制竞争，如专利、版权、关税等方面的立法和进出口配额政策就是这种形式的垄断。专利是政府给予发明者本人独自使用其产品或工艺的特权，目的是鼓励全社会的发明创造活动。版权是政府给予作者独自出版的权利。关税是一种进口限制，目的是减弱外国企业在本国的竞争能力，保护本国企业的垄断地位。配额有出口配额和进口配额等，是对出口或进口数量的一种限制，也限制了竞争，产生了垄断。

（3）自然垄断。自然垄断也叫规模垄断或成本垄断，是指在某些行业中只有一家企业生产并把产量提高到很高水平时，平均成本才能降到较低点。如果这个行业还像竞争行业那样有许多企业进入，每个企业的产量都很小，那么，每个企业都只能在高成本上无效率运营。这样的行业由企业自身生产的技术所决定，不允许几家或很多企业同时生产，只允许一家特大规模的企业存在。一般是最先进入者能够获得规模经济的效应，在保持一定利润的前提下把成本降低，价格降低，占有几乎全部市场份额，并阻止后来者进入。

（二）垄断企业中产量与价格的决策

垄断企业与竞争企业相同的是，利润最大化的产量和价格由企业面对的需求状况（需求曲线）和成本状况（成本曲线）决定；实现利润最大化要遵循的原则是边际收益等于边际成本（MR=MC）。两种企业不同的是，竞争企业是价格的接受者，而垄断企业却是价格的决定者；竞争企业面对由市场决定的价格只能通过调整要素投入的办法调整产量，垄断企业不仅可以调整产量，也可以调整价格，通过对产量和价格两个方面的调整而实现利润最大化。

（三）垄断企业的短期决策行为

在短期内，企业不能调整不变的生产要素投入，只能通过调整可变的生产要素变动产量。在短期内，垄断企业是在既定的生产规模下通过对产量和价格的调整来实现利润最大化的。

由于垄断企业在短期内不能调整不变要素，所以，垄断企业在短期内，可能获得利润，可能收支平衡（获得正常利润），也可能亏损。究竟处于哪一种状态，要看垄断企业面对的需求状况和成本状况。表现在坐标图上，要看需求曲线的大小和平均成本曲线的高低。

（四）垄断企业的长期决策行为

在长期中，垄断企业可以选择退出该行业，也可以选择调整全部生产要素变动生产规模，实现最大利润。与竞争市场不同，垄断市场在长期内排除了其他企业的进入，仍然是一家独占的局面。因此，垄断企业如果在短期内获得了利润，在长期中一定还会保持利润，甚至增加利润。在短期内亏损的垄断企业，在长期中可以通过调整规模摆脱亏损，获得利润。如果没有一个合适的规模能够使企业扭亏为盈赚取利润，这样的企业就要退出该行业。

（五）反垄断的原因

反垄断是因为垄断是低效率的。与竞争市场相比，垄断是低效率的。垄断的低效率是指垄断造成了社会福利的减少和社会资源的浪费。社会福利的减少也叫作无谓损失。下面，我们首先分析垄断造成的无谓损失，然后说明垄断造成的资源浪费。

1. 垄断造成了无谓损失

社会福利的减少叫作无谓损失。垄断造成的无谓损失表现在两个方面：一方面表现在垄断结果上，另一方面表现在垄断过程中。

第一，垄断结果上的无谓损失。经济学家用消费者剩余与生产者剩余之和即总剩余衡量社会福利。消费者剩余是指消费者愿意支付的价格与实际支付的价格之间的差额。如果垄断企业收取高价格后并没有减少销售量，那么，高价格就不是造成无谓损失的原因，高价格只是把福利从消费者的口袋里转移到了生产者的口袋里，经济蛋糕的大小还像以前一样，社会总福利没有发生变化。但是，垄断企业收取高价格时，一些对物品的评价高于其边际成本但低于垄断价格的那一部分消费者不再购买物品，这一事实本身说明了垄断的低效率，说明了垄断造成了无谓损失。一部分消费者离开市场而不再购买，是因为垄断企业生产的量少了。垄断企业选择生产并销售边际收益曲线与边际成本曲线相交的产量，这个产量小于竞争企业的有效率的产量。与垄断企业少生产的产量相对应的需求曲线与供给曲线之间的面积，正是代表了垄断所造成的无谓损失。

第二，垄断过程中的无谓损失。垄断过程中的损失，也是垄断者在获得和维持垄断地位的过程中造成的无谓损失，即寻租活动中的无谓损失。一旦把分析的视角从垄断的结果转移到垄断的过程中就会发现，垄断造成的无谓损失不仅包括阴影三角形的面积，还包括垄断企业的一部分利润，甚至全部利润。垄断企业为了获得和维持垄断地位，常常需要花费一些费用进行活动，如向国会游说，通过媒体制造舆论，甚至雇用律师打官司等。这些非生产性的寻利活动，就是寻租，即为获得和维持垄断地位从而得到垄断利润的活动。

2. 垄断造成了社会资源的浪费

正是由于大企业利用了规模经济优势，并能够持续不断地进行技术创新和开发新产品，才使物品价格不断走低，并使我们能够消费如此丰富的产品。实际上，政府一方面在限制垄断，另一方面又在鼓励垄断，如对知识产权的保护等。

（六）垄断市场中的价格歧视

价格歧视是垄断者在同一时间里把同一种物品或服务按不同的价格销售给不同的消费者的一种促销活动。所以要把同一种产品按不同的价格销售给不同的消费者，并不是因为生产成本的不同，而是因为垄断者要获取更多的利润。这种价格歧视的销售方式在竞争市场上是行不通的。因为在竞争市场上，有许多的卖者出售一模一样的产品，如果有哪一个卖者想以较高的价格出售自己的产品，购买者便会转向别的卖者。也不会有哪一个卖者以低于市场的价格出售自己的产品，因为竞争企业面对的是一条水平的需求曲线，追求最大利润的企业，在既定的市场价格下会卖出全部的产品，没有必要降低价格。而在垄断市场中则不同，销售者只有一个，消费者别无选择。作为价格的制定者，销售者可以根据不同的消费者制定不同的价格。

（1）完全价格歧视。也叫作一级价格歧视，这是最彻底的一种价格歧视的方式，它是在假设垄断者完全了解每一位顾客支付意愿的情况下，对每一位顾客收取的价格正好等于顾客的支付意愿，全部剩余归垄断者的一种销售方式。全部好处归垄断者的完全价格歧视是很难实行的，因为顾客的支付意愿并没有写在每个人的脸上，垄断者不可能知道每位顾客的支付意愿究竟是多少。在垄断市场上经常实行的是被经济学家称作二级价格歧视和三级价格歧视的销售方式。

（2）二级价格歧视。与一级价格歧视要求对每一单位的产品都制定一个价格的方法有所不同，二级价格歧视只对不同的购买数量段制定不同的价格。实行二级价格歧视的垄断企业，其利润的增加量恰好等于消费者剩余的减少量，同时，其产量接近于竞争市场的价格等于边际成本的有效率的产量。

（3）三级价格歧视。三级价格歧视是垄断者把同一种产品在不同的市场上或在不同的人群中卖出不同的价格的一种销售方式。这是最常见的一种价格歧视。例如，同一本书可以印刷成精装本和平装本，两种版本的价格不同，支付意愿高的读者可以买精装版，支付意愿低的读者可以买平装本。许多产品刚上市时价格高，热卖过后便降价。

要在不同的市场或人群中对同一种产品收取不同价格，必须具备两个条件。一是人们的支付意愿不同。如果大家的支付意愿都一样，就不存在两个或两个以上的市场，垄断者便无法收取不同的价格。由于人们在收入、偏好、费用支出渠道等各方面有差别，所以，对同一种物品的评价总是不一样的，表现出各种不同的支付意愿。也就是说，不同的市场或不同的人群的需求价格弹性是不同的，有些人的需求富有价格弹性，有些人需求缺乏价格弹性。垄断者正是在这个基础上把消费者区分为不同的市场或不同的人群，实行价格歧视。二是每个市场都是分割独立的，两个市场之间不存在投机套利的条件。投机套利是指从低价市场上买进，再到高价市场上卖出，赚取价格差额的赢利活动。如果投机套利能够成功，垄断者就很难做到在不同的市场上收取不同的价格。

总之，实行价格歧视是垄断企业利润最大化的一种策略。这种价格歧视的营销方式能够减少无谓损失，增加社会福利，但增加的社会福利只是垄断企业的利润，而不是消费者剩余。在这种销售方式中，消费者剩余只会减少，不会增加，减少的消费者剩余转化成了垄断企业利润。

二、垄断竞争市场的基本内容

竞争市场和垄断市场作为两种极端对立的形式，是经济学家为研究市场结构而理想化了的市场模型，在现实生活中很少有物品处于这两种市场中。

（一）垄断竞争市场的主要特点

很多产品都处于垄断竞争市场上。例如，我们穿的服装，不同服装的品牌他们彼此略有差别，又可以相互替代，表明服装市场是一个垄断竞争市场；我们吃的食品，如许多生产厂家生产的方便面、中秋节期间各地生产的各种形状的月饼、名称不同但都大同小异的冰激凌等，以及各种服务，如不同的理发店中的理发，不同医院的医疗，不同的中小学校的教育等，都处在垄断竞争市场上。

一方面，这些产品是有差别的。作为有差别的产品的生产者，他们能够形成一定的市场势力，可以在某种程度上选择所收取的价格，其价格高于边际成本。物品的差别性产生垄断。另一方面，这些产品又极为相似，彼此之间有很强的替代性。两种或几种不同品牌的服装穿在身上所起的作用，即御寒、遮丑、装饰的作用几乎是一样的。不管哪一种冰激凌都可以达到祛暑解渴的目的。在每一种市场上，都有很多相互竞争的物品可供消费者选择。而且，如果服装生产企业或冰激凌生产企业有令人羡慕的经济利润，那么，不用很长时间，相同的生产企业就会复制出来，即进入和退出该行业是比较容易的，因此，这些物品之间存在着竞争性。存在竞争性的原因是物品的相同性或替代性产生竞争。

垄断竞争市场既有垄断因素，又有竞争因素，是比较接近于竞争市场的一种市场结构形式。概括而言，垄断竞争市场有如下三大特征：

（1）有许多卖者。同一种产品，有许多的生产企业生产，这些产品满足消费者同一个方面的需求。卖者的数量可能少于竞争市场上的数量，但多于寡头市场上的数量。

（2）产品有差别。虽然很多企业生产同一种产品，但这些产品大同小异。产品的微小差别可能是由于采用的原材料、设计方案、工艺技术不同，而带来的功能、品质上的实质性差别，也可能是由包装、商标、品牌、广告而引起的消费者主观感觉上的差别，还可能是由于地理位置、服务条件不同而引起的差别。产品的差异性给这些企业提供了可以调整价格的余地，即降价增加销售量，提价减少销售量。价格权力的使用说明，垄断竞争企业面对的是一条向右下方倾斜的需求曲线。

（3）可以自由进入该市场。垄断竞争市场与竞争市场一样不存在进入壁垒。在长期中，原有企业经济利润大于零时，有新企业加入该行业；企业的经济利润小于零时，有一部分企业退出该行业；企业的经济利润等于零时，该行业处于均衡状态，既没有进入激励，也没有退出激励。

垄断竞争市场与完全竞争市场相比，在三个方面有相似性：一是都有许多的卖者，二是进出该行业都比较容易，三是都把其他企业的价格视为既定。他们的差别在于，竞争市场上的产品是完全相同的，而垄断竞争市场上各家的产品略有不同；竞争企业是价格的接受者，而垄断竞争企业有决定自己产品价格的一定权力。

（二）垄断竞争企业的短期决策

垄断竞争市场同垄断市场一样，属于不完全竞争市场。在垄断竞争市场上的企业与垄断企业一样，面对的是一条向右下方倾斜的需求曲线，意味着价格与销售量之间呈反方向变动关系，即价格高时需求量小，价格低时需求量大。同时，边际收益曲线小于平均收益曲线（需求曲线）。

在短期内，垄断竞争企业的不变投入要素是不能调整的，可以调整的只是可变投入要素。也就是说，垄断竞争企业在短期内只能通过调整产量和价格寻求利润最大化，而不能做出进入和退出该行业或改变生产规模的决策。垄断竞争企业遵循边际收益等于边际成本的原则，选择边际收益等于边际成本的产量和相应的价格进行生产和销售。由于垄断竞争企业的平均总成本可能大于价格，也可能小于价格或等于价格，所以，在短期内，垄断竞争企业可能赢利，也可能亏损，第三种可能的情况是经济利润为零。

（三）垄断竞争企业的长期决策

在长期中，企业可以做出规模大小的调整，可以选择进入和退出一个行业。如果垄断竞争企业在短期内存在经济利润，那么，长期中别的企业就有进入的激励。进入的结果是，每一家企业面对的市场需求量都减少了，表现为企业面对的需求曲线和边际收益曲线向左下方移动。随着已有企业产品需求的减少，这些企业由赢利变为不盈不亏。如果垄断竞争企业在短期内有亏损，在长期中则会激励一些企业退出。随着一些企业的退出，消费者可选择的产品少了，但留在市场中的企业面临的需求扩大了，表现为需求曲线和边际收益曲线向右上方移动。留下来的企业面对的需求量增大了，亏损消失了，利润由负数变为零。

垄断竞争企业长期均衡的条件是，边际收益等于长期边际成本，平均收益等于长期平均成本。垄断竞争市场正如这一名称本身的含义，既有垄断因素，也有竞争因素。下面指出的垄断竞争企业在长期中的两个特征说明了这一点：

（1）价格大于边际成本。即 $P > MC$，垄断竞争企业像垄断企业一样，边际收益曲线小于平均收益曲线（需求曲线），所以，在边际收益等于边际成本时，向右下方倾斜的需求曲线使边际收益小于价格（平均收益）。这是垄断竞争企业与竞争企业的不同而与垄断企业的相同之处。

（2）价格等于较高的平均成本。即 P 等于较高的 AC，垄断竞争企业像竞争企业一样，由于不存在进入壁垒，最后竞争的结果是价格等于平均成本，经济利润为零。这一点使垄断竞争企业有别于垄断企业而与竞争企业相同。不过，竞争企业的价格等于最低平均成本，而垄断竞争企业的价格高于最低平均成本，等于较高的平均成本。在长期中，垄断企业的突出特点是获取经济利润，垄断竞争企业虽然也有垄断因素，但在长期中却不存在经济利润。

（四）垄断竞争市场的效率

完全竞争企业的价格等于最低平均成本，产量处于有效规模上（与最低平均成本相对应的产量），是最理想最有效率的，能够给社会带来最大福利。垄断竞争企业在长期中虽然不存在经济利润，但它与我们在上一节所分析的垄断企业一样，价格高于最低平均成本，产量小于有效规模的产量，是低效率的。垄断竞争企业会像垄断企业一样造成无谓损失。垄断竞争会导致许多新产品的出现，而如果消除这些不必要的产品差别，就会降低成本，从而降低价格。对于垄断竞争企业而言，还有一个引起争论的问题是广告。当处于不完全竞争市场上的企业销售有差别的产品并收取高于边际成本的价格时，很多企业都通过做广告的方式吸引购买者。

第三节　寡头垄断市场

一、寡头垄断市场的特征

"寡头垄断市场结构产生于 19 世纪末 20 世纪初，自此以后，这种市场结构一直在西方发达国家市场体系中占据主导地位。"[①]

寡头垄断是指少数几家大企业联合起来控制市场上某一产品绝大部分的生产和销售的市场结构。这些企业之间存在着激烈程度不同的竞争。完全垄断的存在主要是由于进入的限制，而寡头市场的产生主要原因是规模经济。从理论上说，任何企业都可以进入寡头市场。但实际情况是，由于寡头市场的企业规模非常大，新进入企业的初始投入都非常大；同时由于原有的企业已经基本上控制了市场，所以要进入寡头垄断市场非常困难。另外，寡头市场的进入障碍还来自竞争，即已经在行业里的寡头会采用各种方法阻止新的竞争者进入。寡头垄断市场的特征包括：

第一，寡头垄断市场中，这些规模很大的企业提供的产品可以是完全一样的，也可以是有差别但可以互相替代的产品，所以不同的企业也存在激烈的竞争。

第二，行业中只有少数几家大企业，它们的供给量均占有市场的较大份额。

第三，寡头企业之间在价格与产量的决策中存在着关联性，企业之间容易结成联盟，形成某种勾结。由于企业规模大，数量少，每家企业的产量和价格决策都会对其他企业产生不可忽视的影响。企业的决策互相影响，因而任何一家企业在做出价格和产量的决策时都必须考虑竞争对手对其做出的反应。例如，在一个存在三个寡头企业的垄断市场中，如果某个企业降价，在其他企业价格策略不变的条件下，降价企业销售量的市场份额会增加，与此对应的是另外两家企业的销售量大幅度下降。在这样的竞争态势下，另两家企业将被迫跟随降价。如果是这样，则这三家企业的收益（价格和利润）都将下降。所以，任何一家企业在做出价格与产量调整的策略时，都要考虑和预测其他企业的反应，并估算这种反应对自己利润的长期影响。正因为寡头垄断企业的这种相关性，寡头垄断市场的价格与产量的决定相当复杂。寡头企业在决策时的最大困难是不知道竞争对手会做出什么样的反应。

第四，企业的竞争手段是多种多样的，但市场价格相对稳定。这就是说，由于很难捉

① 杜传忠.寡头垄断市场结构效率的多维性分析 [J].山西财经大学学报，2002，24　（5）：5.

摸竞争对手的行为，企业一般不会轻易改变已存在的产量和价格的均衡。竞争更多地表现为非价格竞争。

第五，寡头垄断的现象在现实的经济生活中普遍存在。如石油的生产与销售行业、钢铁行业、化工业、汽车业等，一般来说，重工业、能源工业、航空运输业、汽车制造业、有色金属冶炼业等属于典型的寡头垄断行业。寡头垄断企业的这些特点，是经济学分析寡头市场的基本前提。

二、寡头垄断市场的古诺模型

为了简单起见，我们考虑只有两家企业的情况，即双头垄断的情况。双头垄断是寡头垄断中最简单的一种情况。双寡头模型，又称古诺模型。假定两个企业生产相同产品，并且都知道市场需求函数，它们必须同时决定各自生产多少产品供给市场。进行决策时，两个企业必须考虑其竞争者的行为，因为对手也在考虑产量和价格决策，两个企业能够生产的产量取决于市场的总产量（两个企业的总产量）。古诺的双寡头模型实质是各企业将竞争对手的产量看成是既定的，然后来决定自己生产多少。

古诺模型的结论是：双寡头竞争的最终结果是每个企业生产的产量为市场容量的 1/3，这一均衡被称为古诺双寡头模型的均衡。对这一模型的推广是：在行业中寡头企业数量为 m 的情况下：每个企业的均衡产量 = 市场总容量 $\times \dfrac{1}{m+1}$。一般对寡头而言，合作的状况会比追求私利而各自做出产量决策的状况效果更好。

但由于"经济人"追求个人利益的最大化，他们最后不能达到利润最大时的产量，每一个寡头都有增加生产并占有更大的市场份额的诱惑。当每一家企业都努力地想做到这一点时，总产量增加了，而价格下降了。

同时，自利行为也不能使有限的几家企业实现完全竞争。因为寡头们认识到，虽然其生产的产量增加了，但价格将下降。因而这些企业不会遵循竞争的规律。

因此，要使合谋取得成功，需要满足两个条件：第一，该产品的需求缺乏弹性；第二，成员必须遵守规则。

随着寡头企业数量越来越多，合谋越来越困难。寡头垄断市场就会越来越接近竞争市场。价格接近于边际成本，产量接近于社会有效水平。

三、寡头垄断企业的利润与价格策略

（一）寡头垄断企业的利润分析

在经济学分析中，我们一般假定企业生产经营活动的目标是最大利润或者利润最大化。在寡头垄断的条件下，企业也要追求最大利润。但寡头垄断企业是在长期追求最大利润。这就是说，寡头垄断企业并不是每时每刻地在任何条件下都追求最大利润，而是追求一种长期、稳定的市场利润。同时，寡头垄断企业在长期追求的利润并不像短期那样精确。这是因为：

（1）每个寡头垄断企业经常是在不确定的条件下进行价格和产量的决策。为了长期生存，避免可能出现的恶性价格竞争，可以放弃一部分利润来换取企业长期的安全。

（2）从企业经营管理人员的角度来看，经理人员往往只拥有企业极小一部分股权，企业是否获取最大的利润，对他们来说，并不一定是很在意的事情。他们追求的主要目标是职位的安全、个人的声誉及权力、高薪和美好的生活，而不是企业的最大利润。因此，他们风险意识的下降，有可能影响企业最大利润目标的实现。但应该看到，经理人员的目标与企业实现长期的最大利润的目标可能相一致，并存在因果关系。所以，我们仍可以假定寡头垄断企业在长期追求最大的利润。

（二）寡头垄断企业的价格策略

（1）黏性价格策略。在价格策略方面，寡头垄断企业常常采用黏性价格策略。除了在市场特别繁荣的时期，寡头企业可以通过提高价格来增加利润以外，在一般情况下，寡头垄断企业没有一个愿意提高价格，因为提高价格的策略将使企业失去部分市场；而寡头垄断企业的降价，经常会引起竞争对手的强烈反应，并引发价格战，最后两败俱伤。故寡头企业对降价比提高价格更敏感，有时宁愿放弃一部分利润，也不愿意冒价格战的风险降低价格。当然，给顾客一定的回扣并不是"降低"价格，所以，寡头垄断企业常采用隐蔽的竞争策略，进行非价格竞争，如采取延长顾客支付的期限、改变产品内部配置等变相的价格策略。

（2）价格领导。在某一部门中，如果所有的企业都追随某一企业所定的价格定价，即表示该部门存在价格领导的情况。被选定为价格领导的企业，可以是生产效率低、成本较高、成本结构不尽合理的企业，也可以是在该部门的发展过程中，历史悠久、声誉较高的企业，还有可能是生产效率较高、成本较低、成本结构比较合理的企业。当一家企业的产量占整个市场的大部分，其他企业只占一小部分时，价格领导就很容易发生。为了获得尽可能多的利润，占支配地位的企业将根据自己的成本状况以及自己产品的需求状况，根据 $MC=MR$ 的原则确定产量和价格。当然也可以把价格定得尽可能低，以防止潜在的竞争者进入。

（3）成本加成定价法。寡头垄断企业最常见的定价方法就是成本加成定价法。这一方法是指，企业所定的价格应能涵盖生产产品的成本和足以使企业按目标回报率获得的利润。成本加成定价法包括三个步骤：

第一步：确定正常产量。因为确定产量后才能确定成本，但产量与价格又有密切联系。为了避免这一问题，在操作上可以采用一种假定的产量。一般而言，这一产量是用企业生产能力（潜在产量）乘以一定的百分比来确定的。当然，具体比例要看市场状况：在市场繁荣时期，该比例可以高些；市场萧条时，该比例可以低些。

第二步：根据正常产量，确定平均固定成本和平均变动成本，即确定平均成本。

第三步：根据平均成本确定加成的利润额。加成的利润额取决于企业的目标回报率，它取决于企业最高决策者对可能得到的利润率和最适宜的利润率的看法，也取决于该行业的特点。由于企业最高决策者对利润的看法相对稳定，所以除非生产成本发生重大变化，寡头垄断的价格相对稳定。

四、寡头垄断企业的效率体现

寡头垄断的市场比完全垄断市场有效率。这体现在以下两方面：

第一，对消费者而言，寡头垄断市场上的产品往往存在着差异，从而能够满足消费者的多样化需求。一般而言，寡头企业规模较大，便于大量使用先进的生产技术，而激烈的竞争又使企业加速产品和技术革新。

第二，在寡头垄断市场上，由于需求曲线向右下倾斜，所以市场价格高于边际成本，同时高于最低平均成本。因此，寡头垄断企业在生产量和技术使用方面应该是缺乏效率的，但从程度上来看，由于寡头市场存在竞争，有时竞争还比较激烈，因而其效率比垄断市场要高。

在许多国家，人们试图通过限制寡头企业低效率，进一步鼓励寡头市场的竞争，从而提高寡头市场的效率。

第四节　生产要素市场分析

一、生产要素市场的认知

生产要素价格怎样决定的问题也就是各种要素如何获得报酬的问题。生产要素的报酬形成了人们的收入，所以，这一问题在经济学上又被看作是"分配论问题"。在现代社会，个人收入通过两种渠道获得。一种是通过市场渠道获得，表现为工资、利润、租金和利息。一个人的市场收入等于他所出售的要素数量乘以每种要素的价格。另一种渠道是政府的转移支付。转移支付是不需要用物品与劳务加以回报的支付。政府的转移支付包括了养老保险、医疗保险、失业保险、农业补贴、赈灾救济、学生的补助奖金等。

生产要素价格是指生产要素在单位时间里提供服务的报酬。生产要素价格有两种：一是购买价格；二是租赁价格。购买价格是企业为了无限期地使用生产要素而支付的价格，租赁价格是企业为了在一个有限时期内使用生产要素而支付的价格。很显然，一个劳动者不可能永远属于别人，所以工资仅仅是租赁价格。利息和地租既可能是资本、土地的购买价格，也可能是租赁价格。无论购买价格还是租赁价格，都是由对该要素的供给和需求决定的。

在不同结构的产品市场上，企业所面对的需求和供给状况不同。在不同结构的生产要素市场上，对要素的需求和供给状况也不同。本书研究的生产要素的需求和供给主要是指完全竞争市场上的需求和供给。在完全竞争的要素市场上，要素的供求双方人数都很多，一种要素在质上没有任何区别，要素供求双方都有完全相同的信息，要素可以自由地流动等。

（一）生产要素需求的特点

人们对产品的需求和对生产要素的需求是不同的。对要素的需求有下面两个主要特点：

（1）要素需求的引致性、间接性或派生性。对产品的需求来自消费者，消费者为了满足自己的需求而购买产品，以使效用最大化，这种需求表现为"直接"的特点。对生产要素的需求来自企业，来自企业生产产品的需求。企业生产什么样的产品便需要生产这种产品的生产要素，如果生产某种产品的数量多，需要相应的要素也就多。因此，企业对生产要素的需求决定于消费者对产品的需求。例如，正是由于人们对衣服的需求，产生了服装厂对服装设计师、裁缝工人、缝纫机以及布料等的需求，没有消费者对衣服的需求，便没有企业对生产衣服的各种生产要素的需求。一般来说，市场对某种产品的需求越大，该产品的价格则越高；而该产品的价格越高，对生产这种产品的各种生产要素的需求越大。由此可见，企业对要素的需求是由消费者对产品的需求"引致"出来的，或者说是"派生"出来的，是一种间接需求。

（2）要素需求的相互依赖性。任何一种生产要素在生产过程中都不能单独进行生产，企业在生产过程中需要同时使用多种要素才能生产出产品。赤手空拳一个人或孤零零的一台设备是生产不出任何东西的。例如，汽车厂家生产汽车时既需要厂房、设备、原材料等资本，也需要科研人员和工人、土地，还需要企业家把资本、工人和技术人员组合在一起，才能形成实际的生产能力，生产出合格的汽车。而且，这些要素之间要形成合理的结构比例，不能是杂乱无章地堆放在一起。如果只增加一种生产要素而不增加别的生产要素，就会出现边际收益递减现象。任何产品的生产都需要多种生产要素有机地相互补充和相互依赖，联合起来共同发挥作用。企业在选择购买某种要素时，不仅要考虑这一种要素的价格，同时要考虑其他要素的价格。各种要素之间有一定的替代性，企业一般要用价格低的要素替代价格高的要素。因此，企业对生产要素的需求还表现出一种"共同性"特点，即各种要素的相互依赖性。

（二）影响企业要素需求的其他因素

除了要素价格能够影响企业对要素的需求量外，还有其他因素也能够影响对要素的需求量。其他因素影响要素的需求量表现为要素需求曲线的移动，即当要素价格不变时，要素需求曲线向右上方（需求量增加）或者向左下方（需求量减少）移动。这些因素有：

（1）对物品的需求以及物品价格的变动。由于要素需求是一种派生需求，因此，社会对物品的需求量大时对要素的需求量也大。在经济上升期，或者发生通货膨胀的时候，物品价格上涨，对物品的需求增加，对要素的需求也增加，常常表现为就业率上升，失业率下降。物品价格上涨后对要素的需求增加的原因是，边际产品价值是边际产品与产品价格的乘积，当产品价格上涨时，边际产品价值增大，边际产品价值曲线向右上方移动，要素需求曲线也向右上方移动，表示在要素价格不变时对要素的需求量增加。相反，当物品价格下降时，边际产品价值曲线并要素的需求曲线向左下方移动，表示对要素的需求减少。

（2）技术变革。技术进步能够提高劳动生产率，增加要素的边际产量，使边际产品价值曲线并要素需求曲线向右上方移动，在要素价格不变时增加对要素的需求。

（3）相关要素的供给。一种生产要素的供给状况会影响其他要素的边际产量，因此，这种要素的供给增加，会使其他要素的边际产量增加，从而使其他要素的边际产品价值曲线并需求曲线向右上方移动，对其他要素的需求增加；相反，则对其他要素的需求减少。例如，如果缺少水，玉米的产量将会减少，劳动、化肥、种子等要素的边际产量都会减少，从而减少对生产玉米的劳动需求、资本需求。

（三）生产要素的供给原则与曲线

与产品的供给完全来自企业有所不同，生产要素的供给一部分来自企业，一部分来自家庭（消费者）。企业生产的中间产品如轮胎、布料、铁厂的面包铁等和一部分最终产品如设备、机械等是生产要素供给的来源之一，家庭或消费者所拥有的劳动、资本、土地等也是生产要素供给的来源之一。企业提供生产要素的目的是利润最大化，而家庭提供生产要素时考虑的是效用最大化。由于中间产品供给与一般产品供给的目的是一样的，都是追求利润最大化，这样，我们不再分析企业要素供给行为，而重点分析家庭效用最大化的要素供给行为，即家庭（消费者）的要素供给量与要素价格之间的关系。

1.生产要素的供给原则

一个家庭总是把自有要素分为两部分，一部分供给市场，另一部分留作自用。如把一天的时间分为劳动和休息两部分，把收入分为储蓄（投资）和消费两部分等。我们可把劳动、储蓄等称作"供给资源"，把休息、消费等称作"自用资源"。这样，生产要素的供给问题就是家庭或消费者在一定的要素价格水平下，把全部既定要素在"供给资源"和"自用资源"两种用途上进行分配以获得最大效用的问题。

供给资源的效用是指家庭用所供给的要素带来的收入购物消费时，其物品所带来的效用。例如，向市场供给劳动，劳动的月收入为5000元，5000元所购买的物品与劳务会给家庭带来效用。自用资源的效用，如劳动者自己支配的时间所带来的效用问题，一方面可以整理家务以节约开支，相对地增加收入从而间接增加效用，另一方面可以享受闲暇（休息、听音乐、打麻将、下象棋、看电视剧、旅游、与家人或亲友在一起等）直接增加效用。我们把劳动者工作以外的时间称为闲暇，包括做家务劳动和娱乐、休息等时间。

家庭或消费者获得最大效用的条件是：增加一单位供给资源所带来的边际效用与增加一单位自用资源所带来的边际效用相等。两者相等，则总效用最大。供给资源的边际效用与自用资源的边际效用不相等时，可以通过调整使两者相等，以求得最大效用。如果供给资源的边际效用小于自用资源的边际效用，则可以将一单位供给资源转移到自用资源上去，直到两者的边际效用相等时为止。由于边际效用是递减的，所以，这种调整能够使两者达到均衡状态。

2.生产要素的供给曲线

在完全竞争的要素市场上，由于单个要素卖者的供给量变化和单个要素买者的需求量变化不会影响要素价格，因此，在一个横轴为要素数量、纵轴为要素价格的坐标中，单个企业所面对的要素的供给曲线是一条水平线，表明在既定价格下单个企业的要素供给量无穷大，具有完全弹性。同时，由于在完全竞争市场上要素价格不变，所以，每增加一单位要素所增加的成本即要素边际成本不变，等于要素价格。

水平的供给曲线说明，家庭能够在既定价格时出售他所要出售的所有要素，企业也能够在既定价格时购买到他所需要的任何数量的要素。

与单个企业所面对的水平的供给曲线不同，要素的市场供给曲线是一条向右上方倾斜的曲线。要素的市场供给曲线向右上方倾斜的原因是，当所有企业都来购买同一种要素时，一个较大的购买量会迫使要素价格上升。整个市场不能在既定价格下购买到想要购买的所有要素，市场供给曲线就不是一条水平线。在多数情况下，市场供给曲线向右上方倾斜，表明要素价格与供给数量同方向变动，即价格上升，供给量增加；价格下降，供给量减少。当然，生产要素有很多种，每一种要素都有自己的供给特点，不会全部是一条向右上方倾斜的曲线。关于各种要素供给曲线的特点，我们将在下面章节中介绍。

二、劳动市场的内涵

在劳动市场上，劳动者出售属于自己所有的要素——劳动，并相应地获得报酬——工资。工资是企业对劳动在生产过程中所做贡献的报酬，也可看作劳动的价格。在劳动的完全竞争市场上，工资由劳动的需求与劳动的供给决定。完全竞争的劳动市场的条件是，存在大量的劳动的买者和卖者，所有的劳动都是同质无差别的，进出劳动市场无障碍，每个供给者或需求者都不能形成对劳动市场的垄断。在不完全竞争的劳动市场上，例如有工会组织的劳动市场上，工会有强大的力量影响工资的确定。

（一）劳动与劳动市场

在劳动的完全竞争市场上工资由劳动的需求与劳动的供给两种力量决定。

1. 劳动的需求分析

劳动的需求来自企业。有多种因素影响企业对劳动的需求，如宏观经济形势、市场对产品需求的大小、劳动价格的高低等，但企业对劳动的需求主要取决于劳动的边际生产力，即劳动的边际产品价值。追求利润最大化的企业使用劳动的原则是劳动的边际产品价值等于工资，也就是劳动的边际收益等于劳动的边际成本。在上文中我们曾指出，要素的边际产品价值曲线与要素的需求曲线重合，为同一条曲线。在横轴为劳动的数量、纵轴为劳动的价格（工资）的坐标中，劳动的边际产品价值曲线与劳动的需求曲线为同一条曲线，向右下方倾斜，说明工资高时对劳动的需求量小，工资低时对劳动的需求量大，劳动的需求量与工资呈反方向变动。

劳动的边际生产力是由技术、资本的投入和对劳动者的教育培训形成的劳动质量决定的。今天的国民受教育程度也比过去高得多。正是由于技术进步和在工厂、交通、通信、水利、能源等方面的大量资本投入，以及完成大学教育的劳动力比例大幅度上升，才使劳动生产率有了质的飞跃。

2. 劳动的供给资源

劳动者或家庭供给劳动的目的是效用最大化。劳动供给取决于劳动者将一天的时间如何在劳动和闲暇之间进行分配，而这种分配又取决于"供给资源"与"自用资源"所带来的效用的比较，只有在供给资源即劳动所带来的边际效用与自用资源即闲暇所带来的边际效用相等时，劳动者才能获得效用最大化。

劳动为劳动者的"供给资源"，劳动者通过劳动获得收入然后购买物品或劳务并从消费中取得效用。闲暇即吃喝玩乐为劳动者的"自用资源"，劳动者可以从闲暇中直接得到效用。假设劳动者将自己一天的时间除去 8 小时睡眠外的 16 小时划分为劳动和闲暇两部分，劳动者是应该多一些时间进行劳动，还是应该多一些时间享受闲暇，劳动供给曲线以及说明劳动供给曲线的替代效应和收入效应回答了这个问题。对于单个工人来说，在工资水平较低阶段，劳动的供给量与工资呈同方向变动关系，工资低时，劳动供给量少，工资有所提高后，劳动供给量增加。在工资水平的较高阶段上，情况恰恰相反，劳动的供给量与工资呈反方向变动关系，即工资增加后，人们反而减少了工作时间。

3. 决定劳动供给的替代效应与收入效应

劳动供给曲线的这种特殊形状是与人们在不同的工资水平上对劳动与闲暇所进行的不同权衡取舍有关。劳动者之所以作出不同的权衡取舍是因为替代效应和收入效应在不同工资水平下的作用不同而导致的。

替代效应是说，劳动是闲暇的机会成本。当一个人工资增加时，劳动的收益增加了，闲暇的机会成本增高了，闲暇变得更加昂贵。人们总是做收益大的事情，不做成本高的事情。因此，工资增加就激励人们用劳动替代闲暇，增加劳动供给量，即在高工资时人们会为了得到更多的工资而选择更多工作。

收入效应是说，高收入使人们的境况变好，当人们的收入更高、境况更好时，他们对所有物品的购买更多了，闲暇也是他们想得到的这些更多"物品"之一。因此，他们用额外的财富享受的闲暇多了，工作的时间就少了，这样，一个人的劳动供给曲线就会向后弯曲。

替代效应与收入效应都能够对劳动供给产生作用，但它们的作用方向相反。两种效应同时对劳动供给产生作用，当替代效应大于收入效应时，劳动供给随工资的增加而增加，劳动供给曲线向右上方倾斜；当收入效应大于替代效应时，劳动供给随工资的增加而减少，劳动供给曲线向左上方弯曲。对于个人来说，穷人的替代效应大于收入效应，富人的收入效应大于替代效应。对于一个国家来说，在经济发展的中早期替代效应大于收入效应，随着工资的增加，劳动供给在增加。在这个阶段，劳动在经济发展中的作用较大。当经济发展到一定阶段时，收入效应大于替代效应，劳动供给减少，资本和技术在经济增长中的作用增大。

以上我们分析的是劳动者个体如何做出劳动供给的决策。对于一个国家来说，劳动供给不仅取决于个体如何做出工作的决策，还取决于人口生育率、社会发展阶段、劳动力参工率以及移民等因素。

（二）劳动市场上的供给曲线与均衡工资的决定

将个人的劳动供给曲线水平相加便得到了劳动的市场供给曲线。但是，劳动的市场供给曲线却并不一定像个人的劳动供给曲线一样向左上方弯曲，而是一条向右上方倾斜的曲线。劳动的市场供给曲线不会向左上方弯曲的原因是，在较高的工资水平时，虽然现有的工人提供的劳动少了，但高工资会吸引新工人进来，这些新工人包括外地区或外国的工人，这样，劳动供给曲线就一直呈现为这样一种关系：工资与劳动供给量呈正相关关系，即工资水平升高，劳动供给量增加。

劳动的需求曲线像其他要素的需求曲线一样，向右下方倾斜，这是因为要素（劳动）的边际生产力递减以及产品的边际收益递减规律在起作用。

我们把劳动的供给曲线与劳动的需求曲线组合在一起，便可寻找到劳动市场的均衡点。均衡的劳动市场说明，工资水平是由劳动的供给和劳动的需求决定的；同时还表明，在劳动市场的均衡状态下，任何一个愿意接受现行工资水平的劳动者都能够找到一份工作，任何一个在现行工资水平下想要雇佣工人的企业都能找到足够数量的雇员。如果劳动供给或劳动需求一方发生变化或双方都发生变化，会使供求不相等。那么，在这种情况下工资将会进行调整，使二者重新一致。

如果家庭提供的劳动数量大于企业雇佣的劳动数量，新进入的劳动力愿意在低于现行工资的条件下提供劳动，那么，劳动的竞争使劳动的供给曲线向右下方移动，导致较低的工资，较低的工资使需求与供给再次相等。例如，新移民的增加或更多的妇女进入劳动力队伍，或者生育高峰期的一代达到了劳动年龄等，均能使劳动供给曲线向右下方移动。在劳动供给增加时，均衡的劳动市场将使工资水平下降。

有一些原因能够使需求曲线发生移动，如技术进步提高了劳动生产率，从而提高了劳动的边际产品价值，使企业在每一工资水平上愿意雇佣更多的工人，劳动需求曲线便向右上方移动。在这种情况下，为了使劳动市场恢复均衡，工资水平上升了。在经济繁荣期对产品的需求增加，也会引起对劳动的需求增加，使劳动的需求曲线向右上方移动，导致工资水平上升。

（三）劳动市场上工资的决定

不完全竞争的劳动市场存在着对劳动的不同程度的垄断，这种垄断或者表现为卖方垄断，或者表现为买方垄断。在不完全竞争的劳动市场上，工资可能高于劳动的边际产品价值，也可能低于劳动的边际产品价值。不完全竞争的劳动市场的主要表现有：

（1）有些职业的劳动市场不允许所有劳动者自由进入，其中的原因一方面可能来自这种职业对某些能力的特殊要求，如演员、医生、科研、教师等职业，进入者需要有适合这种职业的特殊能力；另一方面可能来自工会等组织的阻碍，有些行业（或企业）的工会势力强大，垄断了该行业（企业）的劳动供给，非工会会员难以进入该行业工作。这两种情况都可以使这些行业的劳动需求大于劳动供给，从而使工资水平高于均衡工资水平。

（2）在有些地方企业数量少时，这些企业可以通过协议或单方面行动把工资压低于市场均衡水平，产生劳动市场的买方垄断现象。

（3）工资法律的限制，如政府规定的最低工资标准，使工资不能成为调节劳动市场的杠杆，从而不能使劳动市场完全竞争，达到均衡状态。

（4）一些习惯的限制，如种族、性别等方面的歧视造成了一部分劳动者难以进入劳动力队伍，或在工作中只得到较低的工资。

20世纪50年代到80年代，工会作为工人利益的代表是一个力量强大的组织，它控制了入会的工人，并代表工人群体与企业协商确定工资水平，是劳动供给的垄断者。为了提高工会会员的工资，工会采取一些措施减少劳动的供给，同时也采取一些措施增加对劳动的需求。工会减少劳动供给的主要方法有，限制非工会会员受雇，迫使政府通过最低工资法、强制退休、禁止使用童工、限制移民、减少工作时间等法律。由于劳动需求是由人们对产品的需求派生出来的，所以工会为了增加企业对劳动需求，采取了一些增加市场对产品需求的措施，如要政府实行贸易保护政策，限制进口，扩大出口等。无论增加劳动需求，还是减少劳动供给，都能够达到提高工会会员工资水平的目的。

在劳动市场上，有来自企业的买方垄断，也有来自工会的卖方垄断，但从长期来看，决定工资水平的关键因素还是劳动的供求状况。

三、资本市场的相关内容

（一）资本的内涵

利率作为资本的价格，是由资本的需求与供给决定的。均衡利率是在资本的供给和需求相等时产生的。

　　资本的需求来自企业的投资，企业投资的目的是实现利润最大化。对于完全竞争的企业来说，只有资本的边际收益与边际成本相等时才能实现利润最大化，因此，企业对资本的需求取决于资本的边际收益与资本的边际成本的比较。在资本的完全竞争市场上，资本的边际收益就是资本的边际产品价值，资本的边际成本就是使用一单位资本的价格即利息。也就是说，企业对资本的需求取决于资本的边际产品价值与利息的比较。当资本的边际产品价值大于资本的价格利息时，应该追加投资。随着投资的增加，资本的边际产品价值在减少，直到资本的边际产品价值等于利息时，企业的利润便能达到最大化，这时应该停止投资的追加。也可以把利润率作为投资的收益，把利率作为投资的成本，这样，投资就取决于利润率与利率之间的比较。当利润率大于利率时，企业就愿意增加投资额；当利润率小于利率时，企业则要减少投资额，直到二者相等时便能实现最大利润。在一个横轴为资本量，纵轴为利率的坐标中，资本的需求曲线向右下方倾斜，表明在利润率不变的情况下，投资量随着利率的下降而增加。

　　资本的供给来自家庭储蓄，而家庭储蓄来自人们的收入。研究资本的供给，要从人们把自己的收入分为两部分说起。人们的收入可以分为两部分，一部分用于现期消费，现期消费可以立即获得效用；一部分用来储蓄，储蓄是将现在的消费移至未来，其效用也在将来才能实现。人们偏重现在的消费，这是消费的"时间偏好"。对于同样的物品与劳务，现在消费所获得的效用大于将来消费所获得的效用。由于储蓄要把现在的消费移至未来，而现在得到的效用大于未来得到的效用，所以，要给储蓄的人予以补偿，使未来得到的效用比现在得到的效用多，这种补偿就是利息。这样，家庭储蓄的目的可以看作是得到利息。家庭要获得效用最大化，需要把收入在消费和储蓄之间进行调节，直到消费带来的边际效用等于储蓄带来的边际效用。

　　人们储蓄的目的是获得利息，从而获得效用。如果利率升高，一方面使现期消费的机会成本增大；另一方面使储蓄的收益增大，这样就使得消费减少储蓄增加，从而使资本供给量增加。相反，利率降低则使资本供给量减少。因此，资本的供给与利率呈同方向变动关系。在横轴为资本量，纵轴为利率的坐标中，资本的供给曲线向右上方倾斜，表明了资本的供给与利率之间的正相关关系。当资本市场达到均衡时，便产生了均衡利率。均衡利率由资本供给与资本需求相等时的均衡点决定。

（二）资本的贴现与投资决策

　　在完全竞争的资本市场上，投资的边际收益等于边际成本这一原则实际上是资本的边际产品价值与资本的价格是否相等的问题。只有资本的边际产品价值大于或等于资本的价格时，理性的企业家才愿做出投资的决策；只有投资的量使资本的边际产品价值与资本的价格恰好相等时，企业才能实现利润最大化。生产要素有两种价格：一种是购买价格；一种是租赁价格。相应地，对于实物资本（资本品）来说，就有一个关于是应该购买还是应该租赁的决策问题。懂得了投资的一般原则是重要的，但在实践中要作出投资决策还必须懂得一笔资产的现值以及对于资本品的购买原则和租赁原则。

（1）资产的现值。资本是能够在未来若干年不断获得收益的资产，对于这些资产的出售或购买都涉及现值的问题。现值或贴现值（Present Discounted Value，PDV）是用未来收入折算成的现在的货币额。根据利率或通货膨胀率计算未来货币的现值就是贴现，或叫折现，它是一个计算过程。

（2）购买决策。投资是为了获取收益。针对一个项目是否应该做出投资决策，要把现在付出的成本与未来货币收益的现值进行比较，如果现值大于至少等于成本，做出投资的决策才是明智的，这是购买原则。具体说，是否应该做出购买这台设备的决策，应该把两年的利润收入贴现为现值，然后与所要投入的资本作比较，如果其现值大于或等于投入的资本，则应该做出购买的决策；如果其现值小于投入资本，则应放弃购买决策。人们在做决策时容易忽视两个问题：一是机会成本；二是通货膨胀。这两个问题常常导致人们做出错误的决策。现值和贴现说明了机会成本与通货膨胀对投资决策的重要作用。利息是投资的机会成本，当我们把一笔钱用作投资时，就放弃了存入银行所得到的利息。在作出投资决策时根据利率进行贴现就考虑到了投资的机会成本。当经济出现通货膨胀时，货币的购买力变弱了，等量的货币额所购买到的物品与劳务随之少了。同样一笔货币在今天与以后各年的实际购买力不同，现值也就不同。因此，投资收益中也要剔除通货膨胀的影响。

（3）租赁决策。租赁决策是关于在什么情况下应该做出租赁一台设备的决策问题。做出这种决策的依据仍然是边际收益等于边际成本，不过，边际收益与边际成本的内容有所变化。对于一个需要租赁设备的企业来说，租赁一台机械设备的边际成本包括两部分：一是租赁费用，即租金；二是租赁设备所需资金的利息。边际收益则是边际产品价值。对于一个完全竞争的企业来说，当租赁设备的边际成本之和即租金和利息之和等于这台设备带来的边际产品价值时，便能够实现利润最大化。如果边际成本之和小于边际产品价值，应该增加租赁设备数量；如果边际成本之和大于边际产品价值，应该减少租赁设备的数量。对于一个出租设备的企业来说，边际收益就是得到的租金，边际成本包括三项：一是折旧费用，二是购买设备时花费的货币资本所应付出的利息，三是各项管理费用。应该不应该把设备租出去，也在于这台设备的边际收益与边际成本（折旧费、利息及管理费用）的比较。

四、土地市场及其租金

土地不仅包括农业用地、建筑用地等人们通常所理解的"土地"，有时也泛指一切自然资源，如矿藏、森林、河流湖泊等。作为生产要素的土地，特点是自然给定的，数量不能改变，对价格完全缺乏弹性，不会随着价格的变化而变化，它不像资本那样是在生产过程中被生产出来的。

（一）土地的供给与需求分析

由于土地的自然供给是固定不变的，而且，假设土地市场是完全竞争的、土地的用途完全用来供给市场而不留作自用（即土地的机会成本为零），这样，一个国家或地区的土地供给就是固定不变的。在一个横轴为土地量、纵轴为土地价格——地租的坐标中，土地供给曲线是一条垂线，它不随价格的变化而变化。

从一个行业或一种产品的用地情况来看，由于其用地的数量可以随着土地价格的改变而改变，所以，一个行业或一种产品的土地供给曲线向右上方倾斜，它与土地使用的机会成本有关。在该行业产品的价格升高从而土地的收益也升高时，该行业的土地供给量就增加。相反，该行业产品的价格下降从而土地的收益也下降时，该行业的土地供给量就减少。由于土地的需求是派生需求，是人们对产品的需求引致出来的，所以，一种产品的价格升高时，土地会从别的用途中转移过来，生产这种产品。在这里，土地的供给曲线就是一条向右上方倾斜的曲线。例如，当西瓜的价格升高时，瓜地的供给量增加，原来种植别的农作物的土地现在改种西瓜。

对于单个农民来讲，他所面对的土地供给是无限的，一方面是由于他个人的用地是一个有限的量，另一方面是由于土地市场是完全竞争的，只要他愿意按照市场价格出一个合理的地租，他就可以租用到他需要租用的任何数量的土地。在这里，土地的供给曲线成为一条水平线。

土地的需求是指土地使用者在不同地租水平上所租用的土地数量。根据生产要素需求原理，企业（或农民）使用土地所愿意支付的地租取决于土地的边际生产力，即土地的边际产品价值。由于土地的边际产品价值是递减的，所以，土地的需求曲线是一条向右下方倾斜的曲线。

（二）土地的租金

地租（租金）是土地这种生产要素在供给不变需求增加时所产生的服务价格。为了说明经济上乃至社会上一些资源在供给不变（供给曲线为垂线）、需求增加时所产生的差价，经济学家扩大了地租的概念，把这些差价也叫作"租金"。或者说，当供给数量不随着价格的变化而变化时，对这种不变资源支付的价格也称为租金。

土地的供给是自然限定的，而社会中一些资源的供给则是人为限定的。当供给被人为限定时所产生的额外收入就是租金。例如，一个城市的出租车运营许可证可以不加限制地办到时，出租车的价格就是车价本身，即小轿车的价格是多少，出租车的价格就是多少。但当办理出租车运营许可证受到限制时，也就是一个城市的出租车供给不再增加而随着城市的发展对出租车的需求在不断增加时，出租车的价格就高出小轿车许多，高出来的这部分价格就是出租车运营许可证的租金。如果一个人可以通过办理出租车手续的部门办到这种运营许可证，这个人便可以得到这笔租金。

当人们租赁一件东西时，其租赁价格也被称为租金。但是，经济学上的租金与作为租赁价格的租金在含义上是不一样的。作为租赁价格的租金意为资本的服务价格。我们要把经济生活中遇到的"租金"与我们这里所讲到的在供给不变时所产生的租金区别开来。

在经济生活和社会生活中，很多方面受到了政府部门的管制、限制，由这些管制、限制而引起的利润便是租金。为获得这种租金采取各种方法向政府有关部门进行活动（如向政府工作人员进行贿赂、向国会议员游说）就是寻租。寻租是通过非生产性行为对经济利益的寻求。如政府限制进口或出口时，获得进口配额许可证或出口配额许可证可以获利，为了获得进口配额许可证或出口配额许可证，有些人向掌握这些证件的政府官员行贿，就是寻租行为。

寻租可以采用成本与收益分析法进行分析。为寻租而付出的代价，如礼品、人情、时间和金钱，是寻租的成本。由寻租获得的租金，即通过政府的有关批文而得到的好处，就是收益。只要收益大于成本，寻租活动就不会停止。权力可以得到好处，于是，与寻租相联系的另一种活动便自然而然地产生出来，这便是设租活动。设租是政府部门或政府官员为了引诱寻租以取得寻租者出让的利益而故意设置制度性障碍，阻碍市场自由竞争的行为。通过设租，政府把一些社会资源的供给人为地减少，而当社会对这些资源的需求增加的时候，便能产生出租金，引诱寻租者寻租。当然，在一些城市道路资源有限，为了不使城市道路拥挤，政府管理者限制出租车运营许可证的发放，主观动机是为了交通畅通，不是为设租，但它也在客观上造成了一种设租后果，使许多人前来寻租。设租越多，寻租也就越多。

第四章　绿色经济的关键支点：绿色营销

第一节　绿色经济与绿色发展思考

一、绿色经济的理论内涵

（一）绿色经济的相关概念

绿色经济兼顾经济、社会与生态三方面，追求绿色经济效益的最大化，是为了实现经济和环境协调发展为目的的新型经济。简单来说，就是在发展中树立经济与环境融合的绿色理念。

绿色经济这一思想起源于英国经济学家皮尔斯出版的《绿色经济蓝皮书》中，绿色发展有别于传统经济发展，绿色经济综合考虑了社会发展与生态环境保护两方面，与传统追求经济增长的方式有所不同。绿色经济包含绿色生产和绿色消费，主张以一种低耗能、高环保的方式发展经济。绿色经济的发展方式不是一下就出现的，而是根据时代背景的不同和需要，慢慢得到发展的，不同时期有着不同的绿色思想。

首先是古代时期绿色经济的思想。哲学思想讲究"天人合一"，即一切人事要顺应自然规律。我们都知道我们的祖先最早没有日常使用的工具，不论是吃还是穿以及用都是从自然界获取的，他们依靠着自然。后来随着经验的积累、智慧的提高，开始进行狩猎，在与自然日积月累的相处中，意识到了自然的神秘，一些当时无法解释的自然现象会使人们产生畏惧心理。然后随着工具的出现，人们的日常行为活动逐渐变得便捷，对环境的改造能力有所提高。从不知到了解，从低端到高端，这些都是顺应自然规律的体现。

其次是现阶段绿色经济思想。自从进入工业时代，许多廉价劳动力被机械化设施取代，这使得生产力水平得到显著提升，但人们轻视了工业发展对生态环境造成的影响，人们对自然进行的大规模开发、破坏，引发了许多环境问题。人们渐渐产生一种"人定胜天"的思想，人们对自然的掌控欲望和改造力逐渐增强，我们渴望能够预知未来、探索自然。虽然工业时代的生产力突飞猛进，但是它产生的影响也是很大的，诸如土地肥力下降、荒地和沙漠增多、资源供不应求等。人类只有一个地球，现在我们应树立起绿色思想，与自然和谐共处，共同发展，创建人类与自然命运共同体。

绿色经济也可以从狭义和广义上来划分。狭义的绿色经济是指侧重于关注经济的绿色发展，广义的绿色经济是指同时兼顾经济、生态和社会三方面协同推进的经济发展方式，更关注人的满足感。

（二）绿色经济发展的理论基础

绿色经济发展的理论基础可以从以下六个方面来说明：

一是生态经济学理论——从经济学角度研究生态系统和经济系统所构成的复合系统的结构、功能、行为及其规律性的学科。我们生活在大自然之中，人的一切活动都与自然密不可分，我们对自然做了什么，自然就会回报给我们什么，为了不使地球资源枯竭、环境恶化，需要运用经济学理论寻找发展经济的新方式，如通过将生产、生态循环有机结合来解决农产品污染和生态环境安全问题；探索低开发、低排放、高利用的资源利用新模式。

二是系统协调发展理论——综合考虑自然、经济和社会三方面，利用三大系统间的相互作用推进地区之间的协调发展以达到相对均衡的状态。大自然状态良好，能够提供优越的自然资源和环境，从而有利于经济的发展，反之会使地区出现环境恶劣等危害经济系统发展的现象。在经济发展的过程中，若过度浪费资源或破坏环境则会伤害自然系统的发展。经济基础决定上层建筑，经济系统发展良好可以为社会系统提供优质的物质资源，从而推动地区社会系统的完善，而落后的经济系统会引发社会资源分配不均等社会问题，从而限制社会系统的发展。所以发展绿色经济要综合考虑自然、经济和社会三方面，三方面相互促进、相互支撑、相互制约，协调发展绿色经济。

三是环境库兹涅茨曲线理论。该理论认为经济增长与环境污染之间呈现倒 U 形。即经济发展水平的衡量指标人均 GDP 有一个拐点值，在小于该值时，环境污染程度与人均 GDP 是同向变化，共同递增；大于该值时，环境污染程度与经济增长反向变化，人均 GDP 在逐渐增加，但环境污染程度却逐渐减小，说明环境在经济发展中是先恶化再得到改善的。

四是可持续发展理论，即在满足现下人们生活需求的基础上，坚持公平性、持续性、共同性三大原则，为保障后代人能够拥有丰富的资源和良好的生活环境而发展可持续经济。首先说公平性原则。人类赖以生存和发展的自然资源是有限的，我们不能只满足自己的需求，忽略他人的需求。我们要对自己的历史行为负责，不仅要实现当代人之间的公平，也要实现当代人与后代人间的公平。再说持续性原则。社会发展建立在持续性基础上，我们所需的资源并不是取之不尽、用之不竭的，生态系统同样如此，人们应合理开发、利用自然资源，保持再生性资源的再生能力，寻找非再生资源的替代补充资源。

五是共同性原则。实现可持续发展的目标必须争取全球的配合行动，共同促进自身与自身、自身与自然间的协调。可持续发展理论是实现地区绿色发展的重要指导理论。

六是绿色发展理论。它综合了上述理论的所有考虑方面，逐渐演变发展完善而来。绿色发展理论的出现顺应了时代发展的需要，以地区的经济、社会和环境的持续发展为目标，强调经济增长的绿色化与生态化。

（三）绿色经济的评价标准

随着经济的发展，我们的生活发生了巨大的变化，人们逐渐重视生活的享受。近几十年发展中，由于人们对资源的无节制开采和对环境的破坏，经济与生态和谐相处的关系逐渐出现裂缝，不协调现象凸显。我们以前用于评价经济发展的指标无法对此时的经济发展水平进行评价，所以人们开始根据绿色经济概念构建新的体系来衡量。具体了解到的评价标准有以下四个方面：

1. 绿色 GDP

人类经济活动包括两方面，一方面在为社会创造着财富，另一方面正在以种种形式和手段对社会生产力的发展起着阻碍作用，比如无休止地向生态环境索取资源、向生态环境排放废弃物等。这些负面效应没有在现行的国民经济核算制度中反映出来，所以需要改革现行的国民经济核算体系（SNA）。绿色 GDP 是出现相对较早的评价标准，是一个国家在考虑了自然资源与环境因素后生产活动的最终成果，扣除了环境资源成本和对环境资源的保护费用，绿色 GDP 占 GDP 的比重越高，表明国民经济增长的正面效应越高。

对于绿色 GDP 的核算方法可分为两种：一是绿色 GDP 总值，简称 GeGDP，是 GDP 扣减具有中间消耗性质的自然资源耗减成本后的值。二是绿色 GDP 净值，简称 EDP，是国内生产净值扣减资源耗减和环境成本后的值。

据了解，由于绿色 GDP 披露的环境问题较为严重，许多地方政府对于绿色 GDP 一直持抵制态度，也有一些学者对绿色 GDP 数据的有效性表示怀疑，所以在《中国绿色国民经济核算研究报告 2004》发布后，国家环保总局与国家统计局不再公布绿色 GDP 数据。

2. 绿色 GNP

绿色 GNP 是指把因为人类社会活动被污染破坏的环境进行恢复、治理所需的环境污染费纳入国民经济核算体系中，使之能够反映对环境和自然资源的破坏、环保和利用状况。

根据综合环境与经济核算体系（SEEA），绿色 GNP 是由现行 GNP 扣除自然部分虚数和人文部分虚数得到的。

自然虚数包括由于不合理的开发利用自然资源配比不均衡带来的损失、环境污染造成的质量下降、长期生态环境质量退化造成的损失和资源稀缺性所引发的成本等。人文虚数包括由于失业造成的损失、疾病和卫生导致的支出、犯罪造成的损失、教育水平低下造成的损失和人口数失控带来的损失。

绿色 GNP 是评价可持续发展进程的综合指标，将经济现象、社会现象和环境的各个方面同时考量，指在不减少现有资本资产（人工资本、人力资本、环境资本）水平的前提下必须保证的收入水平。

3. 生态效率

生态效率（EEI）的概念由世界可持续发展商业理事会首次提出，其定义为生态效率应当为人类做贡献，为人们的生活提供质量保障，降低资源的消耗程度。生态效率旨在经济发展和环境保护间寻找一个平衡点，在最优经济目标和最优环境目标间建立一种链接，发展绿色经济，本质是提高生态效率。

EEI 是产出与投入的比值。即企业或经济体提供的产品和服务的价值与企业或经济体消耗的资源和能量及所造成的环境负荷的比值。生态效率通常由生态足迹（生产所消费的所有资源和吸纳其废弃物所需要的有用土地的面积）和 GDP 两个指标直接表示，在生态足迹一定条件下，GDP 越高其水平越大；在地区生产总值一定条件下，生态足迹越小其水平越高。

4. 绿色经济指数

绿色经济指数考虑到的范围比较广泛，大到经济和生态，小到生态服务和自然财富等，利用不同的方法对经济、生态、社会研究，进而综合得出一个衡量绿色经济发展水平的指标。

以构建指标体系形成综合的绿色经济指数是现阶段应用广泛的方法。构建指标体系可以包含两级，甚至可以包含四级，分得越细致，评价角度越广泛，总体上从经济、社会、生态三大方面考虑，可以使分析更全面，也可以利用静态和动态的方法进行研究。同时可以计算针对绿色经济指数下二、三级等小级指标的得分，从细小方面探寻发展薄弱之处，进一步深入研究绿色经济。

不管是用以上方法的哪一种进行评价，它们都有共同的研究目标，都有一个共同的研究主体，即国民经济，从自然、社会方面来说有共同的影响因素。

二、绿色发展的概念及目标

(一) 绿色发展的概念理解

绿色发展要求既要改善能源资源的利用方式，还应保护和恢复自然生态系统与生态过程，实现人与自然的和谐共处和共同进化。本书认为，绿色发展是在循环经济、绿色经济、可持续发展、低碳经济等热门概念的基础上衍生出来的，是对以上词汇的综合归纳和高度概括。绿色发展是资源节约型、环境友好型、社会进步型的可持续发展，它不同于"高消耗、高污染、低效率、低效益"的传统发展模式，而是在考虑全球气候变化及生态危机的情况下，强调经济发展与社会进步及生态建设的统一与协调。它表明我国在实现和平崛起的过程中，应对自然资源做到最优化的高效利用，使用清洁能源，进行清洁生产，尽最大可能减少碳排放，把对环境的污染破坏降到最低限度，同时人们素质得到提高，社会得到进步的发展。

可见，从气候变化、生态遭到破坏、自然资源逐渐耗竭等问题成为国际关注的热点的演变过程及当前绿色发展的使命来看，绿色发展是学术界及政府在对发展模式创新过程中出现的新的发展理念，是建立在生态环境容量和资源承载力的约束条件下，将经济发展、环境保护及社会进步作为实现可持续发展重要支柱的发展模式。绿色发展是科学发展观的重要组成部分，这种发展模式与传统工业化下的"黑色发展模式"具有本质的不同。如果说黑色发展是不要"绿"只要"金"的话，绿色发展则是既要"绿"也要"金"。从内涵看，绿色发展是在传统发展基础上的一种模式创新，是建立在生态环境容量和资源承载力的约束条件下，将环境保护作为实现可持续发展重要支柱的一种新型发展模式。

绿色发展具体来说包括三个要点：一是要将环境资源作为社会经济发展的内在要素；二是要把实现经济、社会和环境的可持续发展作为绿色发展的目标；三是要把经济活动过程和结果的"绿色化""生态化"作为绿色发展的主要内容和途径。

真正的"绿色发展"模式并不像一些极端环保主义者所主张的那样，全球应停止经济增长。相反，绿色发展模式认为发展中国家必须首先恢复经济增长，因为经济增长有助于解决贫困和不发达问题，是减少贫困、改善环境最直接的手段。但是，经济增长的前提必须是保障自然资本的可持续性，更多地以人造资本代替环境和自然资本，提高能源和物质的使用效率，使经济增长逐步向低原材料消耗、低能耗的方向转变，通过"绿色"方式获得经济增长，实现经济与环境的协调发展。

（二）绿色发展的目标

绿色发展有三个基本目标：一是优先解决国内的资源环境问题；二是依靠技术进步，提高产业的资源效率和绿色竞争力，实现绿色振兴，解决经济增长、脱贫和就业等发展问题；三是通过绿色转型，转变经济发展方式，特别是逐步从化石能源转向低碳、无碳的新能源，发展节能环保产业，促进经济体系的"绿色化"，以应对长期的气候变化和可持续发展挑战，实现智能、清洁、高效、低碳和协同增长。

实践表明，传统产业节能减排、发展循环经济，是走向绿色发展的第一步；发展先进技术、采用物联网是走向绿色发展的突破点；调整能源结构、发展核能与可再生能源，是建设低碳社会、实现绿色发展的基础；创造低碳节能的生活方式，是建设低碳社会、实现绿色发展的根本保证。

三、绿色经济给绿色发展带来的价值

在新时期，我们重新提出发展绿色经济，通过实施绿色发展战略来促进经济发展方式的转变。绿色经济发展模式是我国著名学者陈世清在《绿色经济丛书》中提出来的知识经济时代的新的发展模式，由和谐经济发展模式、幸福经济发展模式、稳定型经济发展模式以及再生型经济发展模式共同组成。绿色经济发展模式概念的提出使我们能够从总体上把握知识经济发展的深层规律、知识市场经济发展的一般规律，从理论和实践的结合上建立新的经济发展模式和新的发展经济学，同时也为绿色经济的商业模式提供了可依托、可操作的深层结构。绿色发展或绿色经济是相对于传统"黑色"发展模式而言的有利于资源节约和环境保护的新的经济发展模式，在中国语境下，有关绿色经济或绿色发展的讨论都是针对可持续发展的不同侧面或是特定时期的目标和任务而展开的经济社会活动，其核心目的都是为突破有限的资源环境承载力的制约，谋求经济增长与资源环境消耗的脱钩，实现发展与环境的双赢。

首先，绿色经济模式强调经济、社会和环境的一体化发展。在传统经济发展模式下，大量占有和利用自然资源，不断提高劳动生产率，最大化地促进经济增长是其基本特征，认为自然环境与经济增长和社会发展之间彼此不能兼容，环境问题是经济与社会发展过程中的必然现象，社会发展、经济繁荣必然要以牺牲自然环境为代价，最终导致经济发展的不可持续性。绿色经济模式是以可持续发展观为基础所形成的新型经济发展方式，它以自然生态规律为基础，通过政府主导和市场导向，制定和实施一系列引导社会经济发展符合生态系统规律的强制性或非强制性的制度安排，引导、推动、保障社会产业活动各个环节的绿色化，从根本上减少或消除污染。

其次，绿色经济能够体现出自然环境的价值。传统经济系统坚持封闭性、独立性，认为只要系统本身不断扩大，经济就会得到永无止境的发展，不受其他任何条件的制约，导致全球环境危机的不断加剧。绿色经济系统坚持开放性和协调性，将环境资源的保护和合理利用作为其经济系统运行的重要组成部分，在生产、流通和消费各个领域实行绿色先导原则，尽可能地减少对自然环境的影响和破坏，抑或改善环境资源条件，并将自然环境代价与生产收益一并作为产业经济核算的依据，确认和表现出经济发展过程中自然环境的价值。事实上，经济的发展与环境资源的消耗是并行的，在量化经济发展的各项收益指标时，环境消耗价值理应据实计算并从中扣除。

再次，绿色经济的自然资源利用具有公平性。公平性是可持续发展的重要特性，失去公平性就等于失去可持续发展。追求经济利益最大化，不断提高人类的生活质量，是经济和社会发展的基本目标。然而，传统经济模式下的社会经济增长，是以自然资源系统遭受严重破坏和污染为代价获得的，仅仅满足了当代人或少数区域人的物质利益需求，忽略了后代人或其他欠发达区域人的生存需要，是将子孙后代及全人类的环境资源用以满足少部分当代人的物质上的奢侈的经济模式，这是极端不公平的。绿色经济发展方式通过自然资源的可持续利用，能够最大限度地提高自然环境的利用率和再生能力，理论上可以同时兼顾当代人和后代人的代际利益平衡和同代人之间的区域利益平衡。

最后，绿色经济可以引导产业结构的优胜劣汰。在经济发展过程中，产业结构是动态的，优胜劣汰是客观规律，正是基于产业结构的更新机制，才能实现产业的可持续发展。发展绿色经济，可以引起工业社会发生巨大的变革：一是生产领域中，工业社会以最大化地提高社会劳动生产率、促进经济增长为中心的"资源—产品—污染排放"的生产方式将转变为以提高自然资源的利用率、消除或减少环境污染为中心的可持续发展生产方式，加重了生产者的环境保护责任；二是在流通领域内改革工业社会所奉行的自由贸易原则，实行附加环境保护义务的自由贸易，控制和禁止污染源的转移；三是转变消费观念，引导和推动绿色消费。这一系列的制度性变革，必然引起工业社会向绿色社会的转变，依据自然生态规律，建立起由不同生态系统所构成的绿色经济系统。

第二节　绿色营销的产生及观念

一、绿色营销的产生背景与发展历程

（一）绿色营销的产生背景分析

在当今的数字化时代做有益于保护地球生态环境的事仍然是前沿和中心。事实上，现在的公司普遍以各种方式使用回收或可再生资源，以减少能源消耗和浪费。

1. 外部因素

绿色营销这一概念出现于 20 世纪 80 年代。[①]绿色营销的产生，有其复杂的外在因素，并且各因素起的作用和影响程度也不同，以下就影响绿色营销产生的最重要的两个因素加以论述：

（1）经济可持续发展要求。长期以来，人们似乎将地球资源视为取之不尽、用之不竭的资源，对工业生产给环境带来的危害性没有足够认识，甚至认为地球自身具有完全净化空气和水源、自动消除污染的能力。直到 20 世纪 60 年代，工业发达国家污染公害频发，全球变暖、酸雨侵蚀绿色资源、赤潮危害海洋生态等环境污染使人类的生存受到严重威胁，也造成经济上的巨大损失。传统的经济增长方式已使我国经济、人口和资源环境之间处于一种紧张冲突状态。因此，我们必须顺应世界经济的绿色化发展趋势，走经济可持续发展的"绿色道路"。企业作为国民经济的细胞，其经营活动对人民生活、资源、环境会产生直接影响。《中国 21 世纪议程》对企业的经营行为提出了新的要求，要求企业树立绿色营销观念，兼顾企业利益、消费者利益、社会利益和生态利益。由此可见，绿色营销作为实现经济可持续发展的有效手段，是市场营销发展的必然选择。

（2）国际贸易竞争要求。世界贸易组织（WTO）的贸易规则规定，允许各缔约国为了维护人类和动植物的生命健康，为了保护环境、保护可能枯竭的天然资源，有权采取必要的环境管制措施。但国际贸易中的保护主义运用环境保护的名义，采用更加隐蔽的环境管制措施阻碍外国产品的输入。这些措施进而发展成为一种新的非关税壁垒——绿色贸易壁垒，以保护本国工业免受进口产品的冲击。

在国际化竞争中，产品竞争力从传统的价格、非价格因素，延伸到环境因素。在这种

---

① 高华中．浅析绿色营销［J］．商业研究，2002（18）：91．

情况下，许多国家企业纷纷加大绿色环保投资，实施企业绿色化策略，提高产品环境竞争力。面对全球绿色浪潮的兴起和日渐提高的绿色贸易壁垒，传统"高投入、高污染、低产出"的粗放式经营已经不能适应竞争，企业的产品竞争力降低。只有积极地开发绿色产品并通过认证使其获取绿色标志，企业才能掌握进军国际市场的主动权。

2. 内部因素

（1）迎合绿色需求的增长。随着绿色意识在全球的觉醒，"绿色运动"不断推动着"绿色产业"的发展和"绿色消费观"的形成。绿色需求要求生产者提供的产品必须符合绿色产品的要求，在消费过程中不会给消费者身心造成危害，同时要求在生产过程中要尽量减少对环境的污染。绿色需求在市场上表现为需求的生态化、环境化。在我国，绿色消费逐渐深入人心，绿色产品已逐渐受到人们的青睐。随着宣传力度的加大，以及人们看到或尝到绿色消费的好处，绿色消费将是大势所趋。绿色需求成为新世纪的需求热点，我国企业应该顺应这一潮流，大力实施绿色营销，使自己在未来的竞争中处于优势。

（2）创造新的商机。在绿色消费浪潮的冲击下，企业开始逐渐关注绿色经济带来的机会。环境保护法的实施，各项环保政策的制定，公众对环境的关注均在一定程度上影响和制约企业的行为。同时，相当多的企业借着环境管理形成竞争优势，由此形成新的切入点和市场空白，给企业带来商机。

（3）追求合理的经济效益。按照国际上通常的做法，政府允许绿色产品的价格比同类产品价格上浮一定比例。从目前在国内为大众所接受的绿色产品来看，其经济效益明显高于非绿色产品的经济效益。绿色营销要求企业通过技术革新，加强内部管理，降低原材料使用量，提高产品质量，同时避免产品的过度包装，加强容器的重复使用、废弃物的二度利用或出售等，这一切都能够提高资源的利用率，降低企业的生产成本。而且绿色营销容易获得政府的支持，享受优惠政策，降低经营成本，其对环境的关注也有利于获得来自社会的情感共鸣，容易成为媒体正面宣传的热点，从而获得社会的信赖，使企业更容易发现各种商机，减少市场交易费用。

（4）树立良好的企业形象。在市场竞争日益激烈，环境保护愈来愈重要的今天，企业要想在众多的竞争对手之中立于不败之地，树立绿色企业形象是至关重要的。社会公众对企业运作好坏的评价，除了价格、质量、服务以外，还有"环境保护""公众形象"等。由于中国经济实力的增强和观念的改变，消费者已经开始关心生活品质，如环境质量、绿色产品等，绿色营销的实施可以满足消费者对环保、健康的诉求，这必然会赢得公众的好感，提升其在公众心目中的形象，为企业树立良好的企业与品牌形象，从而帮助企业赢得顾客和市场，并促进其与消费者和社会形成良好关系，引导企业的各项运作进入良性循环，成为企业重要的无形资产和长远发展的有力保障。

（二）绿色营销的发展历程研究

市场营销作为一门历史悠久的学科，经过多年的发展已经演化成学科分支多元化的重要学科。营销学对于指导市场经济健康发展，培养人们正确的消费观，实现资源与需求的平衡具有重要的意义。传统的营销理念对于经营活动的重要性已经被诸多实例证明，但是随着学科建设的逐渐深入，绿色营销已经成为市场营销学体系的重要组成部分及主流的营销模式。

绿色营销这一营销模式，最先是由欧洲国家提出来的，并在一定历史条件下成长起来，它的产生和发展离不开时代的背景，一系列时代机遇是绿色营销发展壮大的催化剂。通过对前人的研究成果加以总结和提炼，可以将国外绿色营销发展过程描绘为萌芽期、成长期、挫折期和复兴期四个阶段：

第一阶段：萌芽期（20世纪70年代至80年代中期）。20世纪60年代至70年代早期，随着生态危机不断加剧与人类绿色意识的觉醒。人们对社会与环境的忧虑逐步加剧。人们开始意识到我们生活在有限的世界里，然而无尽的、失去控制的扩张将最终耗尽我们赖以生存的自然资源，绿色营销的萌芽悄然而生。美国市场营销协会（American Marketing Association，AMA）在1975年建立了第一个"生态营销"工作室，海涅（Henion）与金尼尔（Kinnear）在1976年对绿色营销的定义是：有助于解决环境问题的和能够为环境问题进行治疗补救的所有营销活动。

第二阶段：成长期（20世纪80年代至90年代中期）。20世纪80年代后期，世界各国工业污染的加剧，导致人类发展与自然环境的矛盾日益突出。"可持续发展"的绿色理念得到广泛传播。"清洁工艺"强调创新产品和生产系统的设计，在设计阶段设计出消除污染的新工艺。总之，在这一阶段绿色营销的含义更加深远，关注范围也日益扩大，包括所有的用品与服务（如清洁用品、家电、旅游业、银行业等）。人们开始从全球视角关注环境，如全球变暖、气候变化等，绿色营销的思想开始在全球范围内扩展。受外部环境等客观因素的限制，我国学术界与绿色营销的正式接触较晚，始于20世纪90年代初。我国对绿色营销的探索也经历了由浅到深的过程。通过学习绿色营销理论后可以发现，企业的可持续发展离不开与生态环境建立和谐的关系，绿色营销的根本目标就是实现消费者利益、企业利益、社会利益的高度统一。

第三阶段：挫折期（20世纪90年代中后期）。在成长期，绿色营销理念在理论和实践中都获得了长足的发展，关于绿色营销的研究也呈现百家争鸣、百花齐放的盛况。因此，绿色营销将随着时间的推移获得更大的发展。但绿色产品市场的表现与发展还是存在不足。造成此现象的原因有两方面。首先，绿色项目成本支出较高，很难在实践中保持价格竞争优势；其次，竞争者打折促销，攻击技术与环保的可靠性使绿色产品显得"脆弱"。因此生产环保并具有价格优势的新产品在实践中困难重重。另外，关于绿色产品的界定也出现了困难。

第四阶段：复兴期（20世纪以后）。尽管在20世纪末学术界有的专家和企业家、消费者对绿色营销的实际效果失望并产生了动摇，但大部分人仍坚信绿色营销是21世纪企业发展和社会进步的必然要求，要坚持绿色营销理念。全球环境生态状况和所有国家对自然环境的重视程度决定了绿色营销的发展方向必将是无限扩大。

自20世纪70年代以来，随着经济的飞速发展，水土流失、全球变暖、酸雨、雾霾等环境问题日益加重，人们开始关注生态环境，开始重新审视人类的发展。绿色营销的本土化是必然趋势，任何一种营销理念都有其生存发展的空间，但其具体形式都会随着空间的变换而发生相应的转换。绿色营销及其理论起源于西方国家，但随着我国企业不断将绿色营销的观点运用于日常生产实践中，绿色营销的本土化就十分明显了。许多企业为赢得本地消费者的认同和本地政府的青睐，不断改进营销策略以适应企业所在区域的市场特征，从而使企业不断挖掘发展潜力并创造出较大的企业收益。

中国正处于新一轮的能源改革中，"绿色营销"已成为一个势不可挡的趋势。绿色营销可能是最新的营销类型，也是目前全球关注的问题。

总而言之，绿色营销首先是一种观念。企业要通过宣传自身的绿色营销宗旨，在公众中树立良好的绿色形象；其次，绿色营销又是一种行动。企业可以利用各种传媒宣传自己在绿色领域的所作所为，并积极参与各种与环保有关的事务，以实际行动来强化企业在公众心目中的印象；最后，企业还应大力宣传绿色消费时尚，提倡人们使用绿色产品，支持绿色营销，提高公众的绿色意识，引导绿色消费。

二、绿色营销的观念

企业的市场营销活动，是在特定指导思想或经营观念指导下进行的。所谓市场营销观念，是指企业在开展市场营销管理过程中，处理企业、消费者、社会和自然四者之间的关系所持的态度。市场营销观念是随着营销环境的变化而转变的。从市场营销发展史考察，市场营销观念经历了前营销观念、市场营销观念和新市场营销观念三个大的阶段。这三个阶段营销观念的转变都是在相应社会、经济、自然条件下发生的。因此，研究市场营销观念及其形成条件，有助于用正确的营销观念来指导营销实践。

（一）绿色营销的前营销观念分析

前营销观念以企业为中心，没有把消费者需求纳入企业的营销决策和管理之中，企业生产什么，消费者就购买和消费什么，"以产定销"的卖方主导思想是前营销观念的显著特征。在近半个世纪里，经历了生产观念、产品观念和推销观念三个阶段。

（1）生产观念。生产观念盛行于19世纪末20世纪初。即消费者喜欢那些可以随处买到的和价格低廉的商品，企业应当组织和利用所有资源，集中一切力量提高生产效率和扩大分销范围，增加产量，降低成本。显然，生产观念是一种重生产、轻营销的指导思想，其典型表现就是"我们生产什么，就卖什么"。以生产观念指导营销活动的企业，称为生产导向企业。

（2）产品观念。产品观念是与生产观念并存的一种市场营销观念，都是重生产、轻营销。即消费者喜欢高质量、多功能和具有某些特色的产品。因此，企业管理的中心是致力于生产优质产品，并不断完善。在这种观念的指导下，公司经理人常常迷恋自己的产品，以至于没有意识到产品可能并不迎合时尚，甚至市场正朝着相反的方向发展。产品观念容易导致"营销近视症"，缺乏远见，只看到自己的产品质量好，致力于大量生产或精工制造而忽视市场需求的差异性和变化趋势，最终结果是其产品被市场冷落，产生供需矛盾，使经营者陷入困境。

（3）推销观念。推销观念产生于资本主义经济由卖方市场向买方市场的过渡阶段。盛行于20世纪三四十年代。即消费者通常有一种购买惰性或抗衡心理，若顺其自然，消费者就不会自觉地大量购买本企业的产品，因此企业管理的中心任务是积极推销和大力促销，以诱导消费者购买产品。其具体表现是："我卖什么，就设法让人们买什么。"执行推销观念的企业，称为推销导向企业。在推销观念的指导下，企业相信产品是"卖出去的"，而不是"被买去的"。它们致力于产品的推广和广告活动，以求说服甚至强制消费者购买。它们收罗了大批推销专家，做大量广告，对消费者进行无孔不入的促销信息"轰炸"。但是，推销观念与前两种观念一样，也是建立在以企业为中心的"以产定销"，而不是满足消费者真正需要的基础上。因此，前三种观念被称为市场营销的旧观念或前营销观念。

（二）绿色营销的市场营销观念

由于在20世纪50年代中期，市场形势急剧变化，形成完全由买方主导的买方市场。在这种条件下，传统的企业经营哲学发生由内而外的变化，企业改变营销思维模式，不再仅从企业的角度去思考消费者，而是从消费者的需求去思考企业的经营。因此，市场营销观念（marketing concept）作为前营销观念的挑战应运而生。

市场营销观念是以消费者需要和欲望为导向的经营哲学，是消费者主权论的体现，形成于 20 世纪 50 年代。市场营销观念即实现企业诸目标的关键在于正确确定目标市场的需要和欲望，一切以消费者为中心，并且比竞争对手更有效、更有力地传送目标市场所期望的东西。

市场营销观念的产生，是市场营销哲学的一种质的飞跃和革命，它不仅改变了传统的观念的逻辑思维方式，而且在经营策略和方法上也有很大突破。它要求企业营销管理贯彻"顾客至上"的原则，从而实现企业目标。因此，企业在决定其生产经营活动时，必须进行市场调研，根据市场需求及企业本身条件选择目标市场，组织生产经营，最大限度地提高顾客满意程度。

树立市场营销观念的企业称为市场导向企业。其具体表现是：尽我们最大的努力，使顾客的每一笔消费都能买到十足的价值和满意；今天，我们的中心目标必须针对顾客；我们将倾听他们的声音，了解他们所关心的事，我们重视他们的需要，并永远先于我们自己的需要，我们将赢得他们的尊重；我们与他们的长期合作关系，将建立在互相尊重、信赖和努力行动的基础上；顾客是我们存在的全部理由；我们必须永远铭记，谁是我们的服务对象，随时了解顾客需要什么、何时需要、何地需要、如何需要。

（三）绿色营销的新市场营销观念

现代市场营销观念的核心是以消费者为中心，认为市场需求引起供给，每个企业必须依照消费者的需要与愿望组织商品的生产与销售。新市场营销观念已被公认，在实际的营销活动中也备受企业家的青睐。然而，随着消费需求的多元性、多变性和求异性特征的出现，需求表现出了模糊不定的"无主流化"趋势，许多企业对市场需求及走向常感捉摸不准，适应需求难度加大。另外，完全强调按消费者购买欲望与需要组织生产，在一定程度上会压抑产品创新，而创新正是经营成功的关键所在。为此，在当代激烈的商战中，一些企业总结现代市场营销实践经验，提出了创造需求的新观念。

（1）社会营销观念。社会营销观念是以社会长远利益为中心的市场营销观念，是对市场营销观念的补充和修正。从 20 世纪 70 年代起，随着全球环境破坏、资源短缺、人口爆炸、通货膨胀和忽视社会服务等问题日益严重，要求企业顾及消费者整体利益与长远利益的呼声越来越高。例如，人类观念、理智消费观念、生态准则观念等。其共同点都是认为，企业生产经营不仅要考虑消费者需要，而且要考虑消费者和整个社会的长远利益。这类观念统称为社会营销观念。因此，社会营销观念的基本核心是：以实现消费者满意以及消费者和社会公众的长期福利作为企业的根本目的与责任；理想的营销决策应同时考虑到消费者的需求与愿望的满足、消费者和社会的长远利益、企业的营销效益。

（2）绿色营销观念。绿色营销观念是在当今社会环境破坏、污染加剧、生态失衡、自然灾害威胁人类生存和发展的背景下提出来的新观念。20世纪80年代以来，伴随着各国消费者环保意识的日益增强，世界范围内掀起了一股绿色浪潮，绿色工程、绿色工厂、绿色商店、绿色商品、绿色消费等新概念应运而生，可以认为，我们正走向绿色时代，21世纪是绿色世纪。在这股浪潮冲击下，绿色营销观念也就应运而生了。

绿色营销观念主要强调把消费者需求与企业利益和环保利益三者有机地统一起来，它最突出的特点，就是充分顾及资源利用与环境保护问题，要求企业从产品设计、生产、销售到使用整个营销过程都要考虑到资源的节约利用和环保利益，做到安全、卫生、无公害等，其目标是实现人类的共同愿望和需要——资源的永续利用与保护和改善生态环境。为此，开展绿色的生产与销售，发展绿色产业是绿色营销的基础，也是企业在绿色营销观念下从事营销活动成功的关键。

20世纪90年代，资本主义经济经过高速增长，逐渐暴露出新的问题：资源出现短缺，生态环境恶化，严重影响到了人类的生存和发展。人类须寻求新的发展出路，提出可持续发展思路，寻求"生态与经济协调""人与自然和谐"。企业是经济的细胞，企业的经营活动与整个经济布局与自然密不可分。绿色营销观念就在这种背景下产生。

（3）关系市场营销观念。关系市场营销观念是较之交易市场营销观念而形成的，是市场竞争激化的结果：传统的交易市场营销观念的实质是卖方提供一种商品或服务以向买方换取货币，实现商品价值，是买卖双方价值的交换，双方是一种纯粹的交易关系，交易结束后不再保持其他关系和往来。在这种交易关系中，企业认为卖出商品赚到钱就是胜利，顾客是否满意并不重要。而事实上，顾客的满意度直接影响到重复购买率，关系到企业的长远利益。由此，从20世纪80年代开始，美国开始重视关系市场营销，即为了建立、发展、保持长期的、成功的交易关系进行的所有市场营销活动。它的着眼点是与和企业发生关系的供货方、购买方、侧面组织等建立良好稳定的伙伴关系，最终建立起一个由这些牢固、可靠的业务关系所组成的"市场营销网"，以追求各方面关系利益最大化。这种从追求每笔交易利润最大化转化为追求同各方面关系利益最大化是关系市场营销的特征，也是当今市场营销发展的新趋势。

关系市场营销观念的基础和关键是"承诺"与"信任"。承诺是指交易一方认为与对方的相处关系非常重要而保证全力以赴地去保持这种关系，它是保持某种有价值关系的一种愿望和保证。信任是当一方对其交易伙伴的可靠性和一致性有信心时产生的，它是一种依靠其交易伙伴的愿望。承诺和信任的存在可以鼓励营销企业与伙伴致力于关系投资，抵制一些短期利益的诱惑，而选择保持发展与伙伴的关系去获得预期的长远利益。因此，达成"承诺—信任"，然后着手发展双方关系是关系市场营销的核心。

（4）文化营销观念。文化营销观念是指企业成员共同默认并在行动上付诸实施，从而使企业营销活动形成文化氛围的一种营销观念，它反映的是现代企业营销活动中，经济与文化的不可分割性。企业的营销活动不可避免地包含着文化因素，企业应善于运用文化因素来实现市场制胜。在企业的整个营销活动过程中，文化渗透其始终。一是商品中蕴含着文化，商品不仅仅是有某种使用价值的物品，同时，它还凝聚着审美价值、知识价值、社会价值等文化价值的内容。例如，"孔府家酒"之所以能誉满海外，备受海外华人游子的青睐，不仅在于它的酒味香醇，更在于它满足了海外华人思乡恋祖的文化需求。二是经营中凝聚着文化。例如，日本企业经营的成功得益于其企业内部全体职工共同信奉和遵从的价值观、思维方式和行为准则，即所谓的企业文化。营销活动中尊重人的价值、重视文化建设、重视管理哲学及求新、求变精神，已成为当今企业经营发展的趋势。

（5）整体营销观念。整体营销其核心是从长远利益出发，公司的营销活动应囊括构成其内、外部环境的所有重要行为者，它们是：供应商、分销商、最终顾客、职员、财务公司、政府、同盟者、竞争者、传媒和一般大众。前四者构成微观环境，后六者体现宏观环境。公司的营销活动，就是要从这十个方面进行。

在众多新市场营销观念中，绿色营销观念要求企业顺应社会可持续发展的要求，注重地球生态环境保护，促进经济与生态协调发展，以实现企业利益、消费者利益、社会利益及生态环境利益的统一。与传统的营销观念相比，绿色营销观念不仅注重消费者的需求，更注重的是社会利益，而且把社会利益的关注点明确定位于节能与环保，立足于可持续发展，放眼于社会经济的长远利益与全球利益，更加符合现代社会经济发展与自然发展的平衡。

在绿色营销观念中，企业生产经营研究的首要问题不是在传统营销因素条件下，通过协调三方面关系使自身取得利益，而是将对市场消费者需求的研究着眼于绿色需求的研究上，并且认为这种绿色需求不仅要考虑现实需求，更要放眼于潜在需求。这种观念认为企业与同行竞争的焦点，不在于传统营销要素的较量，争夺传统目标市场的份额，而在于最佳保护生态环境的营销措施，并且认为这些措施的不断建立和完善，是企业实现长远经营目标的需要，它能形成和创造新的目标市场，是竞争制胜的法宝。

绿色营销观念认为企业营销决策的制定必须首先建立在有利于节约、资源和保护自然环境的基点上，这种营销决策思路的变化促使企业市场营销的立足点发生新的转移。这对于目前全球性的生态危机的治理与改变，促进人类经济发展与自然发展的平衡起着不容忽视的作用。

第三节　绿色营销的理论依据

　　绿色营销是可持续发展理论和循环经济、生态经济理论与市场营销观念相结合的理论，是生态文化兴起的产物。可持续发展理论、循环经济理论、生态经济理论要求人类改变生产和消费方式，对企业而言，要适应社会的发展，满足不断变化的消费需求，就要树立顺应市场变化的绿色营销观念。

一、绿色营销的生态经济理论

　　生态经济学是 20 世纪 50 年代产生的由生态学和经济学相互交叉而形成的一门边缘学科，它是从经济学角度，研究生态经济复合系统的结构、功能及演绎规律的一门学科，为研究生态环境和土地利用经济问题提供了有力的工具。

　　生态学和经济学之间的联系有悠久的历史渊源。首先，从构词上看，在英语中生态学（ecology）和经济学（economics）具有相同的词根 eco，因此可以认为，在造词时生态学与经济学就结下了不解之缘，"生态学就是自然经济学"。其次，生态环境问题的实质是经济问题。随着社会生产力的发展，人类改造自然的能力日益增强，随之出现了环境污染和环境破坏问题，究其根源在于自然资源未能得到充分合理的利用。长期以来，传统经济学认为资源无价值，可以无偿使用；资源无穷尽，可以任意获取。其结果导致资源利用从不考虑"外部经济性"，废弃物和资源破坏的处置费不计入生产成本，以牺牲生态环境质量为代价谋取高额利润，把治理环境污染的费用转嫁给社会，降低了国民经济效益，破坏了人类舒适的生态环境。另外，单纯运用经济指标（如 GNP）衡量经济发展，也导致忽视生态环境效益的外部不经济行为的不断发生。大量事实证明，经济发展与环境保护应当相互协调，发展与环境是对矛盾，处理得好可以保证经济发展和生态进化；反之，恶化了环境，生态系统平衡失调，必然会严重地影响经济增长。应当走生态发展的道路，使经济生态化、生态经济化，才能走出困境，协调经济发展与生态环境两者之间的关系，在保持良好的生态环境条件下，促进经济的发展。

　　生态和生态系统历来与区域概念相联系，是以特定范围的土地或空间为依托的生态系统是生命系统和环境系统在特定空间的组合，是在特定地段中的全部生物（即生物群落）和其环境相互作用的统一体。研究生态系统和生态经济系统，并将其原理应用于生产实践，无论如何也不能离开特定的空间和地域，任何生态系统都应有确定的边界。

土地资源是无法替代的重要的自然环境资源，它既是环境的组成部分，又是其他自然环境资源和社会经济资源的载体。土地本身就是自然、社会、经济、技术等要素组成的一个多重结构的生态经济系统。土地利用不仅是自然技术问题和社会经济问题，而且也是资源合理利用和环境保护的生态经济问题，同时受到客观上存在的自然、经济和生态规律的制约。

土地生态经济系统是由土地生态系统与土地经济系统在特定的地域空间里耦合而成的生态经济复合系统：土地生态经济系统及其组成部分以及与周围生态环境共同组成一个有机整体，其中任何一种因素的变化都会引起其他因素的相应变化，影响系统的整体功能。毁掉了山上的森林，必然要引起径流的变化，造成水土流失，肥沃的土地将沦为瘠薄的砾石坡，源源不断的溪流将成为干涸的河床，严重时甚至导致气候恶化。因此，人类利用土地资源时，必须要有一个整体观念、全局观念和系统观念，考虑到土地生态经济系统的内部和外部的各种相互关系，不能只考虑对土地的利用而忽视土地的开发、整治和利用对系统内其他要素和周围生态环境的不利影响，不能只考虑局部地区的土地资源的充分利用而忽视了整个地区和更大范围内对其的合理利用。

二、绿色营销的可持续发展理论

（一）可持续发展的认知

1. 可持续发展理论的要素

可持续发展定义包含两个基本要素或两个关键组成部分："需要"和对需要的"限制"。满足需要，首先是要满足贫困人民的基本需要。对需要的限制主要是指对未来环境需要的能力构成危害的限制，这种能力一旦被突破，必将危及支持地球生命的自然系统如大气、水体、土壤和生物。决定两个基本要素的关键性因素是：①收入再分配以保证不会为了短期生存需要而被迫耗尽自然资源。②降低主要是穷人对遭受自然灾害和农产品价格暴跌等损害的脆弱性。③普遍提供可持续生存的基本条件，如卫生、教育、水和新鲜空气，保护和满足社会最脆弱人群的基本需要，为全体人民，特别是为贫困人民提供发展的平等机会和选择自由。

2. 可持续发展的基本内涵

（1）共同发展。地球是一个复杂的巨系统，每个国家或地区都是这个巨系统不可分割的子系统。系统的最根本特征是其整体性，每个子系统都和其他子系统相互联系并发生作用，只要一个系统发生问题，都会直接或间接影响到其他子系统，甚至会诱发系统的整体突变，这在地球生态系统中表现得最为突出。因此，可持续发展追求的是整体发展和协调发展，即共同发展。

（2）协调发展。协调发展包括经济、社会、环境三大系统的整体协调，也包括世界、国家和地区三个空间层面的协调，还包括一个国家或地区经济与人口、资源、环境、社会以及内部各个阶层的协调，持续发展源于协调发展。

（3）公平发展。世界经济的发展呈现出因水平差异而表现出来的层次性，这是发展过程中始终存在的问题。但是这种发展水平的层次性若因不公平、不平等而引发或加剧，就会因为局部而上升到整体，并最终影响到整个世界的可持续发展。可持续发展思想的公平发展包含两个维度：一是时间维度上的公平，当代人的发展不能以损害后代人的发展能力为代价；二是空间维度上的公平，一个国家或地区的发展不能以损害其他国家或地区的发展能力为代价。

（4）高效发展。公平和效率是可持续发展的两个轮子。可持续发展的效率不同于经济学的效率，可持续发展的效率既包括经济意义上的效率，也包含着自然资源和环境的损益的成分。因此，可持续发展理论的高效发展是指经济、社会、资源、环境、人口等协调下的高效率发展。

（5）多维发展。人类社会的发展表现出全球化的趋势，但是不同国家与地区的发展水平是不同的，而且不同国家与地区又有着异质性的文化、体制、地理环境、国际环境等发展背景。此外，因为可持续发展又是一个综合性、全球性的概念，要考虑到不同地域实体的可接受性，因此，可持续发展本身包含了多样性、多模式、多维度选择的内涵。在可持续发展这个全球性目标的约束和制导下，各国与各地区在实施可持续发展战略时，应该从国情或区情出发，走符合本国或本区实际的、多样性、多模式的可持续发展道路。

3.可持续发展的具体内容

在具体内容方面，可持续发展涉及可持续经济、可持续生态和可持续社会三方面的协调统一，要求人类在发展中讲究经济效益、关注生态和谐和追求社会公平，最终达到人的全面发展。这表明，可持续发展虽然缘起于环境保护问题，但作为一个指导人类走向21世纪的发展理论，它已经超越了单纯的环境保护。它将环境问题与发展问题有机地结合起来，已经成为一个有关社会经济发展的全面性战略。

（1）在经济可持续发展方面。可持续发展鼓励经济增长而不是以环境保护为名经济增长，因为经济发展是国家实力和社会财富的基础。但可持续发展不仅重视经济增长的数量，更追求经济发展的质量。可持续发展要求改变传统的以"高投入、高消耗、高污染"为特征的生产模式和消费模式，实施清洁生产和文明消费，以提高经济活动中的效益、节约资源和减少废物。从某种角度上，可以说集约型的经济增长方式就是可持续发展在经济方面的体现。

（2）在生态可持续发展方面。可持续发展要求经济建设和社会发展要与自然承载能力相协调。发展的同时必须保护和改善地球生态环境，保证以可持续的方式使用自然资源和环境成本，使人类的发展控制在地球承载能力之内。因此，可持续发展强调了发展是有限制的，没有限制就没有发展的持续。生态可持续发展同样强调环境保护，但不同于以往将环境保护与社会发展对立的做法，可持续发展要求通过转变发展模式，从人类发展的源头、从根本上解决环境问题。

（3）在社会可持续发展方面。可持续发展强调社会公平是环境保护得以实现的机制和目标。世界各国的发展阶段不同，发展的具体目标也各不相同，但发展的本质应包括改善人类生活质量，提高人类健康水平，创造一个保障人们平等、自由、教育、人权和免受暴力的社会环境。这就是说，在人类可持续发展系统中，经济可持续是基础，生态可持续是条件，社会可持续才是目的。21 世纪，人类应该共同追求的是以人为本位的自然—经济—社会复合系统的持续、稳定、健康发展。

作为一个具有强大综合性和交叉性的研究领域，可持续发展涉及众多的学科，可以有不同重点的展开。例如，生态学家着重从生态方面把握可持续发展，理解可持续发展是不超越环境系统更新能力的人类社会的发展；经济学家着重从经济方面把握可持续发展，理解可持续发展是在保持自然资源质量和其持久供应能力的前提下，使经济增长的净利益增加到最大限度；社会学家从社会角度把握可持续发展，理解可持续发展是在不超出维持生态系统涵容能力的情况下，尽可能地改善人类的生活品质；科技工作者则更多地从技术角度把握可持续发展，把可持续发展理解为建立极少产生废料和污染物的绿色工艺或技术系统。

4.可持续发展的主要思想

（1）可持续发展并不否定经济增长。经济发展是人类生存和进步所必需的，也是社会发展和保持、改善环境的物质保障。特别是对发展中国家来说，发展尤为重要。目前发展中国家正经受贫困和生态恶化的双重压力，贫困是导致环境恶化的根源，生态恶化更加剧了贫困。尤其是在不发达的国家和地区，必须正确选择使用能源和原料的方式，力求减少损失、杜绝浪费，减少经济活动造成的环境压力，从而达到具有可持续意义的经济增长。既然环境恶化的原因存在于经济过程之中，其解决办法也只能从经济过程中去寻找。目前急须解决的问题是研究经济发展中存在的扭曲和误区，并站在保护环境，特别是保护全部资本存量的立场上去纠正它们，使传统的经济增长模式逐步向可持续发展模式过渡。

（2）可持续发展以自然资源为基础，同环境承载能力相协调。可持续发展追求人与自然的和谐。可持续性可以通过适当的经济手段、技术措施和政府干预得以实现，目的是减少自然资源的消耗速度，使之低于再生速度。如形成有效的利益驱动机制，引导企业采用清洁工艺和生产非污染物品，引导消费者采用可持续消费方式，并推动生产方式的改革。经济活动总会产生一定的污染和废物，但每单位经济活动所产生的废物数量是可以减少的。如果经济决策中能够将环境影响全面、系统地考虑进去，可持续发展是可以实现的。相反，如果处理不当，环境退化的成本将是巨大的，甚至会抵消经济增长的成果。

（3）可持续发展以提高生活质量为目标，同社会进步相适应。单纯追求产值的增长不能体现发展的内涵。学术界多年来关于"增长"和"发展"的辩论已达成共识。"经济发展"比"经济增长"的概念更广泛、意义更深远。若不能使社会经济结构发生变化，不能使一系列社会发展目标得以实现，就不能承认其为"发展"，就是所谓的"没有发展的增长"。

（4）可持续发展承认自然环境的价值。这种价值不仅体现在环境对经济系统的支撑和服务上，也体现在环境对生命保障系统的支持上，应当把生产中环境资源的投入计入生产成本和产品价格之中，逐步修改和完善国民经济核算体系，即"绿色GDP"。为了全面反映自然资源的价值，产品价格应当完整地反映三部分成本：资源开采或资源获取成本；与开采、获取、使用有关的环境成本，如环境净化成本和环境损害成本；由于当代人使用了某项资源而不可能为后代人使用的效益损失，即用户成本。产品销售价格应该是这些成本加上税费及流通费用的总和，由生产者和消费者承担，最终由消费者承担。

（5）可持续发展是培育新的经济增长点的有利因素。通常情况认为，贯彻可持续发展要治理污染、保护环境、限制乱采滥挖和浪费资源，对经济发展是一种限制。而实际上，贯彻可持续发展所限制的是那些质量差、效益低的产业。在对这些产业作某些限制的同时，恰恰为那些质优、效高，具有合理、持续、健康发展条件的绿色产业、环保产业、保健产业、节能产业等提供了发展的良机，培育了大批新的经济增长点。

5.可持续发展的能力建设

如果说，经济、人口、资源、环境等内容的协调发展构成了可持续发展战略的目标体系，那么，管理、法治、科技、教育等方面的能力建设就构成了可持续发展战略的支撑体系。可持续发展的能力建设是可持续发展的具体目标得以实现的必要保证，即一个国家的可持续发展很大程度上依赖于这个国家的政府和人民通过技术的、观念的、体制的因素表现出来的能力。具体地说，可持续发展的能力建设包括决策、管理、法治、政策、科技、教育、人力资源、公众参与等内容。

（1）可持续发展的管理体系。实现可持续发展需要有一个非常有效的管理体系。环境与发展不协调的许多问题是由于决策与管理的不当造成的。因此，提高决策与管理能力就构成了可持续发展能力建设的重要内容。可持续发展管理体系要求培养高素质的决策人员与管理人员，综合运用规划、法治、行政、经济等手段，建立和完善可持续发展的组织结构，形成综合决策与协调管理的机制。

（2）可持续发展的法治体系。与可持续发展有关的立法是可持续发展战略具体化、法治化的途径，与可持续发展有关的立法的实施是可持续发展战略付诸实践的重要保障。因此，建立可持续发展的法治体系是可持续发展能力建设的重要方面。可持续发展要求通过法治体系的建立与实施，实现自然资源的合理利用，使生态破坏与环境污染得到控制，保障经济、社会、生态的可持续发展。

（3）可持续发展的科技系统。科学技术是可持续发展的主要基础之一。没有较高水平的科学技术支持，可持续发展的目标就不能实现。科学技术对可持续发展的作用是多方面的，它可以有效地为可持续发展的决策提供依据与手段，促进可持续发展管理水平的提高，加深人类对人与自然关系的理解，扩大自然资源的可供给范围，提高资源利用效率和经济效益，提供保护生态环境和控制环境污染的有效手段。

（4）可持续发展的教育系统。可持续发展要求人们有高度的知识水平，明白人的活动对自然和社会的长远影响与后果，要求人们有高度的道德水平，认识自己对子孙后代的崇高责任，自觉地为人类社会的长远利益而牺牲一些眼前利益和局部利益。这就需要在可持续发展的能力建设中大力发展符合可持续发展精神的教育事业。可持续发展的教育体系应该不仅使人们获得可持续发展的科学知识，也使人们具备可持续发展的道德水平。这种教育既包括学校教育这种主要形式，也包括广泛的潜移默化的社会教育。

（5）可持续发展的公众参与。公众参与是实现可持续发展的必要保证，因此也是可持续发展能力建设的主要方面。这是因为可持续发展的目标和行动，必须依靠社会公众和社会团体最大限度的认同、支持和参与；公众、团体和组织的参与方式和参与程度，将决定可持续发展目标实现的进程；公众对可持续发展的参与应该是全面的；公众和社会团体不但要参与有关环境与发展的决策，特别是那些可能影响到他们生活和工作的决策，而且更需要参与对决策执行过程的监督。

（二）可持续发展的重要理论

1. 可持续发展的基础理论阐释

（1）经济学理论。第一，增长的极限理论。其基本要点是：运用系统动力学的方法，将支配世界系统的物质关系、经济关系和社会关系进行综合，提出了人口不断增长、消费日益提高，而资源则不断减少、污染日益严重，制约了生产的增长的观点；虽然科技不断进步能起到促进生产的作用，但这种作用是有一定限度的，因此生产的增长是有限的。第二，知识经济理论。该理论认为经济发展的主要驱动力是知识和信息技术，知识经济将是未来人类的可持续发展的基础。

（2）可持续发展的生态学理论。所谓可持续发展的生态学理论是指根据生态系统的可持续性要求，人类的经济社会发展要遵循生态学三个定律：一是高效原理，即能源的高效利用和废弃物的循环再生产；二是和谐原理，即系统中各个组成部分之间的和谐共生，协同进化；三是自我调节原理，即协同的演化着眼于其内部各组织的自我调节功能的完善和持续性，而非外部的控制或结构的单纯增长。

（3）人口承载力理论。所谓人口承载力理论是指地球系统的资源与环境由于自身自组织与自我恢复能力存在一个阈值，在特定技术水平和发展阶段下的对于人口的承载能力是有限的。人口数量以及特定数量人口的社会经济活动对于地球系统的影响必须控制在这个限度之内，否则，就会影响或危及人类的持续生存与发展。这一理论被喻为20世纪人类最重要的三大发现之一。

（4）人地系统理论。所谓人地系统理论是指人类社会是地球系统的一个组成部分，是生物圈的重要组成，是地球系统的主要子系统。它是由地球系统所产生的，同时又与地球系统的各个子系统之间存在相互联系、相互制约、相互影响的密切关系。人类社会的一切活动，包括经济活动，都受到地球系统的气候（大气圈）、水文与海洋（水圈）、土地与矿产资源（岩石圈）及生物资源（生物圈）的影响，地球系统是人类赖以生存和社会经济可持续发展的物质基础和必要条件；而人类的社会活动和经济活动，又直接或间接影响了大气圈（大气污染、温室效应、臭氧洞）、岩石圈（矿产资源枯竭、沙漠化、土壤退化）及生物圈（森林减少、物种灭绝）的状态。人地系统理论是地球系统科学理论的核心，是陆地系统科学理论的重要组成部分，是可持续发展的理论基础。

2.可持续发展的核心理论分析

可持续发展的核心理论，尚处于探索和形成之中。目前已具雏形的流派大致可分为以下几种：

（1）资源永续利用理论。资源永续利用理论流派的认识论基础在于：认为人类社会能否可持续发展，决定于人类社会赖以生存发展的自然资源是否可以被永远地使用下去。基于这一认识，该流派致力于探讨使自然资源得到永续利用的理论和方法。

（2）外部性理论。外部性理论流派的认识论基础在于：认为环境日益恶化和人类社会出现不可持续发展现象和趋势的根源，是人类迄今为止一直把自然（资源和环境）视为可以免费享用的"公共物品"，不承认自然资源具有经济学意义上的价值，并在经济生活中把自然的投入排除在经济核算体系之外。基于这一认识，该流派致力于从经济学的角度探讨把自然资源纳入经济核算体系的理论与方法。

（3）财富代际公平分配理论。财富代际公平分配理论流派的认识论基础在于：认为人类社会出现不可持续发展现象和趋势的根源是当代人过多地占有和使用了本应属于后代人的财富，特别是自然财富。基于这一认识，该流派致力于探讨财富（包括自然财富）在代际能够得到公平分配的理论和方法。

（4）三种生产理论。三种生产理论流派的认识论基础在于：人类社会可持续发展的物质基础在于，人类社会和自然环境组成的世界系统中物质的流动是否通畅并构成良性循环。该理论把人与自然组成的世界系统的物质运动分为三大"生产"活动，即人的生产、物资生产和环境生产，致力于探讨三大生产活动之间和谐运行的理论与方法。

（三）可持续发展理论的特征

可持续发展理论的基本特征可以简单地归纳为经济可持续发展（基础）、生态（环境）可持续发展（条件）和社会可持续发展（目的）。

（1）可持续发展鼓励经济增长。它强调经济增长的必要性，必须通过经济增长提高当代人的福利水平，增强国家实力和社会财富。但可持续发展不仅要重视经济增长的数量，更要追求经济增长的质量。这就是说经济发展包括数量增长和质量提高两部分。数量的增长是有限的，而依靠科学技术进步，提高经济活动中的效益和质量，采取科学的经济增长方式才是可持续的。

（2）可持续发展的标志是资源的永续利用和良好的生态环境。经济和社会发展不能超越资源和环境的承载能力。可持续发展以自然资源为基础，同生态环境相协调。它要求在保护环境和资源永续利用的条件下，进行经济建设，保证以可持续的方式使用自然资源和环境成本，使人类的发展控制在地球的承载力范围之内。要实现可持续发展，必须使可再生资源的消耗速率低于资源的再生速率，使不可再生资源的利用能够得到替代资源的补充。

（3）可持续发展的目标是谋求社会的全面进步。发展不仅仅是经济问题，单纯追求产值的增长不能体现发展的内涵。世界各国的发展阶段和发展目标可以不同，但发展的本质应当包括改善人类生活质量，提高人类健康水平，创造一个保障人们平等、自由、教育和免受暴力的社会环境。这就是说，在人类可持续发展系统中，经济发展是基础，自然生态（环境）保护是条件，社会进步才是目的。而这三者又是一个相互影响的综合体，只要社会在每一个时间段内都能保持与经济、资源和环境的协调，这个社会就符合可持续发展的要求。显然，在新的时期里，人类共同追求的目标，是以人为本的自然—经济—社会复合系统的持续、稳定、健康的发展。

（四）可持续发展应遵循的原则

（1）公平性原则。所谓公平是指机会选择的平等性。可持续发展的公平性原则包括两个方面：一方面是本代人的公平，即代内之间的横向公平；另一方面是指代际公平性，即世代之间的纵向公平。可持续发展要满足当代所有人的基本需求，给他们机会以满足他们实现美好生活的愿望。可持续发展不仅要实现当代人之间的公平，而且也要实现当代人与后代人之间的公平，因为人类赖以生存与发展的自然资源是有限的。从伦理上讲，后代人应与当代人有同样的权利来提出他们对资源与环境的需求。可持续发展要求当代人在考虑自己的需求与消费的同时，也要对未来各代人的需求与消费负起历史的责任，因为同后代人相比，当代人在资源开发和利用方面处于一种无竞争的主宰地位。各代人之间的公平要求任何一代都不能处于支配的地位，即各代人都应有同样选择的机会。

（2）持续性原则。这里的持续性是指生态系统受到某种干扰时能保持其生产力的能力。资源环境是人类生存与发展的基础和条件，资源的持续利用和生态系统的可持续性是保持人类社会可持续发展的首要条件。这就要求人们根据可持续性的条件调整自己的生活方式，在生态可能的范围内确定自己的消耗标准，要合理开发、利用自然资源，使再生性资源能保持其再生产能力，非再生性资源不致过度消耗并能得到替代资源的补充，环境自净能力能得以维持。可持续发展的可持续性原则从某一个侧面反映了可持续发展的公平性原则。

（3）共同性原则。可持续发展关系到全球的发展。要实现可持续发展的总目标，必须争取全球共同的配合行动，这是由地球整体性和相互依存性所决定的。因此，致力于达成既尊重各方的利益，又保护全球环境与发展体系的国际协定至关重要。这就是说，实现可持续发展就是人类要共同促进自身之间、自身与自然之间的协调，这是人类共同的道义和责任。

三、绿色营销的循环经济理论

（一）循环经济的主要内容

"循环经济"这一术语在中国出现于20世纪90年代中期，学术界在研究过程中已从资源综合利用的角度、环境保护的角度、技术范式的角度、经济形态和增长方式的角度、广义和狭义的角度等不同角度对其作了多种界定。当前，社会上普遍推行的是国家发改委对循环经济的定义：循环经济是一种以资源的高效利用和循环利用为核心，以"减量化、再利用、资源化"为原则，以低消耗、低排放、高效率为基本特征，符合可持续发展理念的经济增长模式，是对"大量生产、大量消费、大量废弃"的传统增长模式的根本变革。这一定义不仅指出了循环经济的核心、原则、特征，同时也指出了循环经济是符合可持续发展理念的经济增长模式，抓住了当前中国资源相对短缺而又大量消耗的症结，对解决中国资源对经济发展的瓶颈制约具有迫切的现实意义。

循环经济是以资源的高效利用和循环利用为目标，以"减量化、再利用、资源化"为原则，以物质闭路循环和能量梯次使用为特征，按照自然生态系统物质循环和能量流动方式运行的经济模式。它要求运用生态学规律来指导人类社会的经济活动，其目的是通过资源高效和循环利用，实现污染的低排放甚至零排放，保护环境，实现社会、经济与环境的可持续发展。循环经济是把清洁生产和废弃物的综合利用融为一体的经济，本质上是一种生态经济，它要求运用生态学规律来指导人类社会的经济活动。

循环经济，即在经济发展中，实现废物减量化、资源化和无害化，使经济系统和自然生态系统的物质和谐循环，维护自然生态平衡，是以资源的高效利用和循环利用为核心，以"减量化、再利用、资源化"为原则，符合可持续发展理念的经济增长模式，是对"大量生产、大量消费、大量废弃"的传统增长模式的根本变革。

循环经济按照自然生态系统物质循环和能量流动规律重构经济系统，使经济系统和谐地纳入到自然生态系统的物质循环的过程中，建立起一种新形态的经济。循环经济是在可持续发展的思想指导下，按照清洁生产的方式，对能源及其废弃物实行综合利用的生产活动过程。它要求把经济活动组成一个"资源—产品—再生资源"的反馈式流程，其特征是低开采、高利用、低排放。

（二）循环经济的基本特征

传统经济是"资源—产品—废弃物"的单向直线过程，创造的财富越多，消耗的资源和产生的废弃物就越多，对环境资源的负面影响也就越大。循环经济则以尽可能小的资源消耗和环境成本，获得尽可能大的经济效益和社会效益，从而使经济系统与自然生态系统的物质循环过程相互和谐，促进资源永续利用。因此，循环经济是对"大量生产、大量消费、大量废弃"的传统经济模式的根本变革。其基本特征如下：

（1）在资源开采环节，要大力提高资源综合开发和回收利用率。

（2）在资源消耗环节，要大力提高资源利用效率。

（3）在废弃物产生环节，要大力开展资源综合利用。

（4）在再生资源产生环节，要大力回收和循环利用各种废旧资源。

（5）在社会消费环节，要大力提倡绿色消费。

（三）循环经济理论的观点

循环经济作为一种科学的发展观、一种全新的经济发展模式，具有自身的特征。其主要观点有以下五个方面：

（1）系统观。循环是指在一定系统内的运动过程，循环经济的系统是由人、自然资源和科学技术等要素构成的大系统。循环经济观要求人在考虑生产和消费时不再置身于这一大系统之外，而是将自己作为这个大系统的一部分来研究符合客观规律的经济原则，将"退田还湖""退耕还林""退牧还草"等生态系统建设作为维持大系统可持续发展的基础性工作来抓。

（2）新经济观。在传统工业经济的各要素中，资本在循环，劳动力在循环，而唯独自然资源没有形成循环。循环经济观要求运用生态学规律，而不是仅仅沿用 19 世纪以来机械工程学的规律来指导经济活动。不仅要考虑工程承载能力，还要考虑生态承载能力。在生态系统中，经济活动超过资源承载能力的循环是恶性循环，会造成生态系统退化；只有在资源承载能力之内的良性循环，才能使生态系统平衡地发展。循环经济是我国推进产业升级、转变经济发展方式的重要力量，同时也是我国实现节能减排目标的重要手段之一。

（3）新价值观。循环经济观在考虑自然时，不再像传统工业经济那样将其作为"取料场"和"垃圾场"，也不仅仅视其为可利用的资源，而是将其作为人类赖以生存的基础，是需要维持良性循环的生态系统；在考虑科学技术时，不仅要考虑其对自然的开发能力，而且要充分考虑到它对生态系统的修复能力，使之成为有益于环境的技术；在考虑人自身的发展时，不仅考虑人对自然的征服能力，而且更重视人与自然和谐相处的能力，促进人的全面发展。

（4）新生产观。传统工业经济的生产观念是最大限度地开发利用自然资源，最大限度地创造社会财富，最大限度地获取利润。而循环经济的生产观念是要充分考虑自然生态系统的承载能力，尽可能地节约自然资源，不断提高自然资源的利用效率，循环使用资源，创造良性的社会财富。在生产过程中，循环经济观要求遵循"3R"原则：资源利用的减量化（reduce）原则，即在生产的投入端尽可能少地输入自然资源；产品的再使用（reuse）

原则，即尽可能延长产品的使用周期，并在多种场合使用；废弃物的再循环（recycle）原则，即最大限度地减少废弃物排放，力争做到排放的无害化，实现资源再循环。同时，在生产中还要求尽可能地利用可循环再生的资源替代不可再生资源，如利用太阳能、风能和农家肥等，使生产合理地依托在自然生态循环之上；尽可能地利用高科技，尽可能地以知识投入来替代物质投入，以达到经济、社会与生态的和谐统一，使人类在良好的环境中生产生活，真正全面提高人们生活质量。

（5）新消费观。循环经济观要求走出传统工业经济"拼命生产、拼命消费"的误区，提倡物质的适度消费、层次消费，在消费的同时就考虑到废弃物的资源化，建立循环生产和消费的观念。同时，循环经济观要求通过税收和行政等手段，限制以不可再生资源为原料的一次性产品的生产与消费，如宾馆的一次性用品、餐馆的一次性餐具和豪华包装等。

（四）循环经济理论的主要研究途径

发展循环经济的途径，从资源流动的组织层面来看，主要是从企业小循环、区域中循环和社会大循环三个层面来展开；从资源利用的技术层面来看，主要是从资源的高效利用、循环利用和废弃物的无害化处理三条技术路径去实现。

1. 循环经济发展的三个组织层面

从资源流动的组织层面来看，循环经济可以从企业、生产基地等经济实体内部的小循环，产业集中区域内企业之间、产业之间的中循环，包括生产、生活领域的整个社会的大循环三个层面来展开。

（1）以企业内部的物质循环为基础，构筑企业、生产基地等经济实体内部的小循环。企业、生产基地等经济实体是经济发展的微观主体，是经济活动的最小细胞。依靠科技进步，充分发挥企业的能动性和创造性，以提高资源的利用效率、减少废物排放为主要目的，构建循环经济微观建设体系。

（2）以产业集中区内的物质循环为载体，构筑企业之间、产业之间、生产区域之间的中循环。以生态园区在一定地域范围内的推广和应用为主要形式，通过产业的合理组织，在产业的纵向、横向上建立企业间能流、物流的集成和资源的循环利用，重点在废弃物交换、资源综合利用，以实现园区内生产的污染物低排放甚至"零排放"，形成循环型产业集群，或是循环经济区，实现资源在不同企业之间和不同产业之间的充分利用，建立以二次资源的再利用和再循环为重要组成部分的循环经济产业体系。

（3）以整个社会的物质循环为着眼点，构筑包括生产、生活领域的整个社会的大循环。统筹城乡发展、统筹生产生活，通过建立城镇、城乡之间及人类社会与自然环境之间循环经济圈，在整个社会内部建立生产与消费的物质能量大循环，构筑符合循环经济的社会体系，建设资源节约型、环境友好型社会，实现经济效益、社会效益和生态效益的最大化。

2. 循环经济发展实现的三条技术路径

从资源利用的技术层面来看，循环经济的发展主要是从资源的高效利用、资源的循环利用和废弃物的无害化排放三条技术路径来实现。

（1）资源的高效利用。依靠科技进步和制度创新，提高资源的利用水平和单位要素的产出率。

在农业生产领域，一是通过探索高效的生产方式，集约利用土地、节约利用水资源和能源等。如推广套种、间种等高效栽培技术和混养高效养殖技术，引进或培育高产优质种子种苗和养殖品种，实施设施化、规模化和标准化农业生产，这些都能够提高单位土地、水面的产出水平。通过优化多种水源利用方案，改善沟渠等输水系统，改进灌溉方式和挖掘农艺节水等措施，实现种植业节水；通过发展集约化节水型养殖，实现养殖业节水。二是改善土地、水体等资源的品质，提高农业资源的持续力和承载力。通过秸秆还田、测土配方科学施肥等先进实用手段，改善土壤有机质以及氮、磷、钾元素等农作物高效生长所需条件，改良土壤肥力。利用酸碱中和原理和先进技术改造沿海的盐碱地，或种植特效作物对盐碱地进行长期土壤改良，提高盐碱地的可种植性。控制农药用量，严禁高毒农药，合理使用化肥和农膜，推广可降解农膜，减少其对土壤的侵蚀。畜禽饲养排泄物采取生态化处理，减少其对水体污染。适时调整放养密度和品种、合理投饵与施肥，防止养殖水域和滩涂的水质与土质恶化。减少使用抗生素等药物，保证农作物产品和畜禽产品满足健康标准。

在工业生产领域，一方面资源利用效率的提高主要体现在节能、节水、节材、节地和资源的综合利用等方面，是通过一系列的"高"与"低"和"新"与"旧"的替代、替换来实现的。工业技术水平的提高，主要是通过高效管理和生产技术替代低效管理和生产技术、高质能源替代低质能源、高性能设备替代低性能设备、高功能材料替代低功能材料，高层工业建筑替代低层工业建筑等来促进资源的利用效率提高。另一方面，围绕资源的合理利用，在一些生产环节进行余热利用、中水回用，零部件和设备修理和再制造，以及以废金属、废塑料、废纸张、废橡胶等可再生资源替代原生资源，以再生材料替代原生材料等资源化利用，提高资源的使用效率。

在生活消费领域，提倡节约资源的生活方式，推广节能、节水用具。节约资源的生活方式不是要削减必要的生活消费，而是要克服浪费资源的不良行为，减少不必要的资源消耗。

（2）资源的循环利用。通过构筑资源循环利用产业链，建立起生产和生活中可再生利用资源的循环利用通道，达到资源的有效利用，减少向自然资源的索取，在与自然和谐循环中促进经济社会的发展。

在农业生产领域，农作物的种植和畜禽、水产养殖本身要符合自然生态规律，通过先进技术实现有机耦合农业循环产业链，是遵循自然规律并按照经济规律来组织有效的生产。这其中包括：一是种植—饲料—养殖产业链，根据草本动物食性，充分发挥作物秸秆在养殖业中的天然饲料功能，构建种养链条；二是养殖—废弃物—种植产业链，通过畜禽粪便的有机肥生产，将猪粪等养殖废弃物加工成有机肥和沼液，可向农田、果园、茶园等地的种植作物提供清洁高效的有机肥料，畜禽粪便发酵后的沼渣还可以用于蘑菇等特色农产品种植；三是养殖—废弃物—养殖产业链，开展桑蚕粪便养鱼、鸡粪养贝类和鱼类、猪粪发酵沼渣养蚯蚓等实用技术开发推广，实现养殖业内部循环，有利于体现治污与资源节约双重功效；四是生态兼容型种植—养殖产业链，在控制放养密度前提下，利用开放式种植空间，散养一些对作物无危害甚至有正面作用的畜禽或水产动物，有条件地构筑"稻鸭共育""稻蟹共生"和放山鸡等种养兼容型产业链，可以促进种养兼得；五是废弃物—能源或病虫害防治产业链，畜禽粪便经过沼气发酵，产生的沼气可向农户提供清洁的生活用能，用于照明、取暖、烧饭、储粮保鲜、孵鸡等方面，还可用于为农业生产提供二氧化碳气肥、开展灯光诱虫等用途，农作物废弃秸秆也是形成生物质能源的重要原料，可以加以挖掘利用。

在工业生产领域，以生产集中区域为重点区域，以工业副产品、废弃物、余热余能、废水等资源为载体，加强不同产业之间建立纵向、横向产业链接，促进资源的循环利用、再生利用。如围绕能源，实施热电联产、区域集中供热工程，开发余热余能利用、有机废弃物的能量回收，形成多种方式的能源梯级利用产业链；围绕废水，建设再生水制造和供水网络工程，合理组织废水的串级使用，形成水资源的重复利用产业链；围绕废旧物资和副产品，建立延伸产业链条，可再生资源的再生加工链条、废弃物综合利用链条以及设备和零部件的修复翻新加工链条，构筑可再生、可利用资源的综合利用链。

在生活和服务业领域，重点构建生活废旧物质回收网络，充分发挥商贸服务业的流通功能，对生产生活中的二手产品、废旧物资或废弃物进行收集和回收，提高这些资源再回到生产环节的概率，促进资源的再利用或资源化。

（3）废弃物的无害化排放。通过对废弃物的无害化处理，减少生产和生活对生态环境的影响。

在农业生产领域，主要是通过推广生态养殖方式，实行清洁养殖。运用沼气发酵技术，对畜禽饲养产生的粪便进行处理，化害为利，生产制造沼气和有机农肥；控制水产养殖用药，推广科学投饵，减少水产养殖造成的水体污染；探索生态互补型水产品养殖，加强畜禽饲料的无害化处理、疫情检验与防治；实施农业清洁生产，采取生物、物理等病虫害综合防治，减少农药的使用量，降低农作物的农药残留和土壤的农药毒素积累；采用可降解农用薄膜和实施农用薄膜回收，减少其在土地中的残留。

在工业生产领域，推广废弃物排放减量化和清洁生产技术，应用燃煤锅炉的除尘脱硫脱硝技术，工业废油、废水及有机固体的分解、生化处理、焚烧处理等无害化处理，大力降低工业生产过程中的废气、废液和固体废弃物的产生量。扩大清洁能源的应用比例，降低能源生产和使用的有害物质排放。

在生活消费领域，提倡减少一次性用品的消费方式、培养垃圾分类的生活习惯。

（五）中国的循环经济理论

循环经济为工业化以来的传统经济转向可持续发展的经济提供了战略性的理论范式，它可以为优化人类经济系统各个组成部分之间关系提供整体性的思路，从而从根本上消解长期以来环境与发展之间的尖锐冲突，实现社会、经济和环境的统一，促进人与自然的和谐发展。我们应根据我国国情和各地实际形成中国特色的循环经济发展模式。

循环经济始于人类对环境污染的关注，源于对人与自然关系的处理。它是人类社会发展到一定阶段的必然选择，是重新审视人与自然关系的必然结果。由于国情不同，发展阶段不同，科技文化发展水平和传统不同，制度、体制、机制不同，所以各国在循环经济的认识与实践方面有较大差异。如发达国家是在逐步解决了工业污染和部分生活型污染后，由后工业化或消费型社会结构引起的大量废弃物逐渐成为其环境保护和可持续发展的重要问题。在这一背景下，出现了以提高生产效率和废物的减量化、再利用及再循环为核心的循环经济理念与实践。而我国正处于工业化的中期阶段，还需要经历一个资源消耗阶段，投资率高，原材料工业增长速度快，特别是粗放型经济增长方式没有根本改变，资源浪费大，单位产值的污染物排放量高。因而必须注重两端：一方面从资源开采、生产消耗出发，提高资源利用效率；另一方面在减少资源消耗的同时，相应地削减废物的产生量。

因此，中国发展循环经济是产业生态化与污染治理产业化、动脉产业与静脉产业协调发展的有机统一。我们是在较低发展阶段，为寻求综合性和根本性的战略措施来解决复合型生态环境问题。发达国家的循环经济首先是从解决消费领域的废弃物问题着手，向生产领域延伸，最终旨在改变"大量生产、大量消费、大量废弃"的社会经济发展模式。从我国目前对循环经济的理解和探索实践看，发展循环经济的直接目的是改变"高消耗、高污染、低效益"的传统经济增长模式，走出新型工业化道路，解决复合型环境污染问题。所以，我国循环经济实践最先是从工业领域开始，其内涵和外延逐渐拓展到包括清洁生产（小循环）、生态工业园区（中循环）和循环型社会（大循环）三个层面。

我国循环经济的发展要注重从不同层面协调发展，即小循环、中循环、大循环加上资源再生产业（也可称为第四产业或静脉产业）。

（1）小循环——在企业层面，选择典型企业和大型企业，根据生态效率理念，通过产品生态设计、清洁生产等措施进行单个企业的生态工业试点，减少产品和服务中物料和能源的使用量，实现污染物排放的最小化。

（2）中循环——在区域层面，按照工业生态学原理，通过企业间的物质集成、能量集成和信息集成，在企业间形成共生关系，建立工业生态园区。

（3）大循环——在社会层面，重点进行循环型城市和省区的建立，最终建成循环经济型社会。

（4）资源再生产业——建立废物和废旧资源的处理和再生产业，从根本上解决废物和废旧资源在全社会的循环利用问题。

发展资源再生产业对于我国资源消耗大、需求大的现状尤其具有迫切意义。

目前地下矿产资源经过大量开采，已接近枯竭，但根据物质不灭定律，这些物质并没有消失，而是转变成地上各种不同形态的物质而存在，这就是由热力学第一定律指出的增熵过程，熵的增加造成物质品位的降低，因而需要一个相应的负熵过程通过自组织还原物质的品位组成。这些物质成为将来再生资源的来源，"垃圾只不过是放错地方的资源""垃圾还是世界上唯一增长的资源"。21世纪中后期，再生资源将成为我们资源需求的主要来源。

目前我国在资源再生利用方面的主要障碍是缺少有效的组织、未形成产业规模、缺少技术研发。我国在废物的再回收、再利用、再循环方面存在较大的潜力，大力发展资源再生产业（第四产业/静脉产业），尽快出台相关政策，形成产业规模，会较大地缓解我国资源紧缺、浪费巨大、污染严重的矛盾。

综上所述，一方面，我国发展循环经济方兴未艾，在理论和实践上还有待进一步深入探索；另一方面，我们可以借鉴发达国家的经验教训，形成后发优势。推动我国循环经济的发展，要以科学发展观为指导，以优化资源利用为核心，以技术创新和制度创新为动力，加强法治建设，完善政策措施，形成"政府主导、企业主体、公众参与、法律规范、政策引导、市场运作、科技支撑"的运行机制，逐步形成中国特色的循环经济发展模式，推进资源节约型社会和环境友好型社会建设。

第四节　绿色消费的一般模式

一、绿色消费的意义与误区

（一）绿色消费的内涵

21世纪是绿色世纪。绿色，代表生命、健康和活力，是充满希望的颜色。国际上对"绿色"的理解通常包括生命、节能、环保三个方面。绿色消费，包括的内容非常宽泛，不仅包括绿色产品，还包括资源的回收利用、能源的有效使用、对生存环境和物种的保护等，可以说涵盖生产行为、消费行为的方方面面。

绿色消费，也称可持续消费，是指一种以适度节制消费，避免或减少对环境的破坏，崇尚自然和保护生态等为特征的新型消费行为和过程。绿色消费，不仅包括绿色产品，还包括物资的回收利用，能源的有效使用，生存环境、物种环境的保护等。

绿色消费的重点是"绿色生活，环保选购"。

绿色消费是一种权益，它保证后代人的生存与当代人的安全与健康；绿色消费是一种义务，它提醒我们环保是每个消费者的责任；绿色消费是一种良知，它表达了我们对地球母亲的敬爱之心。

具体而言，它有三层含义：一是倡导消费时选择未被污染或有助于公众健康的绿色产品；二是让消费者转变消费观念，崇尚自然、追求健康，在追求生活舒适的同时，注重环保，节约资源和能源，实现可持续消费；三是在消费过程中注重对垃圾的处置，不造成环境污染：符合"三E"和"三R"，即经济实惠（Economical），生态效益（Ecological），平等人道（Equitable），减少非必要的消费（Reduce），重复使用（Reuse）和再生利用（Recycle）。

绿色消费主要包括三个方面的内容：消费无污染的物品；消费过程中不污染环境；自觉抵制和不消费那些破坏环境或大量浪费资源的物品。

绿色消费要求经营者向消费者提供的商品或服务要符合保障消费者人身健康的要求，各级政府和有关部门要加强保护消费者健康权益的立法工作。

绿色消费的产生，要从人类经济发展的问题谈起。人类经济的发展，本质上就是与地球大自然系统的物质交换的过程，人类不断地从大自然取得物质资料，以满足自己的需要，而后又不断将废物排放到大自然，经过大自然的"净化"作用，重新转化为自然物质。人类出现以来，就是不断地从自然获取物质资料，逐渐积累，终于达到了今天巨大的物质文明。没有自然资源，人类社会经济、文明的发展是不可能实现的。

但是，自然资源并不是无限的。人类与大自然的物质交换过程，必须建立在平衡的基础上。一方面，人类向大自然取得物质资料，要以自然的再生产能力为前提，而自然界许多资源本身是不可再生的，对于这些资源，就不能过快地将其耗尽；另一方面，人类将排出物返还自然，要以自然的"净化"能力为限，否则，就是对环境的污染。由于人类的过度开发，这种不平衡就不断地出现了。

（二）绿色消费的倡导意义

绿色消费，是以保护消费者健康权益为主旨、以保护生态环境为出发点、符合人的健康和环境保护标准的各种消费行为和消费方式的统称。发展绿色消费，是建设"两型社会"（资源节约型社会和环境友好型社会）的重要内容，也是建设"两型社会"不可缺少的重要条件。

（1）转变传统消费模式。传统消费模式本质上是一种资源耗竭型的消费模式。在这种模式下，经济系统致力于把自然资源转化成商品以满足人的需要，用过的物品则被当作废物抛弃。随着人口的增多以及人们生活水平的提高，消费规模日益扩大，废弃物不断增多，造成了资源的耗减和环境的恶化。20世纪30年代至60年代，许多国家发生了一系列严重的环境污染事件，造成了巨大经济损失，危害了人们的健康和生命安全。发生这些环境污染事件，一个重要根源是不可持续的消费方式：一方面，人们为了满足自己无限膨胀的欲望，肆意掠夺大自然，破坏生态环境；另一方面，人们又不顾及生态环境自身的"净化"能力，对生产生活的废弃物处理不当，严重污染了生态环境。建设"两型社会"，应认真汲取历史上的教训，转变传统消费模式，大力发展绿色消费。发展绿色消费，可以在一定程度上抵制破坏生态环境的行为，促使生产者放弃粗放型生产模式，减少对环境的污染和资源的浪费，逐步形成可持续生产模式；可以引导消费观念和消费行为，使人们注重保护自然，形成科学、文明、健康的消费方式，促进生态环境的优化。

（2）构建绿色消费模式。绿色消费模式包括：消费者在消费中，选择未被污染或有利于自身和公众健康的绿色产品；注重生态环境保护，在生产、消费和废弃物处理过程中注重保护环境；注重资源节约，包括资源的节约和重复利用等；树立可持续消费观，使消费行为不仅立足于满足当代人的消费和安全健康需要，还要着眼于满足子孙后代的消费和安全健康需要。由于人口众多，中国是世界上人均自然资源占有量和环境容量水平很低的国家。发展绿色消费，构建绿色消费模式，有利于合理利用资源，提高资源利用率，化解中国人口、资源、环境的巨大压力，实现人与自然和谐相处。

（3）大力发展绿色消费。一是提高全民绿色消费观念。思想是行动的先导。政府部门和领导干部应带头树立绿色消费观，新闻媒体应大力宣传绿色消费观，使人们认识到发展绿色消费既保护自身健康，又保护生态环境；既提高消费质量，又引导发展转型；既造福于当代，又造福于子孙后代。应将绿色消费教育融入教育之中，以提高社会成员维护公众利益和生态环境的自觉性与责任感。二是大力发展绿色产业。发展绿色产业，开发绿色产品，是发展绿色消费的前提条件。应运用科学技术和科学管理，开发绿色产品，提高产品质量，降低生产成本，努力为广大消费者提供丰富实惠的绿色产品。建设绿色产品基地，运用各种经济杠杆扶持绿色产业。建立绿色产品营销体系，方便消费者购买。加强对绿色产品的监测、监督和管理，维护正常的市场秩序。三是建设优美的生态环境。优美的生态环境是绿色消费赖以存在和发展的根基。应加强国土绿化，提高森林覆盖率，从源头上保护好空气、水、土壤等；转变经济发展方式，形成有利于节约资源和保护环境的经济发展模式，遏制环境污染；加强法治建设，为保护生态环境提供法治保障。

（三）绿色消费的误区分析

（1）绿色消费不等于消费绿色。很多消费者一听到绿色消费这个名词的时候，很容易把它与"天然"联系起来，这样就形成了一个误区——绿色消费变成了"消费绿色"。例如，有的人非绿色食品不吃，但珍稀动物也照吃不误；非绿色产品不用，但是塑料袋却随手乱丢；家居装修时非绿色建材不用，装修起来却相互攀比。他们所谓的绿色消费行为，只是从自身的利益和健康出发，并不去考虑对环境的保护，违背了绿色消费的初衷。真正意义上的绿色消费，是指在消费活动中，不仅要保证人类的消费需求和安全、健康，还要满足以后的人的消费需求和安全、健康。尼泊尔是生态旅游做得比较成功的国家。旅游者在进入风景区以前，随身所携带的可丢弃的食品包装必须进行重量核定，如果旅游者背回来的垃圾没有这么多，会遭到罚款。每个游客只允许携带一瓶水或可以再次装水的瓶子，而在山上，瓶装水是不准许出售的。

（2）绿色消费不意味天然。"绿色"的含义是：给人民身体健康提供更多更好的保护，舒适度有更大的提高，对环境影响有更多的改善。绿色消费不是消费"绿色"，而是保护"绿色"，即消费行为中要考虑到对环境的影响并且尽量减少负面影响。如果沿着"天然就是绿色"的路走下去的话，结果将是非常可怕的。比如：羊绒衫的大肆流行，掀起了山羊饲养热，而山羊对植被的破坏力惊人，会给生态造成巨大的破坏。因此，绿色消费必须是以保护"绿色"为出发点。

（3）反对攀比和炫耀。随着生产力的发展和社会的进步，人的消费动机日益呈现出多元化的趋势，这本不是坏事。但是，在日常生活中，不少人热衷于相互攀比，追求奢侈豪华。他们竞相追逐新鲜的、奇特的、高档的、名牌的商品，其行为可谓"醉翁之意不在酒"，而在于那些商品的社会象征意义。由此容易形成浮华的世风，刺激人们超前消费和过度消费。

（4）反对危害环境。绿色消费主张食用绿色食品，不吃珍稀动植物制成品，少吃快餐，少喝酒，不吸烟。消费绿色食品有利于人体健康，可以促进有机农业的发展，减少化肥和农药的使用；保护珍稀动植物有利于维护物种的多样性，多样性意味着稳定性，稳定性意味着可持续发展；吸烟和酗酒除了危害人体健康，还影响空气质量和粮食供应。

（5）反对过度消费。过度消费不仅增加了资源索取和环境的污染荷载，而且助长了消费主义和享乐主义滋生和蔓延。工业化国家比较普遍地存在着过度消费。因此，节俭消费会减少对资源的索取和环境的污染荷载，有利于环境保护；如果人主动地放弃多余的物质消费，对充实精神生活、提高精神境界也是很有好处的。在国外，节俭消费源远流长，即使在过度消费盛行的工业化国家，节俭消费也没有被消费主义的狂潮所淹没。在环境问题日益严重的现代社会，实行节俭消费尤其必要。

（四）绿色消费亟待解决的问题

（1）人们的意识还不到位，个人消费需要对环境负责任的观念没有建立起来。大多数消费者虽然有绿色消费的意识，但离真正转化为绿色消费的行动还有很大差距。比如，在就餐时依然使用一次性筷子和一次性餐盒；购买生活用品的时候，基本不用环保购物袋；扔垃圾的时候没有进行可回收与不可回收的区分；有时候会购买过度包装的商品；等等。

（2）管理机制上的缺失，许多产品至今没有统一的绿色检验标准、认证机制，导致绿色市场上鱼目混珠的现象出现，使一些消费者失去购买绿色产品的信心。值得一提的是，由于缺乏政策上的支持，中国绿色产品的质量和技术水平比较低，与发达国家的绿色产品存在着不小的差距。目前绿色产品的品种也不够丰富，尚不能满足人们生活消费的需求。

（3）不少企业没有承担起自己的企业社会责任。企业市场推广的方式，是尽可能地让人们多消费，但这种推崇奢华、过度消费，消耗越来越多自然资源的导向是错误的。同时，一些不和谐的因素也逐渐显露出来。其中，最典型的表现就是一些家居企业通过各种虚假宣传和假的绿色产品证书欺骗消费者。

解决了以上三个问题，才能让绿色消费真正"绿"起来。所以应长期加强环境教育，让公众了解过度消费的弊端，使绿色消费的理念深入人心。此外，用切实可行的方式推动绿色消费，比如建立绿色超市，把生产过程中超标排放的产品分门别类摆放，使消费者不去选择这些产品。

二、绿色消费的模式

（一）绿色消费与传统消费的差异

传统消费是以满足人的需求为中心的，不管这种需求是否合理、适度，也不管这种需求对生态环境是否造成破坏。在传统消费理念下，人们为满足自己无限膨胀的私欲，疯狂地掠夺大自然，破坏生态环境。绿色消费则以满足人的基本需求为中心，以保护生态环境为宗旨。在绿色消费理念下，人类在开发利用自然资源时，对人类的行为自觉地加以约束和限制，把人类消费行为对自然的破坏降到最低点，直至消失。

（1）着眼点不同。传统消费的着眼点是满足当代人的需求。为满足当代人的需要，大量开采有限的自然资源。这种行为不顾及子孙后代，剥夺了本应属于子孙后代所应享有的那部分资源。绿色消费则着眼于可持续性，追求消费公平，这种公平既包括代内消费公平，也包括代际的消费公平。

（2）追求不同。传统消费追求奢华，倡导高消费、多消费和超前消费。在传统消费理念和消费方式下，消费水平的高低，成为衡量人们身份与地位高低的标准。因此，人们常常不是为满足人的需要而消费，而是为了面子而消费，其结果造成极大的浪费。绿色消费则崇尚自然、纯朴、节俭、适度，主张满足人的基本需要，但它不是倡导禁欲、过苦行僧的生活，而是倡导在现有社会生产力发展水平下，在合理、充分利用现有资源的基础上，使人的需要得到最大限度的满足。

（3）结果不同。传统消费已经带来了资源短缺、生态破坏、环境污染的恶果。绿色消费则把环境保护和生态平衡放在首位。在绿色观念指导下，生产消费过程将实施清洁生产技术。生活消费首先是消费绿色产品，其次在消费过程中，不给环境带来污染。

（二）绿色消费模式的含义与条件

消费模式是一种新的消费文化的体现，以遵循自然生态规律为基础，是为了实现经济发展和保护环境的双重目标而提出的，是一种有利于可持续发展经济发展的消费模式。建立绿色消费模式，是全面建成"两型"社会的重要内容，需要全社会的参与和共同努力。

（1）绿色消费模式的含义。绿色消费模式是绿色消费内容、结构和方式的总称。主要阐述两个方面的问题：一是消费者需要消费哪些绿色产品，二是消费者采取什么样的方法、途径和形式去消费这些产品。绿色消费模式要求消费者在吃、穿、用、住、行方面，应积极主动选择绿色、健康、环保的产品与服务，其次消费者在进行绿色产品的消费过程中应避免对资源的浪费及对环境的污染。

（2）绿色消费模式的条件。在我国，建立绿色消费模式需要三个条件：①以政府为主导，推进绿色消费模式理念的建立。②以消费者为主导，推进绿色消费模式念观的传播。③以企业主体为主导，推进绿色消费模式生产的扩大。在绿色消费模式构建与发展的过程中，包括三个层次的内容：第一层次，绿色消费理论及观念的支持，提高国民绿色消费素质是根本，需要政府对国民绿色消费理念的灌输与宣传；第二层次，绿色产品的支持，需要企业实施绿色发展战略、生产绿色产品、传递绿色价值；第三层次，绿色消费模式的实现，需要消费者真正接受绿色产品，理解绿色价值，主动进行绿色消费。只有政府、企业、消费者三方面的共同参与和努力，才能保证绿色消费模式的建立。

第五节　绿色消费者的行为分析

一、绿色消费者的内涵与特征

（一）绿色消费者的内涵

"绿色消费者即指绿色消费的实践者，是绿色营销企业的主要顾客群体，对其特征的分析具有极为重要的理论与实践意义。"[1] 绿色消费者是指那些关心生态环境、对绿色产品和服务具有现实和潜在购买意愿和购买力的消费人群。也就是说，绿色消费者是那些具有绿色意识，已经或可能将绿色意识转化为绿色消费行为的人群。

绿色消费者虽然在总体上有很多共性，如有亲环境的意识、追求生活质量，但他们的绿色意识和绿色消费行为的深度和广度是有层次之分的。企业要想实施有效的绿色营销，搞清影响不同层次的绿色消费者做出购买决策的主要因素，对他们进行细分。

国外有学者根据消费者的环境意识水平对其进行分类，也有的利用消费者自我认定的"绿色度"来区分他们。根据人们消费选择中所体现的对环境关注的程度呈由低到高的一个连续不断的状态，可以将消费者大致分为浅绿色消费者、中绿色消费者、深绿色消费者。

（1）浅绿色消费者：此类消费者只有模糊的绿色意识，他们意识到应对环境进行保护，

---

[1]　董俊武，黄江圳．绿色消费者分析及启示［J］．商业经济与管理，2002（11）：19.

但没有在消费过程中把这种意识具体化，他们的绿色消费行为大多是无意识的和随机的，是潜在的、不稳定的绿色消费者，对绿色产品的溢价难以接受。群体特征表现为受教育程度和收入水平较低，对保护环境的态度不积极，比较容易受他人的影响。

（2）中绿色消费者：这类消费者具有较强的环保意识，但对绿色消费还缺乏全面的认识，比如只认识到产品无害性或包装的可循环使用性，而没有认识到生产过程的无污染染性。他们是选择性消费者，主要选择与自身利益联系比较紧密的绿色产品如绿色食品如绿色建材。群体特征表现为受教育程度和收入水平一般，对保护环境的态度比浅绿色消费者积极，受社会相关群体的影响更大。

（3）深绿色消费者：此类消费者的绿色意识已经深深扎根于内心，对绿色消费有全面和深刻的认识，表现为自觉、积极、主动地参与绿色消费，会提出新的绿色消费需求。群体特征表现为受教育程度和收入水平较高，对保护环境的态度很积极。

（二）绿色消费者的特征

（1）人口和社会经济因素特征。人口因素和社会经济因素通常包括年龄、职业、社会地位、经济状况、生活方式等。对绿色消费者特征的分析最早就是从人口和社会经济因素开始的。不同的研究结果对人口和社会经济因素与绿色消费倾向到底是否存在相关性产生了分歧，对该因素内不同变量与绿色消费倾向之间到底存在正相关性还是负相关性的问题上也得出了相反的结论。因此，在识别绿色消费者时，人口和社会经济因素虽然有一定的作用，但却非常有限，不能与个性心理等因素相提并论。

（2）文化因素特征。研究发现，绿色消费者具有较高的社会责任感，对社会责任最简单而又准确的定义是：个人在即使没有报酬的情况下，也愿意帮助他人。其原因在于有社会责任感的人往往受到自己接受的社会价值观的影响。而具有较高社会责任感的消费者相往往会积极参与各种社区或社会活动。因此，那些积极参与社区活动以及具有社会责任感的人具有更高的消费倾向，并认为这样的行为应该成为被社会接受的规范。

（3）个性心理因素特征。研究发现，与人口及社会经济因素相比，个性心理因素能更好地辨别绿色消费者，其中最主要的因素是控制范围和异化。我们可以把人划分为外在控制型和内在控制型。外在控制型的人往往相信命运或运气，而内在控制型的人相信自己可以掌握更大的控制权。通过考察一个人的控制范围和绿色消费倾向的关系，人们发现，内在控制型和消费者的绿色消费倾向之间存在正相关性。内在控制型的消费者认为可以通过自身的努力改善环境质量，从而可能会积极追求绿色的生活方式与环境，因而也更有可能购买绿色产品。相反，外在控制型的消费者在对待环境问题时，往往会觉得需要外界的帮助，或觉得自己的行为对改善环境没有什么帮助，这种无助的感觉会妨碍他们进行绿色消费。异化是指消费者觉得自己与所在社区、社会或文化的不相融程度的感受。一般认为，异化程度较低的消费者更有可能关心社区或社会。因此，他们可能会表示出对环境污染的不满，倾向于购买绿色产品。而异化程度较高的消费者可能对社区或社会的关心程度较低，不愿为购买绿色产品而付出额外的努力。

（4）态度特征。我们可以把消费者在"认为自己能在多大程度上有效减少污染"这个问题上的态度，作为识别绿色消费者的一个标准。识别绿色消费者的另一个重要标准是消费者在"对其他人是否也会有同样行为"这个问题上的态度。绿色消费者相信自己的行动能有效减少污染，相信其他人也会做出同样的行为。换句话说，消费者越相信自身的力量，对别人做出相似行为的认定程度越高，或越相信自己的绿色消费行为可以带动别人的绿色消费行为，就会购买、使用更多的绿色产品。

二、绿色消费者的行为

（一）绿色消费行为研究的不足与展望

1.绿色消费行为研究的不足

（1）研究总体上还有待深化，相比消费者行为研究的其他方面，目前绿色消费行为的研究从文献数量上还相对较少，许多研究都只是停留在比较表面的层次，还有许多深层的研究问题有待发掘。

（2）研究结论存在冲突。许多研究的结论之间并不统一，而且有些正好相互对立。

（3）目前关于中国市场的绿色消费行为的研究还很少，许多研究也只是把西方的研究结论拿到中国来进行检验，这显然是不妥的。中国市场由于经济发展水平、经济发展阶段、政策、文化和价值观都与西方发达国家存在差异，这些都会对中国消费者的绿色消费行为产生重要的影响。

2.绿色消费行为研究的展望

（1）进一步深化相关的研究，如消费者在绿色消费中的感知价值和感知风险的研究，消费者对绿色品牌的态度研究，价值观念与绿色消费行为的关系研究等。

（2）要结合中国市场特殊的背景进行研究，如中国的环保政策对消费者绿色消费行为的影响研究，中外消费者绿色消费行为的对比研究，中国传统文化中的绿色观念研究等。

（二）影响消费者绿色消费行为的因素

1.影响绿色消费者消费行为的个人因素

（1）收入是实际购买选择的重要制约因素。由于绿色产品在定价时要把保护环境所支出的成本纳入其中，或者采用新工艺、新材料，所以价格相对较高。许多消费者并非不关心环境问题，但由于收入有限，在实际做出购买决策时，实用主义就会占上风。

（2）教育水平对人的行为影响巨大。一般而言，受过良好教育的人更能正确认识人类与环境的关系，更具有社会责任感，更能接受绿色消费的观念。国外学者的研究成果也表明，年轻、受过良好教育、政治上比较自由的人群比其他人群更关心环境。我国的研究也表明，教育水平最高的一组消费者对绿色产品溢价接受能力最强，对以往购买绿色产品的价格满意度最高。

2.影响绿色消费者消费行为的心理因素

（1）绿色消费行为源于消费者追求生活品质的动机。当消费者基本的生理需求满足以后，他们开始追求超越"物质"的生活，向往美好的生活品质，关注我们赖以生存的地球，关心人类与自然的可持续的、协调的发展。

（2）学习对绿色消费行为的产生、强化有极大的影响。人们绿色消费意识的产生和绿色消费的实践行动，主要来源于以下三个方面：一是日益严重的环境问题损害了人们的正常生活，引起了人们的密切关注；二是环保知识的普及推广，全社会对环保运动的推动，提高了消费者在环保方面的素质；三是消费者的个人绿色消费经验的积累，从中感受到绿色消费对自身和社会的好处。比如一个消费者开始尝试绿色食品后，出现了好的效果会产生强化作用，增强他对绿色产品的好感和信心，有助于使其扩大绿色消费的范围，如购买节能家电、绿色家具等。

（3）人们的态度与绿色消费行为之间存在着复杂的关系。态度是一个人在对某些事物或观念长期持有的好与坏的认识上的评价、情感上的感受和行动倾向。一个消费者对污染问题的认识程度会影响他对环保的态度，对环保的态度又会影响他对绿色生活方式的态度，对绿色生活方式持积极态度的人会参与绿色产品的购买和消费活动。简单地表示，即对污染的认识环保的态度→对绿色生活方式的态度→绿色消费行动。但是我们常常发现积极的态度并不等于积极的行动。从心理学上说，这与态度的形成过程有关。在态度的形成过程中有两种情形：一种是消费者对宣传的一般性观点接受了，引起对环境态度的改变；另一种是消费者对宣传的问题的相关细节进行了更深层次的思考，然后形成新的态度。这两种方式形成的态度中，后一种更强有力，更可能引导行为选择。所以，企业在宣传、沟通中就需要提供详细的生产过程和绿色产品的信息，促使消费行为的产生。

（三）企业开展绿色营销的启示

1.重视对绿色生活方式与绿色产品的宣传

重视对绿色生活方式与绿色产品的宣传，这是当前实施绿色营销的首要任务。对绿色生活方式的宣传可以在全社会形成一种崇尚绿色消费的社会气氛，使越来越多的消费者相信绿色消费是理智的、时尚的、高品位的行为，使保护生态环境、主动承担社会责任逐渐成为个人素质、文明修养、身份地位的重要标志。由于绿色产品大多采用较为先进的生产工艺、技术和材料，成本相对较高，因此必须通过通俗易懂的宣传方式，使消费者深入了解绿色产品为什么是绿色的，对自己和全社会有什么好处，使消费者在获得充分的信息和科学知识的基础上有深层次的理解，形成绿色消费态度，进而采取行动。

2. 通过旗帜消费者影响其他的消费者

深绿色消费者已经具备坚定的绿色消费意识，对绿色产品持积极认可态度，能够承受的绿色产品溢价较高，企业应当把他们培育为旗帜消费者，通过他们的示范作用影响和改变其他消费者对绿色消费的态度。从绿色消费的好处和社会仰慕人群（如成功的科学家、企业家、明星）的影响力两个方面，促使浅绿色消费者和中绿色消费者把对绿色消费的积极态度转化为实际行动。同时，深绿色消费者也是企业绿色产品开发的重要创意来源，企业应重视他们的意见，重点满足他们的绿色消费要求。

第五章　企业绿色营销的策略探讨

第一节　绿色定价方法与策略

一、绿色定价的方法

（一）明确企业绿色定价的目标

绿色价格是指与绿色产品相适应的定价方式，它包括两方面内容：一方面是按照"环境和资源的有偿使用"原则，企业在生产绿色产品过程中为保护生态环境、维护消费者健康所发生的支出计入成本；另一方面是按照"污染者付费"的原则，通过征收污染费来增加非绿色产品经营成本，避免非绿色企业因污染环境而降低成本，取得成本优势和价格竞争力。

绿色产品不同于一般产品，绿色产品的价格是以传统的价格体系为基础，对传统价格体系中不利于环境保护和生态的价格因素进行调整和改革，将对生态环境的不利影响降到最低，使绿色价格体系比传统价格体系更加合理。企业制定合理的绿色价格是为实现企业营销战略目标服务的，因此应在明确企业营销目标的基础上展开。以绿色价值为导向的企业主张社会利益、经济利益、生态利益"三赢"原则，具体而言，主要包括以下目标：

（1）塑造绿色企业的形象。企业以自然资源、生态环境的可持续发展为目标，注重树立绿色环保、健康安全、节能降耗的绿色企业形象。企业及经营者注重社会效益、企业的社会责任。注重塑造绿色企业形象的企业在制定定价目标时，绿色价格要与绿色企业形象定位相一致，与绿色目标市场的客户需求相一致，这样，企业在消费者心目中就会树立良好的绿色企业形象。但是，如果企业的定价目标以单纯获利，甚至以牟取暴利为动机，质价不符，或者质次价高，企业就难以树立良好的形象。

（2）追求利润最大化。当企业的绿色产品在市场上具有绝对优势时，企业总是希望制定一个能够实现当前利润最大化的价格。从企业的长远发展来看，追求利润最大化就需要企业不断提高技术水平，提高管理水平，降低产品成本，从而在竞争中取胜，这对企业、社会和消费者都有好处。但是，如果一个企业只考虑眼前经济利益，甚至不惜一切手段追求利润最大化，就会损害企业的绿色形象和声誉，无法实现长期可持续的发展。

（3）提高绿色产品市场份额。提高自身的绿色产品在市场上的竞争地位，保证长期稳定的利润，提高市场占有率已成为企业的共同目标。为了实现这一目标，企业往往采取低价战略，使产品逐渐"渗透"到竞争对手的市场中去，扩大企业绿色产品的市场份额，增强企业的竞争力，最终实现利润最大化。但是，如果市场对价格不敏感，或者扩大生产和降低成本的可能性很小，那么采用这种低价策略是不适宜的。

（4）适应价格竞争。以绿色价值为导向的企业在竞争激烈的市场环境中，为了适应竞争环境，往往采取"适应价格竞争"的定价策略。这不但要考虑与生产绿色产品的竞争对手之间的价格竞争问题，还需要考虑与生产一般产品的竞争对手之间的价格竞争问题。所以，为了适应市场环境中的价格竞争，当绿色产品成本和绿色产品需求发生变化时，只要竞争对手保持原价，以价值为导向的绿色企业也应保持原价不变；当竞争对手调整价格时，企业也及时调整价格，以应对市场竞争。

（二）分析影响绿色定价的因素

影响企业绿色定价的因素是多方面的，有企业的内部因素，也有企业的外部因素。在此重点讨论影响绿色定价的三个关键因素：

1. 绿色产品市场需求因素

随着人们绿色意识的增强，绿色需求的范围越来越广，消费者的价格敏感性也随之发生了变化。因此，在绿色产品定价过程中，企业营销人员必须分析绿色需求对价格的影响，以指导企业制定合理的绿色产品价格。

（1）绿色产品需求的价格敏感性因素。绿色产品需求的价格敏感性因素包括：产品绿色属性、绿色企业品牌形象、绿色沟通、消费者的素质和收入、国家法律制度和政策导向等。

第一，产品绿色属性。绿色产品由于减少或者消除了对消费者健康和环境产生的不利影响，消费者的价格敏感性可能降低。

第二，绿色企业品牌形象。对低碳节能、环保生态、消费者健康和安全比较关注的企业，更容易树立绿色企业品牌，其所生产的绿色产品，更可能获得自己的忠诚顾客。

第三，绿色沟通。通过各种沟通途径，将企业的绿色、环保、低碳、节能等知识和理念传播给消费者，建立企业绿色产品的认知，会获得绿色产品溢价。

第四，消费者的素质和收入。消费者素质不同，对环境问题的关注程度不同，必然导致对绿色产品不同的价格敏感程度。消费者收入是消费者消费预算的制约因素，这将明显影响消费者对绿色产品的价格敏感性。

第五，国家法律制度和政策导向。国家的法律制度和政策导向不同，企业的绿色产品研发、生产、绿色工艺创新等的程度会有差异，同时，消费者对绿色产品的价格敏感度也会受到影响。关于绿色生产、绿色产品消费的法律制度越严格，国家在绿色、低碳、环保方面的政策导向越强烈，越有利于促进企业生产绿色产品。同时，消费者对绿色产品的价格敏感度越弱，反之亦然。

（2）绿色产品的需求规律。一般而言，商品成本影响商品价格，商品价格影响商品需求。经济学理论中的需求规律是指在相同条件下，商品价格与需求之间的反向关系，即价格下降，需求增加；价格上涨，需求减少。当某种商品的成本增加时价格也会增加，人们对它的需求就会减少。需求规律反映了商品需求变化与商品价格变化的一般关系。企业应充分了解需求规律，充分调查和考虑市场需求和客户反馈，制定出能够满足企业目标市场需求的价格。

需求价格弹性是市场商品需求量对于价格变动做出反应的敏感程度。通过分析市场的需求价格弹性，为绿色产品价格决策提供依据。弹性的大小一般用需求价格弹性系数（一般用字母 E_d）来表示。需求价格弹性是需求量变化的百分比与价格变化的百分比的比值，即 $E_d = (\Delta Q / Q) / (\Delta P / P)$，其中，$E_d$ 为需求价格弹性系数，$\Delta Q / Q$ 为需求量变化的百分比，$\Delta P / P$ 为价格变化的百分比。不同类型的商品对价格变化反应的敏感程度不同，因此具有不同的需求价格弹性。总之，需求价格弹性对企业定价策略，特别是调价策略的制定有重要的影响。企业在制定产品价格时，应充分考虑市场需求因素。

2. 绿色产品成本因素

传统的商品价格主要考虑商品的成本，如生产成本、流通成本、税收等。成本因素是企业定价的基础，是商品价格的重要组成部分。绿色产品不同于一般产品，绿色产品成本具有可追溯性、分散性、生态效益性的特征。可追溯性主要是指根据相关法律规定，企业生产经营过程中不存在环境问题，企业应对过去和现在的环境污染问题负责；分散性主要是指绿色成本贯穿在企业的整个生产过程中，绿色成本主要分散在物资采购、产品生产、成品储存等各个方面。生态效益性主要是指生态环境的平衡将给人类生活带来更大的效益，保护环境可以有效地缓解人与自然的矛盾。绿色成本有利于生态系统的长期可持续发展。

因此，在传统商品价格体系的基础上，绿色产品成本除了原有的成本因素外，还需要考虑的成本包括：绿色产品的研发成本、使用绿色原材料的成本、清洁生产技术的改造成本、绿色产品认证和环境标志申请成本、设计和使用绿色包装成本、废物回收处理成本、因绿色营销增加的管理费用、为预防生态破坏或消除污染产生的保险费用开支、绿色产品追溯系统的建立成本等。

3. 绿色产品市场竞争因素

绿色产品的最高价格取决于市场的绿色需求，最低价格取决于绿色产品成本。在最高价格和最低价格幅度内，定价主要取决于绿色市场竞争因素。影响行业竞争结构及竞争强度的主要因素包括：行业内现有的提供绿色产品的企业，潜在的绿色产品生产者，提供替代品的企业、供应商等。绿色市场竞争环境分析，就是对这五种因素的分析。

具体而言，对行业内现有的提供绿色产品的企业进行分析，主要内容有行业内竞争的基本情况、主要竞争对手的实力、竞争对手的发展方向等。对潜在绿色产品生产者的研究主要包括现有企业可能做出的反应和由行业特点决定的进入难易程度。对提供替代品的企业的研究包括两方面内容：其一为确定哪些产品可以替代本企业提供的产品；其二为判断哪些类型的替代品可能对本行业和本企业的经营造成威胁。对供应商的分析包括供应商的供货能力或者企业寻找其他供货渠道的可能性以及供应商的讨价还价能力两方面。对消费者的分析则包括对市场需求潜力的研究和对有关用户讨价还价能力的研究两方面。总之，企业应充分研究这些因素，根据目前市场竞争的程度、主要竞争对手的情况、本企业在市场上的竞争地位以及竞争对手所采取的价格策略制定出对自己有利的绿色价格策略。

综上所述，影响绿色价格制定的主要方面包括绿色产品成本、绿色产品需求、绿色市场竞争。绿色产品成本规定了绿色价格的底线，顾客绿色需求是绿色价格的最高限度，竞争者的价格则是产品定价的标定点。高于绿色价格上限，几乎没有需求；低于绿色价格下限，没有利润。

除了上述三个主要因素之外，企业制定绿色价格还需要考虑国家及地方政府的有关政策和法规、分销渠道、消费者心理等其他因素。比如新能源汽车刚刚开始制造的初步阶段，因为生产技术有限，制造的成本很高，加上市场并不稳定，国家制定了一系列的新能源汽车的补贴、优惠政策，这在一定程度上降低了新能源汽车的绿色成本，所以，新能源汽车制造企业会根据这些政策制定合适的绿色产品价格。电子商务销售渠道相比传统的销售渠道具有地域、时空优势，节约了成本，同时，可以通过减少中间环节，直接面对消费者，降低了供应商和消费者的交易费用，所以，不同的企业因分销渠道的不同，会影响到产品成本。随着社会的变迁，社会消费价值观念的变化，每一个潜在消费者的消费心理和消费动机趋向于动态化、多元化。所以，作为生产绿色产品的企业，在进行绿色产品定价时，除了应该考虑绿色产品成本、绿色产品需求、绿色市场竞争外，还应该考虑国际及地方政府的有关政策、法规以及分销渠道和消费者心理等因素。

（三）选择绿色定价的主要方法

1.绿色产品需求导向定价法

绿色产品需求导向定价法是指根据消费者对同一绿色产品或服务的不同需求强度，制定不同价格的方法。绿色产品需求导向定价法主要包括认知价值定价法和需求差异定价法。

（1）认知价值定价法。认知价值定价法是企业根据消费者对绿色产品或服务的认知价值进行定价的一种方法。认知价值是指顾客观念上形成的价值，而不是绿色产品的实际价值。以绿色价值为导向的企业应充分挖掘和发现自身绿色产品的价值，尽可能地提高消费者对绿色产品的认知价值，从而为高价格战略奠定坚实的基础和可实施的依据。企业根据其绿色产品的差异、所面临的竞争和市场细分，确定其绿色产品在市场上的认知价值，以该认知价值定价。

（2）需求差异定价法。需求差异定价法是指根据消费者对同种绿色产品或服务的不同需求强度，制定不同的价格的方法。也就是说，价格差异并非取决于绿色成本的多少，而是取决于顾客需求的差异。以绿色价值为导向的企业应根据需求强度的不同对目标市场进行合理细分，针对绿色产品需求强度的不同制定不同的价格，取得竞争优势的同时，获取最大化的目标利润。需求定价法主要包括四种方式：基于顾客差异的差别定价、基于不同地理位置的差别定价、基于产品差异的差别定价、基于时间差异的差别定价。

在采用需求差异定价方法时，应注意以下问题：①对目标市场进行合理细分，且细分市场需求强度存在明显差异；②在高价格市场上不能有低价格竞争对手；③适度的价格差异不会引起消费者的反感。

2.绿色产品成本导向定价法

绿色产品成本导向定价法是以绿色产品的成本为中心，制定对企业最有利的价格的一种定价方法。以绿色价值为导向的企业除了考虑收回企业在绿色产品生产经营中投入的全部成本，获得一定的利润之外，更加强调低碳、节能、环保的管理理念，注重提高经营管理效率，不断降低各项成本、费用，从而获得最大化的利润。成本导向定价法主要包括两种方法：绿色产品成本加成定价法、目标利润定价法。

（1）绿色产品成本加成定价法。绿色产品成本加成定价法是在单位绿色产品成本的基础上，加上一定比例预期利润构成价格的方法。其计算公式为：

$$单位绿色产品定价 = 单位绿色产品成本 \times （1+ 绿色成本利润率） \qquad （5-1）$$

$$其中，绿色成本利润率 = \frac{预期利润}{总成本} \times 100\%。$$

绿色成本加成定价法具有计算简单的优点，可以保证企业生产经营的绿色产品成本得到补偿，获得合理的利润。该方法主要适用于生产正常、经营合理的企业，以及供需平衡、成本相对稳定的产品。然而，这种定价方法缺乏对绿色市场竞争和绿色产品供求变化的适应性。同时，对绿色成本、利息、税金进行了重复计算，定价具有主观性和任意性。

（2）目标利润定价法。目标利润定价法是根据盈亏平衡点总成本、目标利润和预期总销量确定绿色产品价格的一种方法。其计算公式为：

$$销售单价 = （总成本 + 目标利润）/ 预期总销售量 \quad (5-2)$$

采用目标利润定价法的前提是绿色产品的市场潜力大，绿色产品需求的价格弹性不大，按目标利润确定的绿色产品价格一定能被市场所接受。

3.绿色市场竞争导向定价法

绿色市场竞争导向定价法是以竞争对手的价值为基础，研究竞争对手的商品价格、生产条件和服务条件，确定绿色产品的价格，其特点是随着竞争条件的变化，确定和调整价格水平。它主要包括随行就市定价法、竞争价格定价法。

（1）随行就市定价法。随行就市定价法是指在一个竞争比较激烈的行业中，企业根据市场的竞争格局，与行业中现行市场价格水平保持一致的一种定价方法。随行就市定价法比较简单，无须对成本和需求进行详细了解，可以避免挑起价格竞争，制定的价格容易被消费者所接受。该方法的主要缺点是适应性有限，不适应大型企业，因其难以应对市场领导者率先发起的价格变动。

（2）竞争价格定价法。竞争价格定价法是根据行业竞争情况和企业绿色产品与竞争对手之间的差异来确定价格的一种定价方法。这是一种主动竞争的定价方法，一般被实力雄厚或者产品独具特色的企业所采用。以绿色价值为导向的企业采用竞争价格定价法时，首先，将市场上竞争产品价格与企业估算价格进行比较；其次，将本企业产品的性能、质量、成本等与竞争企业进行比较，分析造成价格差异的原因；再次，根据制定的综合指标确定本企业产品的特色、优势及市场定位，在此基础上，按定价所要达到的目标确定产品价格；最后，跟踪竞争产品的价格变化，及时分析原因，相应调整本企业的产品价格。

当企业的绿色产品具有明显的优势，产品需求的价格弹性较小时，可以采用高于竞争对手的价格。当市场竞争激烈，绿色产品之间没有显著差异时，可以采用与竞争对手相同的价格。在企业具备较强的资金实力，能够应对竞争性降价的后果，并且需求的价格弹性较大时，可以采用低于竞争对手的价格。

二、绿色定价的策略

以绿色价值为导向的定价策略是指企业在特定的情况下，在明确的绿色产品定价目标基础上，充分考虑绿色定价影响因素，选择合适的绿色定价方法，采取不同的绿色定价策略，以实现企业的经营目标。按照不同的划分标准，绿色定价策略类型有很多种，下面主要分析以下五种。

（一）绿色产品认知价值定价策略

绿色产品认知价值定价策略，也称"感受绿色价值定价法""理解绿色价值定价法"。这种定价方法认为，某一绿色产品的性能、质量、服务、品牌、包装和价格等，在消费者心目中都有一定的认识和评价。消费者往往根据他们对绿色产品的认识、感受或理解以及综合购物经验、对市场行情和同类产品的了解而对价格作出评判。当商品价格水平与消费者对商品价值的理解水平大体一致时，消费者就会接受这种价格，反之，消费者就不会接受这个价格，商品就卖不出去。这种定价策略是一种以顾客为导向的定价策略。

绿色产品的认知价值定价策略是将价格变量与其他营销组合变量进行协调，以实现增加销量的目的。企业通过对绿色产品的定位、绿色产品的推广、企业绿色形象的塑造，在消费者心目中确立独特的认知价值。企业可根据消费者的认知价值确定相应产品的价格。认知价值定价的关键是协调营销组合中的价格要素和非价格要素，保持两者之间的高度一致性。首先是使顾客期望与产品体验价值相一致，即在绿色促销推广中，所传达的好处应与产品体验价值相一致，以使顾客满意；其次，产品定价与顾客感知价值相一致，使顾客觉得物有所值。

（二）绿色新产品定价策略

绿色新产品定价策略包括：绿色新产品的撇脂定价策略、绿色新产品的渗透定价策略等。

（1）绿色新产品的撇脂定价策略。绿色新产品的撇脂定价策略是指绿色产品投入市场时，采取尽可能高的价格策略，以尽快收回绿色成本，并获得相应利润。这种定价策略适用条件是：①产品有鲜明的"绿色特质"。②面对的是一个绿色消费意识浓厚的市场，对价格不是很敏感。③其"绿色工艺"受专利保护。这种策略的优点是价格相对较高。它不仅能尽快收回开发绿色新产品的成本，而且能获得可观的利润。在竞争对手开发出同类产品后，可以快速采取降价策略。这种策略一方面可以限制竞争对手的参与，另一方面也符合消费者对待价格由高到低的心理。

（2）绿色新产品的渗透定价策略。当绿色产品投入市场时，也可采用渗透定价策略，即用相对较低的价格，吸引较多的顾客，提高市场占有率。这种定价策略适用的条件是：

①该种绿色产品的潜在顾客较多，市场较大，这种潜在需求，将随着绿色市场的培育转变为现实需求。②企业的绿色产品生产成本和经营费用会随着生产经营经验的累积而下降，可取得成本效应。③随着销量增加和市场占有率的扩大，单位产品成本会下降，可取得规模经济效果。④采取渗透定价的绿色产品的市场需求一般对价格较为敏感，低价能够刺激购买，唤起绿色消费意识。⑤渗透定价要有一个比较好的竞争环境，即低价不会引起竞争强化的威胁。企业采用绿色新产品的渗透定价策略的优势是可以占据更大的市场份额，通过增加销售量获得利润，并容易获得销售渠道成员的支持。低价格和低利润可以阻止竞争对手的介入。

（三）绿色产品竞争定价策略

绿色产品竞争定价策略是基于竞争对手的产品来确定其产品的价格，特别是在绿色产品相对稀缺的情况下采取这种定价方法。竞争定价策略虽然也考虑了绿色产品的成本和市场需求，但主要依据是竞争性产品的价格，即根据市场上相同或相似的绿色产品价格水平来定价。但是，绿色产品竞争定价策略的应用有其特殊意义。

（1）竞争对手之间通过保持相同或相似的价格可以发展和壮大某些绿色产业，特别是那些投资较大、利润较低、见效益较慢、较为脆弱的绿色产业，如生态农业等。

（2）对于一些经济效益较差，但是对于整个社会效益、生态效益有重大作用的行业，如环保行业，竞争对手之间可以采取战略联盟，采取相同的价格策略，以避免价格战，损害整个行业。

（3）对于一些生产资源稀缺的行业，竞争对手之间应签订价格协议，以限制需求，控制供应，保持行业的长期发展。

（四）绿色产品差别定价策略

绿色产品差别定价策略，是指根据消费者需求的强度和对绿色产品的了解程度，采用不同的价格，这种产品的成本是相同的，也就是说，绿色产品的利润随消费群体的不同而变化。在国际营销中，企业可以采用绿色产品的差别定价策略。由于不同国家的社会经济发展水平、人们的文化程度和收入差异很大，企业在国际市场上对不同的子市场采取不同的价格，不仅扩大了销售，而且保证了一定的利润。例如，发达国家的绿色产品可以制定高价策略，而在一些发展中国家可以采取低价策略。对绿色产品进行差别定价时，需要注意的是：过高的价格可能影响其竞争力；过低的价格可能导致低价竞销甚至违规。我们应该分析和评估目标市场的营销环境，采取适宜的定价策略。

（五）绿色产品组合定价策略

在绿色营销中，为了减少资源浪费，提高资源利用率，必须实施资源综合利用。对于矿产资源中共生矿物、伴生矿物等多种用途的自然资源，需要进行综合开发和加工，其他资源不能作为废物而废弃。同时，还应提高废弃物的回收率、综合利用率，将其变废为宝。这必然要求企业改变产品结构，即产品组合。这就需要建立适合绿色消费的产品结构。产品结构的变化，要求企业实施绿色产品组合定价策略。

传统的产品组合定价是在不考虑生态环境的情况下，基于产品系列的需求与成本之间的内在相关性进行定价。绿色产品组合定价策略不同于传统的产品组合定价策略。绿色产品组合定价策略是一种基于绿色产品需求、绿色产品生产成本和绿色产品生产资源利用内在相关性的定价策略。一般来说，需求旺盛的绿色产品，如健康、安全、无毒、无公害的产品，价格相对较高。为了提高副产品的资源利用率，或减轻环境压力，在绿色产品生产过程中，可对废物回收产生的、有利用价值的副产品实行低价策略，甚至低于成本价出售。可以看出，绿色产品组合的定价策略实际上是发挥价格调节作用，建立合理的消费结构，从而减少资源消耗，践行绿色营销理念，协调企业、消费者与生态环境的关系，实现企业可持续经营与发展目标的策略。

综上所述，由于绿色产品价格包含环境成本，因此高于普通同类产品的价格。这种更高的绿色产品价格是市场上的一把双刃剑。一方面，绿色产品价格高于一般价格，符合其绿色价值的高品质形象，有利于提高产品的竞争力，符合消费者"高质高价"的心理；另一方面，绿色产品价格中的大量绿色成本都转嫁给了消费者，而普通消费者的心理仍然希望产品价格相对便宜，因此有时绿色产品因价格较高会失去部分消费者。因此，企业必须根据各种绿色产品和消费者的特点，采取适当的定价策略。

第二节　绿色营销的战略分析

一、绿色营销战略概述

（一）绿色营销战略的认知

1.战略的内涵与特性

"战略（strategy）"一词最早是军事方面的概念。春秋时期孙武的《孙子兵法》被认为是中国最早对战略进行全局筹划的著作。当一个公司成功地制定和执行价值创造的战略时，则能够获得战略竞争力（strategic competitiveness）。

战略就是设计用来开发核心竞争力、获取竞争优势的一系列综合的、协调的约定和行动。如果选择了一种战略，公司即在不同的竞争方式中做出了选择。从这个意义上来说，战略选择表明了这家公司打算做什么，以及不做什么。当一家公司实施的战略，竞争对手不能复制或因成本太高而无法模仿时，它就获得了竞争优势（competitive edge）。只有当竞争对手模仿其战略的努力停止或失败后，一个组织才能确信其战略产生了一个或多个有用的竞争优势。此外，公司也必须了解，没有任何竞争优势是永恒的。竞争对手获得用于复制该公司价值创造战略的技能的速度，决定了该公司的竞争优势能够持续多久。

2.绿色市场营销战略

市场营销战略（marketing strategy）是指企业在现代市场营销观念下，为实现其经营目标，对一定时期内市场营销的总体设想和规划。绿色营销战略是为了实现企业在绿色营销观念下规划，为实现企业经营目标，在一定时期内绿色营销发展的总体设想和规划。它是一种基于环保并把环保事业与企业营销融合、为社会长远利益考虑的一种新型营销战略。

（二）企业绿色战略与绿色营销战略

1.企业绿色战略分析

一个企业要想获得长足的发展，需要制定与绿色环境变化相适应的全面发展战略，这就是企业绿色发展战略，是企业基于环保并把环保事业与企业发展融合，为社会长远利益考虑的一种全面的发展战略。

企业绿色战略的主要内容包括三个方面：一是企业的绿色宗旨、目标，二是企业的绿色业务组合，三是企业的绿色增长途径。如海尔集团，其宗旨是创世界顶级品牌。正是这个企业战略目标，促使海尔从创业、创新走向中国创造并不断发展。在发展过程中，海尔的业务涉及众多消费品类和其他产业。

企业的市场营销部门还要依据企业总的绿色发展战略，制定相应的绿色营销战略。绿色营销战略要服从于企业绿色战略，它既是企业绿色战略的一个重要组成部分，又是实现企业绿色战略的重要保证。绿色营销战略是一系列导致保持连续竞争优势的整体绿色行动。

2. 企业绿色战略与绿色营销战略的内在联系

在实际工作中，企业绿色战略与绿色营销战略密不可分。企业绿色战略是企业为实现各种特定绿色目标以求自身发展而设计的行动纲领或方案，具有全局性、长远性和方向性特点。因此，制定企业绿色营销战略需要考虑的因素更全面、广泛。对于需要制定企业绿色发展战略的人员，一方面要着重分析、评价、比较宏观绿色经济环境和市场环境，明确地预测其未来的发展变化趋势；另一方面还要现实地、全面地分析企业自身的状况，包括相对优势和相对劣势，从而制定出企业总的绿色发展战略。

"'绿色营销'是指企业满足顾客需求、社会利益和自然可持续的营销活动，其特点是在满足顾客直接需求的同时还注重满足顾客的间接需求和未来需求。它是对人类、社会和自然之间关系认识深化的产物，是以顾客为导向营销观念发展的产物，也是全球绿色运动浪潮的产物，将成为新世纪企业营销发展的一种战略趋势。"[①] 绿色营销战略则是在已经确定的业务营销范围内，由企业的市场营销部门按照企业绿色发展战略中已经规划的任务目标、增长策略和产品投资组合的特点，从外部环境中分析、评价各种绿色产品业务增长的市场机会，结合企业资源情况，综合考虑各种影响因素，制定出各种绿色产品的营销战略。

（三）企业实施绿色营销战略的意义体现

传统营销观念认为，有利于环保的战略会有损于企业的主要目标，包括短期获利、市场占有、成本控制以及有效生产。然而，面对"发展过后再治理环境"的一系列昂贵成本（如：严重污染的太湖，恢复生态不仅需要投入大量资金，而且需要一个极其漫长的过程），加之绿色浪潮推进下的政府管制、改善环境、绿色呼声及其他方面的各种力量，管理观念在不断转变，绿色营销战略渐渐被重视。如果将绿色视为责任，会束缚企业的眼界；如果将绿色视为商业机会，则能给企业带来更广阔的发展空间。企业绿色营销战略实施的意义具体体现在以下方面：

（1）有利于获得经济利益。从长远看，实施绿色营销可降低成本，获得"绿色

---

① 胡春香."绿色营销"策略组合研究 [J]. 经济问题，2006（1）：35.

利润"。

（2）有利于获得公众的支持，树立良好形象。绿色营销有助于获得社会公众积极的情感反应，好的形象是企业宝贵的无形资产，有利于企业的长远发展。

（3）有利于扩大市场份额。绿色产品能更好地满足消费者的绿色需求，同时，"绿色价值"导向能更好地迎合消费者的"良知取向"，从而促使消费者从情感上偏爱这样的企业及产品，提高市场占有率。

（4）有利于增强市场竞争力。绿色营销战略是营销战略差异化的体现，能够获得独特的竞争优势，为消费者带来更高的满意度和忠诚度。例如：海尔集团的绿色战略目标之创立绿色供应链，可以很好地提升绿色发展竞争力。

（5）有利于企业可持续发展。绿色营销战略是发展、稳定企业可持续竞争优势的源泉。例如：海尔集团率先通过了 ISO14000 环境质量认证，为其成为世界的"海尔"起到了关键性的作用。

二、绿色营销战略的内容与影响因素

（一）绿色营销战略的主要内容

在现代市场营销理论中，市场细分、目标市场选择、市场定位是构成公司营销战略的核心三要素。

（1）市场细分。市场细分是指营销者通过市场调研，依据消费者的需要和欲望、购买行为和购买习惯等方面的差异，把某一产品的市场整体划分为若干消费者群的市场分类过程。每一个消费者群就是一个细分市场，每一个细分市场都是具有类似需求倾向的消费者构成的群体。

（2）目标市场选择。目标市场选择是根据各个细分市场的独特性和公司自身的目标，共有三种目标市场策略可供选择。第一，无差异市场营销。无差异市场营销指公司只推出一种产品，或只用一套市场营销办法来招徕顾客。当公司断定各个细分市场之间差异很小时可考虑采用这种大量市场营销策略。第二，密集性市场营销。密集性市场营销是指公司将一切市场营销努力集中于一个或少数几个有利的细分市场。第三，差异性市场营销。差异性市场营销指公司根据各个细分市场的特点，相应扩大某些产品的花色、式样和品种，或制订不同的营销计划和办法，以充分适应不同消费者的不同需求，吸引各种不同的购买者，从而扩大各种产品的销售量。

（3）市场定位。市场定位是指企业针对潜在顾客的心理进行营销设计，创立产品、品牌或企业在目标顾客心目中的某种形象或某种个性特征，保留深刻的印象和独特的位置，从而取得竞争优势。

（二）制定营销战略的条件及环境

1. 制定市场营销战略的基本条件

经营理念、方针、企业战略、市场营销目标等是企业制定市场营销战略的前提条件，是必须适应或服从的。在市场营销战略的制定过程中首先要确定的就是市场营销目标。确定目标时必须考虑与整体战略的联系，使目标与企业的目的以及企业理念中所明确的、对市场和顾客的姿态相适应。

市场营销目标应包括：量的目标，如销售量、利润额、市场占有率等；质的目标，如提高企业形象、知名度、获得顾客等；其他目标，如市场开拓，新产品的开发、销售，现有产品的促销等。

2. 制定市场营销战略的内外环境分析

制定市场营销战略的内外环境主要是对宏观环境、市场、行业、本企业状况等进行分析，以期准确、动态地把握市场机会。

（1）宏观环境。宏观环境即围绕企业和市场的环境，包括政治、法律、社会、文化、经济、技术等。了解分析这些环境对制定市场营销战略至关重要。其理由有三：一是市场营销的成果很大程度上要受到环境的左右；二是这些属不可控制因素，难以掌握，企业必须有组织地进行调研、收集信息并科学地对其进行分析；三是这些环境正加速变化。

环境的变化对企业既是威胁也是机遇，关键是我们能否抓住这种机遇或者使威胁变为机遇。例如，人口结构的变化，即独生子女化和老年化。我国企业在玩具生产上抓住了儿童市场，却忽略了老年人市场。但在美国和日本等国家已是企业的热门话题，在玩具生产中，老年人玩具占有很大的比重。

（2）市场。从市场特性和市场状况两个方面来对其进行分析。首先看市场特性，它包括以下方面：①互选性，即企业可选择进入的市场，市场（顾客）也可选择企业（产品）。②流动性变化，即市场会随经济、社会、文化等的发展而发生变化，包括量和质的变化。③竞争性，即市场是企业竞争的场所，众多的企业在市场上展开激烈的竞争。④导向性，即市场是企业营销活动的出发点，也是落脚点，担负着起点和终点的双重作用。⑤非固定性，即市场可通过企业的作用去扩大、改变甚至创造。其次，市场状况也可以考虑两个问题：①市场规模。市场由人口、购买欲望和购买力三大要素构成。②市场是同质还是异质。现在我国人民的需求呈现出两种倾向，一是丰富化和多样化，二是两极分化越来越明显、突出，绝大部分产品供大于求，形成买方市场。

（3）行业动向和竞争。把握住了行业动向和竞争就等于掌握了成功的要素，所以一要了解和把握企业所在行业的现状及发展动向；二要明确竞争者是谁，竞争者在不断增加和变化，它不再只是同行业者，而相关行业、新参与者、采购业者、代理商、顾客等都可能存在竞争关系，如铁道运输业的竞争对手包括汽车运输业和航空运输业等。

（4）本企业状况。利用过去实绩等资料来了解公司状况，并整理出其优势和劣势。战略实际上是一种企业用以取胜的计划，所以，企业界在制定战略时必须充分发挥本公司的优势，尽量避开其劣势。

（三）制定企业市场营销战略的主要步骤

企业营销战略是企业市场营销管理思想的综合体现，又是企业市场营销决策的基础。制定正确的企业市场营销战略，是研究和制定正确市场营销决策的出发点。

（1）分析市场环境。分析企业所处环境的情况，如政治、经济、文化等方面，在企业准备进入国际市场时显得尤为重要。比如烟草行业，如果想将卷烟出口到海外市场，就必须先要了解该国对烟草产品的政策，如关税水平、配额数量、该国消费水平和消费习惯、对烟草制品的特殊规定以及主要的竞争对手情况。只有深入了解了企业所处的环境，企业才能做出正确的战略选择。

（2）评估企业的机会与障碍。企业必须寻找特定的市场营销机会，来指导营销战略的制定。在市场营销战略制定过程中，评估企业机会和障碍会涉及对企业情况的分析，包括企业的经济状况、消费者情况和其他外部环境因素。首先，我们要根据企业市场营销能力来检查企业的优势和劣势，同时，对过去的企业经营成果以及市场营销的优势、劣势进行评价。其次，要进行销售和管理的成本研究。最后，预测企业的销量。通过分析，企业才会发现所希望的竞争优势、革新技术和获得新市场的机会以及可能遇到的障碍。

（3）瞄准目标市场。所谓目标市场，是指企业进行市场细分之后，拟选定进入并为之服务的子市场。企业通过将整个市场划分为若干个子市场，并对各子市场的需求差异加以区分，选择其中一个或几个子市场作为目标市场，开发适销对路的产品，开发相应的市场营销组合，以满足目标市场的需要。企业在选择目标市场的过程中会受到一些因素的影响，这些因素包括：消费者的经济水平、生活方式等。例如，老年消费者与青年消费者相比，他们对卷烟的吸味、价格、包装有着不同的要求，也就形成了不同的细分市场，而且每一个细分市场对企业的市场营销反应是不同的，所以对所有的细分市场不能总是用同一种市场营销方法，每一个重要的细分市场都应制定特定的市场营销战略，因此，确定哪些市场可以细分对制定企业计划是非常重要的。

（4）确定资源的分配水平。在选择目标市场和产品项目时，必须考虑有限的资源分配。一般来说，实现市场目标的经营活动决定了所需各种资源的水平。显然，占领细分市场要花费比较多的成本。但是，可以利用的各种资源又是有限的，不仅财务金融、生产能力是有限的，而且人力资源、供应能力也是有限的。在这种情况下，目标市场重要性直接影响到企业的决定。如果是一个重要的目标市场，尽管它消耗很多的资源，企业也会选择它。但是，如果需要大量市场营销资源的是一个次要目标市场，它就会被淘汰。为了对竞争对手的行动做出迅速的反应，在选定目标市场后还需要选择一些战略方案，不是紧急的计划或可以延期执行的计划都可以暂时放弃。

（5）确定市场营销组合。企业的市场营销计划是为实现企业市场营销战略而制定的行动方案，它比较复杂又具有综合性，涉及产品、分销、促销、价格四个重要因素，这四个大因素被称为市场营销组合因素。企业的市场营销战略正是通过这些组合来加以体现和贯彻的。

一套完整的市场营销战略往往会关系到企业的生死存亡。营销战略是基于企业既定的战略目标，而在向市场转化过程中的必须要关注客户需求的确定、市场机会的分析、自身优势的分析、自身劣势的反思、市场竞争因素的考虑、可能存在的问题预测、团队的培养和提升等综合因素，最终确定出增长型、防御型、扭转型、综合型的市场营销战略，作为指导企业将既定战略向市场转化的方向和准则。

第三节　绿色营销渠道成员与管理

一、绿色营销渠道的内涵与特征

（一）绿色营销渠道的内涵

如何提高生产效率，最大限度地合理利用资源，实现社会经济的可持续发展，达到人与自然的和谐共处，是当今企业面临的重大问题。绿色营销于 20 世纪 80 年代被作为一个完整的概念提出，90 年代初被世界范围内的企业广泛运用。企业要实行绿色管销战略，建立有效的绿色营销渠道是关键。提高企业营销渠道的绿色程度，建立长期有效的绿色营销渠道，树立全新的企业形象，获得消费者的信任，成为企业在如今"绿色大战"中取得胜利的关键。绿色营销的核心是按照环保与生态原则来选择和确定营销组合的策略，与此同时，作为绿色营销组合的重要组成部分的绿色渠道也随着绿色营销的兴起和发展而发展起来。绿色营销渠道是指绿色商品从生产者向消费者转移时，在促使绿色商品被顺利地购买、使用或消费的过程中所涉及的相互依存的组织或个人，它主要包括绿色商品的生产商、经销商（指批发商和零售商等）、代理商、辅助商等。绿色营销渠道是绿色营销的重要组成部分，是经过一系列具有不同职能的中间商，将产品或服务送达消费者所经过的路径。它体现了产品的绿色理念，维护了企业的绿色形象，满足了消费者的绿色需求。

因产品特性，客观上要求渠道成员与组织具有绿色营销观念和较强的环保意识，在渠道流通环节，尽量减少对产品本身的污染，同时降低对环境的破坏，体现绿色价值。从某种程度上，渠道中间所涉及的人员的绿色观念和行动成了绿色营销渠道的基础。

绿色分销渠道是绿色渠道的重要组成部分，由于绿色产品的特殊性，与之配套的绿色分销渠道也有其自身的含义。"绿色分销渠道提供了地点、时间、形态等效用，在绿色市场调研、绿色促销、开拓绿色消费市场、对绿色产品进行编配分装、洽谈生意、绿色产品的实体储运、资金融通和风险承担方面具有不可替代的作用。"[①]

绿色分销渠道是指绿色产品和服务从绿色生产商向绿色消费者转移的过程中，所经过的由绿色中间商联结而成的绿色通道。它由一系列有执行中介职能、相互依存的企业或个人组成，包括线上和线下多种渠道。绿色分销渠道有以下内涵：

（1）绿色分销渠道上的企业和个人是指具有绿色意识、环保意识和健康意识的绿色产品生产者、绿色批发商、绿色零售商等不同类型的企业和个人，他们被称为"绿色渠道成员"。

（2）绿色分销渠道是指一种绿色产品的流通过程。起点是该绿色产品的生产者，终点是该产品的绿色消费者和用户。

（3）建立绿色分销渠道要启发和引导中间商树立绿色意识和环保观念，使成员间相互联系、相互制约，各自承担绿色营销渠道职能，逐步建立稳定的绿色分销网络，构成绿色分销的绿色生态系统，提高绿色分销渠道的效率和效益。

（4）降低成本，尽可能建立短渠道、宽渠道，减少分销渠道内的资源消耗，降低分销渠道费用和成本，体现渠道自身的高效节能绿色特征。

绿色分销渠道的中间环节包括绿色中间商和代理中间商。绿色分销渠道不包含铁路、银行和其他服务性组织，因为它们在商品流通过程中仅起服务和促进作用，不直接参与绿色商品交易。

（二）绿色营销渠道的特征

1.以绿色为导向特征

企业的绿色营销渠道与传统营销渠道意义上的差别在于"绿色"，即在整个产品流通

---

① 杨富贵.绿色营销中的分销渠道建设问题[J].企业活力，2007（4）：42.

过程中以绿色为导向。

绿色营销渠道是在传统营销渠道的基础上有所创新而形成的，绿色营销渠道具有绿色标志，以绿色供应商为上游，以绿色产品的生产为起点，以绿色产品的最终消费者为终点，渠道成员包括各级中间商、代理商等都具有很强的绿色观念。

传统营销渠道生产者借助中间商分销产品，渠道成员往往忽略分销过程中的环保等问题，还可能在生产、物流、分销等环节对环境造成污染、浪费大量的资源。绿色营销渠道必须要注重控制分销过程中对环境造成的污染，并注重资源节约。

传统营销渠道上生产商与中间商之间的关系"冷淡"，每一个渠道成员都是一个独立的经营实体，以追求个体利益最大化为目标，甚至不惜牺牲渠道和厂商的整体利益。"绿化"后的渠道成员间形成较密切的合作伙伴关系，厂家与中间商一体化经营，构建绿色渠道生态，实现厂家渠道的集团控制，形成利益共同体，渠道成员为实现自身或其他成员的共同目标而努力，追求渠道整体利益的最大化。

传统营销渠道的生产商与中间商之间的关系仅仅建立在利益基础上，双方缺乏沟通与互动，使得生产者无法从中间商那得到消费者的需求信息，以及企业产品受欢迎程度等信息，这往往会导致市场调查不详细，而生产出不适合目标消费者需求的产品。"绿化"后的渠道成员之间能进行双向信息反馈和充分的沟通交流，以满足消费者需求为一切行为的出发点，实现渠道成员与消费者的"双赢"。

传统营销渠道功能实现周转期长，整体存在能耗高效率低的状况。绿色营销渠道实现了绿色物流、绿色金融等绿色功能，从实质上提升了渠道的效率，实现了渠道功能的快捷和高效。

传统营销渠道中间环节多，渠道链复杂，层层加价，损害消费者利益的同时也削弱了产品的市场竞争力。绿色营销渠道形成了线上线下的全渠道和直销或短渠道的营销模式，不但有效减少了中间层级、降低了渠道成本，还简化了消费者的购物过程，提高了消费者的满意度和忠诚度，同时满足了更高诉求的消费者的绿色需求。

绿色营销渠道模式的构建，改变了传统渠道模式单一、渠道成本过高、物流配送不及时、用户体验差等问题。全渠道的路径更丰富，可以积累消费者的购物数据等，构成了多渠道线上与线下的融合。

总之，与传统渠道相比较，绿色渠道从国家和企业的长远发展和竞争能力等许多方面而言都具有较明显的优势。

2.绿色营销渠道特征

绿色营销渠道除了具有传统渠道的所有特点，还具有一定的绿色标志。绿色渠道的起点是制造绿色商品的生产者，中间商或代理人具有很强的绿色意识、环保意识和健康意识，最终消费者为绿色消费者。绿色渠道的特征体现在以下三个方面：

（1）绿色渠道体现可持续发展的特征和要求。绿色渠道是绿色营销最重要的营销组合策略之一，其本质特征必须符合绿色营销的本质特征。要体现可持续发展的特征和要求，需做到以下三点：第一，绿色渠道成员真正树立了绿色意识，即具有明确的可持续发展的意识，产品生产者、中间商和消费者必须具有绿色意识。第二，在绿色渠道上交换的商品必须是真正意义上的绿色产品。第三，分销渠道的管理过程必须体现可持续发展的要求。

（2）绿色营销渠道成员具备绿色、环保和健康意识。随着绿色消费需求的不断增加，绿色产品原材料采购、生产、销售等流通环节中涉及的企业需要具备绿色、环保和健康意识。绿色生产企业要对绿色渠道成员进行绿色、环保和健康理念的培养，主动承担教育者角色；国家和行业也利用各种宣传媒体和宣传方式，积极传播普及环保知识和绿色消费知识，引导民众树立绿色、环保和健康意识，从而提升渠道成员绿色认知并达成共识。

（3）绿色营销渠道是由各绿色渠道成员构成的有机整体。首先，绿色渠道由绿色供应商、生产企业、中间商、消费者等成员构成；各渠道成员密切配合共同保障渠道有机运行。其次，绿色渠道成员必须全部是"绿色"的，具体而言，绿色渠道成员即商品生产者和商品经营者必须是绿色企业和绿色经营者，商品消费者必须是绿色消费者；绿色渠道上交换的商品必须是绿色产品。再次，绿色渠道必须是有机统一的绿色整体。渠道成员间既是渠道利润的争夺者又是渠道运行的密切配合者，只有构建一个有机渠道整体，才能实现渠道的可持续健康运行，从而实现渠道成员的双赢。渠道中仅有某些绿色环节和绿色要素难以真正构成绿色渠道。最后，绿色渠道除了各种渠道构成要素必须是绿色的以外，渠道成员从事的各项渠道活动，及其它们所体现的各种渠道成员关系也必须是绿色的。

二、绿色营销渠道的成员

（一）绿色供应商的评估与选择

绿色供应商的选择与评估是零售企业实施绿色采购的关键环节，供应商的选择与评估过程包含多个环节，该过程从确定潜在供应商评估所使用的标准开始，随后以这些标准为基础识别和筛选出公司想要评估的供应商，并为实现评估目标收集相关信息。

（1）绿色供应商的内涵。绿色供应商是指在绿色供应链管理理论的指导下，以供应链管理技术和绿色制造理论为基础，与需求方密切合作，在产品设计开发、原材料的获取以及产品制造、包装、仓储、运输、销售、使用、报废处理的整个过程中严格贯彻绿色标准，以经济利益和环境效益相协调为目的的厂商。根据绿色供应链管理的要求，供应商、制造商和顾客应联合起来减少产品及其制造过程中对环境的不利影响，绿色供应链管理实践的一个重要做法就是，在供应商选择、维护和发展过程中考虑环境影响。绿色供应商选择，即监测供应商的环境绩效，并只与满足环境标准的供应商合作。

（2）绿色供应商绩效评价模型。在进行供应商评估时，需要考虑的最基本的两个因素是：绿色供应商的能力和积极性。能力是指供应商为公司提供产品和服务的能力，代表了一个供应商满足公司要求的潜力；积极性是指供应商的兴趣和完成供应任务的可能性，代表了供应商满足公司供应要求的可能性。这就意味着供应商不仅要有满足公司要求的能力，还要有完成供应任务的积极性，一个非常积极地与公司进行合作的供应商，会比一个没有太大兴趣的供应商更好地完成供应任务。

公司对供应商能力和积极性水平的要求将在很大程度上随其与供应商之间建立的合作关系类型的变化而变化，公司与供应商之间建立的合作关系越紧密，积极性因素所起的作用就越重要。比如，当公司将要与供应商建立伙伴关系，或者将要采购的是供应商不太感兴趣的瓶颈型品项时，积极性因素就是公司需要考虑的要点。

（3）绿色供应商选择。绿色供应商与传统供应商的区别在于"绿色"的加入，体现在环境标准的考量，下面就着重介绍绿色供应商选择过程中的环境标准。

第一，绿色形象：①"绿色"顾客市场份额。②企业对供应商环境责任履行情况的分析。③公众对供应商环境相关问题的看法。④与绿色组织的合作关系。⑤高层管理者的绿色承诺。

第二，污染控制：①能源消耗量。②废气排放量。③固体废弃物排放量。④有害化学物质的排放量。

第三，环境管理体系：①环境政策。②环境规划。③环境活动的检查与控制。

第四，绿色设计：①降低原材料/能源消耗的产品设计。②产品的再利用，再循环设计；③避免/减少有害物质使用的产品设计。

第五，绿色能力：①环保材料在产品制造中的使用。②绿色制造工艺。③改变和调整工艺以减少对自然环境的破坏。④清洁技术的使用。

第六，绿色产品：①可回收性。②绿色包装。

第七，产品回收：①产品回收率。②逆向物流。

第八，污染治理成本：①水污染治理成本。②能源消耗成本。③空气污染治理成本；④固体废弃物治理成本。⑤化学废弃物治理成本。

（二）绿色分销渠道的构建

绿色分销渠道决策一向是所有绿色市场营销决策中最困难、最富有挑战性的决策之一。这是因为，绿色分销渠道决策是营销组合中最需要其他部门和组织之间密切配合才能有效实施和完成的决策，而且绿色分销渠道一旦建立，要改变它将十分困难。所以，对许多行业和企业来讲，绿色分销渠道决策往往是非常慎重的。在选择绿色产品的绿色分销渠道时，要考虑的因素、选择策略及其管理也与一般产品有所不同。

1. 通路结构的设计

随着我国经济发展和消费升级，消费者对绿色产品需求的整体水平有所提升，特别是大城市的消费者，绿色消费意识逐步形成，绿色需求决定了企业的绿色营销行为。企业在实行分销渠道策略时，要不断提升渠道的效率和服务水平，使用多渠道组合满足绿色市场不同的目标顾客的绿色需求，通过全渠道提升市场占有率。

根据目标市场的需求差异划分为集中地区（大中城市）和分散地区。在集中地区通过中间商和大零售商来促进销售，扩大市场覆盖面；在分散的地区则由本企业的销售部门或成立独立的销售公司来进行渠道建设，通过专门的绿色产品柜台和连锁商店进行销售。中间商和销售公司负责当地大客户关系营销，网络营销和直销等主要由制造商来控制，可由销售公司和中间商发货，也可由总公司直接发货。

2. 绿色分销机制的构建

（1）选择合适的合作对象。绿色产品分销的一个重要渠道是分销商，如零售商、批发商、代理商等。在选择分销商时，企业要考虑其绿色信誉、管理水平等综合情况，特别要关注分销商是否有良好的信誉，是否具有与本企业相同的绿色意识，是否关心环保、愿意服务社会。事实上，很多声望高的零售商是绿色营销的促进者和行动者。

（2）建立绿色销售网络。企业可根据产品特征，采取不同的销售网络，如设立绿色专柜、专卖店或连锁店，也可采取直销方式宣传产品。

（3）利用互联网进行绿色分销。近年来电子商务发展迅速，这种依托网络的最便捷的分销方式，符合绿色营销的理念。互联网用户大多受过良好教育，且大部分为"环境敏感"消费者，有绿色的消费诉求。互联网分销方式扩大了企业的市场覆盖率，提高了企业分销效率，有效降低了企业的渠道建设成本。

（4）建立绿色物流体系。首先，企业应选择使用无铅燃料、污染控制装置、低排力量运输工具。其次，企业应统筹合理的运输线路，缩短运输距离。再次，企业应合理设置配送中心，简化配送体系，减少物流过程中的产品损耗。最后，企业应积极建设逆向物流体系，做好回收废物和废弃物物流，承担起企业绿色环保责任。

3.绿色分销渠道模式的构建

绿色分销渠道是绿色营销的重要组成部分，是指经过一系列具有不同职能的中间商，将产品或服务送达消费者手中所需要经过的路径。它体现了产品的绿色理念，维护了企业的绿色形象，满足了消费者的绿色诉求。绿色渠道模式可分为以下三种：

（1）直接渠道又称零级渠道，它是指没有中间商参与，绿色产品由生产者直接销售给绿色消费者的渠道类型。直销使制造商与消费者直接接触，最大限度地确保了绿色产品的品质。特别是采用网络营销方式，节省了传统零售商的铺面费用，可给消费者提供更多选择，满足消费者的绿色需求。另外，网上低廉的广告成本，也给企业带来更多的成长机会。随着新技术在流通领域的广泛应用，富媒体和电子支付等方式迅速发展和完善，进一步促进了直销方式的发展。直销渠道仍然是国外绿色产品销售的主要渠道之一。

（2）间接渠道指绿色产品经由绿色中间商销售给绿色消费者。中间商主要包括代理商、经销商、批发商，他们可以分担一部分分销功能，有利于减轻企业的分销负担。间接渠道相比直接渠道宽而长，产品市场覆盖范围大，可以满足更大的市场需求。当企业发展壮大，市场成熟时，可以通过建立专门的绿色零售店或在超市、连锁店开辟绿色专柜，方便大量分散消费者多次购买。通过超市、连锁店、大卖场等渠道销售绿色产品开拓都市消费市场，这是目前一些绿色产品龙头企业进攻市场的方式。例如，江苏泰州市的绿色食品企业由政府牵头与全国最大的连锁超市之一的"苏果"签订购销协议，建立稳定的产销对接关系。

（3）后向渠道又称逆向营销，它是指产品和服务从用户手中流向生产企业，这是一种全新的市场营销措施，它使绿色消费者改变角色成为一个绿色生产者。企业将消费者作为垃圾的提供者，将垃圾回收处理中心作为接受者，从而进行垃圾的分拣、再循环、再利用。目前，我国正积极倡导这种渠道方式，从而提高资源能源利用效率、减少环境污染、促进循环经济的发展。

分销渠道是市场营销的重要环节之一，对分销渠道的选择直接影响着实体商品从生产领域向消费领域转移过程中所耗费的流通成本的大小。

（三）绿色中间商的评估与选择

绿色产品的分销过程，是通过中间商，如零售商、批发商、代理商等来推动完成渠道任务。在绿色营销渠道构建中，中间商的选择尤为重要。"绿色理念"并不能带来直接的经济利益，甚至还会增加中间商的成本。所以，企业选择绿色中间商前，要对绿色中间商进行评估，评估的内容主要包括以下五点：①绿色中间商经营时间的长短及成长状况。②

绿色中间商的经营管理水平和经营开拓能力。③绿色中间商决策者的绿色营销观念和人格形象。④绿色中间商的信用状况。⑤绿色中间商的销售区域能否为构建绿色分销渠道提供效率优势。

如何选择绿色中间商，培养中间商的绿色理念，执行绿色行为，并把绿色营销的概念带给消费者，是企业绿色营销渠道构建的关键。首先，应选择在消费者心中具有良好绿色信誉的代理商、批发商和零售商，以便维护绿色产品的形象；其次，必须考虑绿色中间商的合作态度及其经营能力、信用、分销能力和绿色意识。经营能力是考察绿色中间商的经营连续性，信用主要考察绿色中间商履约、回款性等方面的信誉，分销能力则是考察绿色中间商的绿色市场拓展能力、营销能力、管理能力、技术支持和服务能力、商品储存和配送能力等；再次，绿色企业要选择资金实力雄厚、财务状况良好且具备绿色营销意识的中间商；最后，注意该中间商所经营的非绿色商品与绿色商品的相互补充性、非排斥性和非竞争性，提高中间商对绿色产品的忠诚度，进而大力推销绿色商品。

三、绿色营销渠道的管理

绿色渠道要求在营销过程中要加强渠道成员的绿色意识，建立绿色营销网络（降低渠道营销中人力、物力、财力等成本），销售物流过程的运输、仓储、包装、流通加工、装卸等环节注意能源的节约，控制分销过程中对环境造成的污染，节省环境资源。绿色渠道建立后，必须对绿色渠道进行有效管理，不断提高绿色渠道的分销效率。

（一）渠道成员的培训

与中间商之间建立相互培训机制是密切渠道成员关系、提高绿色分销渠道效率的重要举措。一方面，绿色生产企业培训绿色中间商的终端销售人员，使他们懂得绿色商品知识和绿色产品的使用方法，了解相关技术，提高中间商顾问式销售的能力，更好地引导绿色消费，扩大销售；另一方面，绿色中间商可以给绿色生产企业的营销人员、技术人员提供培训，传递绿色市场知识、绿色产品知识、竞争者信息和绿色消费需求等有利市场信息，使绿色生产企业的绿色产品、绿色促销、绿色售后服务得到改进，提高绿色中间商的市场拓展能力，同时也能提高生产企业适应绿色市场的能力，形成绿色渠道内部信息的双向流动，使渠道在运营中反应更快、效率更高、服务更精准。

对零售商的培训要注意两个方面：一方面是对销售人员的培训，要培养销售人员的工作热情及对环保问题的关注；另一方面，在店面装饰上，以自然、环保、简洁为主，体现企业绿色营销理念。

（二）渠道成员的激励

对于渠道成员的有效管理，绿色营销管理更多地强调通过激励来营造整个渠道系统的和谐气氛，通过激励来调动渠道成员的积极性。因此，对于渠道成员的有效激励，就几乎成了任何绿色生产商渠道管理中的一项不可或缺的重要内容。随着市场竞争的日益激烈，确立绿色生产商与渠道成员间持续的相互支持、相互合作的关系，形成战略同盟至关重要。持续地、经常性地采取激励措施，可以增强相互之间的联系与合作，提高绿色渠道效率，降低渠道成本。渠道成员是企业营销渠道的重要组成部分，但由于渠道成员间经营目的不同，管理目的和经营行为也会有较大差异。被用来对渠道成员进行激励的返点、培训、广告支持等已经成为一种常规手段。但是，在绿色生产商看来，这种针对整体渠道成员的激励措施还不够，需要进一步完善。

首先，绿色企业要经常与现有渠道中间商进行有效沟通，培养渠道成员的绿色观念，提升渠道成员的环保意识，同时应对中间商给予经济上的支持和激励，特别是在产品投入市场的初期，由于销售预期不明确、利润的产生和分配未知、中间商的积极性不高，需要多引导、多督促。

其次，建立科学完善的绿色渠道成员评价体系和选择标准，从制度上引导渠道成员树立绿色渠道管理理念，提高绿色营销意识；构建有效的绿色渠道体系，保障渠道成员的长期利益。

再次，绿色企业要建立有效的渠道成员诊断体系，根据渠道成员的经营状况，准确有效地帮助其改进经营策略、提高运营管理能力和经营绩效。

最后，多引导和培育非绿色渠道成员，通过制度保障和对渠道成员的有效激励吸引更多非绿色渠道成员加入。

（三）绿色渠道的调整

在绿色渠道的建立和运作过程中，绿色营销理念、绿色营销生态环境等会发生变化，使绿色渠道不能发挥价值链的整体竞争优势。这时企业要探索改进绿色营销环境的各种渠道，甚至对渠道系统进行根本性创新。绿色渠道改进一般通过以下三种方式进行调整：

（1）增减某些绿色渠道上下游成员。这是绿色分销渠道改进和调整的最低层次。当某个绿色渠道成员经营不善且绿色意识缺乏，已影响整个绿色渠道的正常运营时，绿色生产商应考虑对该绿色渠道成员进行调整和改进，并在适当的时候增加能力较强的绿色渠道成员。

（2）增减某些绿色渠道。这是绿色渠道改进和调整的较高层次。当某些绿色市场的营销环境、市场绿色需求或顾客的购买能力发生了较大变化时，绿色生产商原有的绿色渠道不能有效地将绿色产品送达目标顾客，或只依靠原有的绿色渠道不能满足目标顾客的绿色需求时，绿色生产商应考虑对某些渠道结构进行改进和调整。

（3）变更整个绿色渠道模式。这是绿色渠道改进调整的最高层次。绿色生产商对以前选择的绿色渠道上下游作较大规模的改进，甚至完全放弃原有的绿色分销渠道，重新设计和组建新的绿色分销渠道系统，并相应调整或改变其绿色营销组合和绿色营销策略。对企业而言，这是最困难也是最复杂的渠道调整改进方式。

第四节　绿色整合促销策略

一、绿色促销策略概述

（一）绿色促销的方式

促销是指企业通过人员和非人员方式将所经营的产品或提供的服务信息传递给消费者，引起消费者兴趣，激发其购买欲望，影响和促进其产生购买行为的方法。绿色促销策略有两方面的含义。一方面指绿色产品的促销，即通过绿色信息的传递，树立企业产品的绿色形象，使之与消费者的绿色需求相协调，吸引消费者，增强其市场竞争力，达到促进销售的目的；通过绿色信息的传递，增强消费者的偏爱，产生重复消费；另一方面指"绿色"的促销，在促销过程中注意环境保护，以"绿色"为指导原则，如在其促销活动中注意不污染环境，节约资源等。绿色促销的主要方式如下。

（1）通过举办绿色食品展销会、洽谈会、免费采摘、拓展运动等活动，扩大绿色食品与经销商和消费者的接触面。

（2）设计并制作绿色广告，宣传绿色产品，塑造公司的绿色形象，把绿色产品和绿色拓展信息传递给广大消费者，拉近与消费者的距离，刺激消费需求。通过绿色信息的传递，满足消费者对商品安全和环保的心理需求，促进绿色食品的销售。

（3）利用绿色公共关系促销。例如，刊登公益广告呼吁保护野生动物、减少环境污染等塑造企业的良好形象。

（4）通过绿色食品的免费品尝、派送等形式将产品快速渗透到消费者中。另外还可以通过阳光营销、口碑营销、关系营销等技巧维系老顾客，吸引新顾客，提高市场占有率，实现持续营销和发展。

（二）绿色促销的主要功能

（1）告知功能。绿色促销能够把企业的产品、服务、价格等信息传递给目标受众，谋求消费者绿色需求与绿色产品协调，并借以在消费者心目中树立企业及产品的绿色形象。

（2）说服功能。绿色促销的目的在于通过各种有效的方式，解除目标受众对企业产品或服务的疑虑，以产品的绿色、安全、生态等特征，说服目标受众并坚定其购买信心。

（3）反馈功能。绿色促销能够通过电子邮件、网络社区等方式及时地收集和汇总顾客的需求和意见，迅速地反馈给企业管理层，以便及时作出相应决策。

（4）创造需求。运作良好的绿色促销活动，不仅可以诱导顾客消费，而且可以创造顾客需求，发掘潜在的顾客，扩大产品或服务的销售面。

（5）稳定销售。企业通过适当的绿色促销活动，可以树立良好的产品形象和企业形象，这有可能改变顾客对企业产品或服务的认识，使更多的顾客形成对本企业产品或服务的偏爱，从而达到稳定销售的目的。

（三）绿色促销组合与选择

1.绿色促销组合分析

绿色促销组合是指企业在促销活动中，将广告、销售促进、公共关系、营业推广等促销策略有机组合、综合运用，以实现更好的整体效果。绿色促销组合方式包括以下策略：

（1）绿色广告。绿色消费的需求已进入中国消费品市场，运用绿色营销观念，指导企业的营销实践已成为必然趋势，其中重要的环节是推行绿色广告。绿色广告是宣传绿色消费的锐利武器，是在维护人类生存利益基础上销售产品的广告，它的功能在于强化和提高人们的环保意识，将消费和个人生存危机及人类生存危机联系起来，使消费者认识到错误的消费将影响人类的生存。这样消费者就会选择有利于个人健康和人类生态平衡的绿色产品。运用绿色广告可以迎合现代消费者的绿色消费心理，对绿色产品的宣传，容易引起消费者的共鸣，从而达到促销的目的。目前在我国，绿色广告作为一种营销战略还未引起广大绿色产品生产经营者的普遍重视。因此，绿色产品企业应该利用各种广告媒体，推行和运用绿色广告，引导绿色消费。

（2）绿色公关。公共关系是指组织或企业在其运行过程中与外界发生一定联系的所有外部关系的总和，具体包括消费者关系、社区关系、政府关系、媒介关系、竞争关系、经销商关系、供应商关系等。绿色公关是树立企业及产品绿色形象的重要传播渠道。它是绿色营销的深层次内容，通过公关人员参与一系列公关活动，广泛与社会公众进行接触，增强公众的绿色意识，树立企业的绿色形象。绿色公关能帮助企业更直接、广泛地将绿色信息传到广告无法达到的细分市场，给企业带来竞争优势。绿色公关的主要对象是客户、环保集团成员、法律团体、一般性团体以及企业内部人员。绿色公关的方式多样，可通过一定的大众媒体开展，诸如通过演讲、发表文章、发放环境保护教材及资料等。还可通过某些相关的公关活动来宣传企业的绿色形象，诸如举办绿色赞助活动及慈善活动等。

（3）绿色市场推广。通过绿色营销人员的绿色推销和营业推广，从销售现场到推销实地，直接向消费者宣传、推广绿色产品，讲解、示范产品的绿色功能。做好市场推广工作，使消费者了解并购买企业的绿色产品或服务，是绿色推广成功的关键。人员销售是工业企业主要的促销方式。要有效地实施绿色营销策略，销售人员必须了解消费者绿色消费的兴趣，回答消费者所关心的环保问题，掌握企业产品的绿色表现及企业在经营过程中的绿色表现。

（4）绿色促销。绿色广告旨在通过广告媒体对公众宣传绿色知识、企业绿色产品信息等相关内容，引导消费者关注和理解绿色知识，接受绿色产品并最终购买绿色产品。

2.绿色促销组合的选择方法

绿色企业在选择促销方式进行促销组合时，应注意以下内容：

（1）结合企业产品的特点选择恰当的绿色促销组合策略。

（2）选择合适的服务提供商，提高促销资金的使用效果。

（3）依据绿色促销的目标、对象、选择合适的促销组合策略。

（4）依据产品生命周期所处的阶段，选择适当的促销组合策略，如导入期，建立产品的知晓度，采取绿色广告策略；成长期，建立产品的知名度，采取绿色广告、销售促进策略（广告重点宣传企业及其产品品牌）；成熟期，建立产品的创新度，采取绿色广告、销售促进策略（广告重点宣传产品的改进和特点）；衰退期，建立产品的偏爱度，采取绿色销售促进策略；全周期，建立产品的信任度，采取绿色公共关系策略。

（四）绿色促销的实施程序

绿色促销的实施程序由以下六个步骤组成。

（1）确定绿色促销对象。绿色促销对象是针对可能在市场上产生购买行为的消费者群体提出来的，主要包括三部分人员：产品的使用者、产品购买的决策者、产品购买的影响者。

（2）制定绿色促销目标。绿色产品或服务的营销策略以网络促销活动能带动产品或服务销售的扩大为前提。不同的绿色促销目标，意味着企业运用不同的促销手段，同时，促销目标制定的合理性与否直接关系着企业整体产品营销计划的成功与否。

（3）设计促销内容。绿色促销的最终目标是引起消费者的购买。这个最终目标是要通过设计具体的信息内容来实现的。消费者的购买过程是一个复杂的、多阶段的过程，因此促销内容的设计，应当根据消费者目前所处的购买决策过程的不同阶段来确定。

（4）决定绿色促销组合。绿色促销组合包括四种组合方式，企业应当根据各种组合方式的特点，结合企业产品的特点、市场情况和顾客情况合理组合，以达到最佳促销效果。

（5）制定绿色促销预算。在促销方案实施之前，必须对该方案可能发生的各种成本费用进行相应预算，只有这样才能使有限的资金发挥尽可能好的效果，做到事半功倍。

（6）衡量绿色促销效。果绿色促销方案实施后，必须对已经执行的促销内容进行评价，衡量一下促销的实际效果是否达到了预期的促销目标，为做好促销活动的控制提供参考依据。

二、绿色广告策略阐释

（一）绿色广告的内容

广告是为了某种特定的需要，通过一定形式的媒体，公开广泛地向公众传递企业或商品信息的宣传手段。此处一定形式的媒体指的是广告媒介形式，通常指平面广告、电波广告、互联网广告、户外广告。平面广告通常包括报纸、杂志等媒介；电波广告指的是电视、广播等媒介形式；互联网广告指的是 PC 互联网、App 移动客户端等媒介形式；户外广告通常指交通系统站牌、LED 大牌、车体车身广告、电梯内广告等媒介形式。如今的信息传播方式多样，广告载体包括但不限于以上几种形式，如一个事件、一个话题都可成为广告。

绿色广告指的是代言绿色产品，通过广告的主题、文案和产品形象体现绿色环保的经营理念和主流文化，引导消费者树立理性客观的消费观念的广告。绿色广告应有意识地建立正确的价值导向，而非通过制造"广告舆论"去操控消费者。

绿色广告是广告设计的一部分，绿色广告的概念必定不是单一、定向的，不过我们一样可定义总结出其中的核心内容。学者们对绿色广告设计进行了不同的定义，如对生态有益并准确传达企业诉求的广告形式、商业及非商业组织的生态化传播。广义上的绿色广告，其本质上是一种旨在改善人类活动与生物物理环境之间相互关系的广告传播过程，能够涵盖所有营利及非营利性传播者和受众，也能涵盖商业性和公益性的绿色广告。从狭义的角度来说，绿色广告设计是环境、品牌与人的和谐传播，人与品牌的和谐，涉及人与品牌之间在保护生态环境、开发利用自然资源方面的公平性。

绿色消费的需求已进入中国消费者市场，运用绿色营销观念，指导企业的营销实践已成为必然趋势，其中重要的一环即是推行绿色广告。绿色广告是宣传绿色消费的锐利武器，是在保护人类生存环境的基础上销售产品的广告，它的功能在于强化和提高人们的环保意识，使消费者将消费和生存危机联系起来，使消费者认识到错误的消费将影响人类的生存并最终有害于个体，这样消费者就会选择有利于个人健康和人类生态平衡的绿色产品。

（二）绿色广告的主要作用

（1）有利于塑造企业良好形象。从某种意义上讲，企业形象决定着企业的命运。绿色广告的创意在于突出产品的绿色要素，可以有效地消除消费者的一些顾虑，并产生试一试的念头。绿色广告强调了不会对健康产生损害，如果产品效用果然名不虚传，消费者便会由产品的尝试者变成长久的用户。消费者对产品的喜爱也会变成对厂家的青睐。绿色广告旨在推介产品的绿色元素，这就有可能营造出一种保护环境，保护生态的文化氛围，在这样的文化氛围里，消费者与生产者容易实现良好的沟通。人们在认同某一产品的同时，也会认同其企业形象，而企业形象一旦在消费者心里有了一定的地位，其产品也就不愁没有销路了。

（2）有利于传播环保观念。绿色广告，是一种"人类生态广告"。它重现宣传对象的生命意义、生存意义。绿色象征生命，绿色广告具有生命的色彩，这就是说，绿色广告不同于一般的广告，是站在维护人类生存利益的基点上推销产品的广告。由于绿色广告迎合现代消费者的绿色消费心理，对产品的宣传也容易引起现代消费者的共鸣。以往，我们看到一些广告，在介绍产品时，也突出强调产品的天然性，或者强调产品对环境的保护性，这类广告应该说也属于一种绿色广告，只是其理性说服力欠佳。一旦形成了"绿色广告"的概念，在宣传产品时多在"绿色"上通过多种方式进行全方位说明和传播，必然会引起消费者的更大关注。

（3）促进生产者和消费者及时沟通。绿色广告的制作，应充分考虑到广告的审美功能，使其成为一种悦人目、动人耳、快人心的艺术作品。其广告词可作为人们生活的调味剂，也可成为具有艺术生命力的精神产品，而绝不能造成新的环境污染（包括精神污染）。也就是说，绿色广告不仅要注意广告对象对环境的影响，也要注意自身对环境的影响。如果这两方面做到了，绿色广告就能真正担负起市场向导的作用，使生产者和消费者之间能进行及时沟通，达成两者之间的共鸣。

（三）绿色营销广告策划

1. 广告目标的确定

广告最终目标是通过宣传，在消费者心中提高企业及其产品的知名度，促使消费者在购买同类产品时能指名购买，达到增加产品销量、提高市场占有率的目的。绿色广告将环境保护引入广告传播，从而使广告传播活动受到可持续发展的社会责任的约束。确定绿色广告传播的目标，一般包括：提高绿色产品知名度和美誉度，树立企业生态形象；传播绿色产品信息和绿色观念，引导绿色消费；增强产品竞争力，引导顾客理性购买；等等。绿色广告应以满足需求为出发点和归宿，既要满足现有与潜在的绿色需求，还要促进绿色消费意识的提高。绿色广告目标通常表现为以下四种类型。

（1）引导性广告目标，是指通过增强消费者的环境保护观念，激发他们对自然的向往和渴望，同时引导他们形成高品质绿色生活方式，进而培育绿色消费意识，最终让消费者形成绿色消费习惯。

（2）通知性广告目标，是指企业通过对产品的性能、特点和用途等的宣传介绍，提高消费者对产品的认识程度、理解度，以及对企业和品牌的记忆度，目的在于介绍新产品，开拓新市场，刺激消费者的购买需求。它适用于产品生命周期的介绍期（导入期）和成长期的前期。企业的绿色广告可以向市场告知绿色产品的情况，宣传产品的绿色成分和环保特征，让消费者接受产品；其次可以通过宣传绿色产品带来的利益，树立并宣传绿色企业形象；也可通过宣传企业的绿色行为，建立消费者信任，获得消费者的认可和接受。

（3）劝说性广告目标（竞争广告目标），是指通过宣传企业产品较同类其他产品的优异之处，使消费者认知本企业产品能给他们带来的好处，从而增强对企业产品的偏爱度，目的在于加强产品宣传，创立企业产品品牌，树立企业形象和产品形象，培养消费者对本企业品牌的忠诚度，确定消费者的购买需求。它适用于产品生命周期的成长期后期和成熟期。企业的绿色广告以产品特点为基点，建立绿色产品品牌并培养消费者对品牌的偏好；通过和竞争产品比较后，鼓励消费者转向绿色产品品牌；分析消费者对绿色产品属性的认知，说服消费者购买绿色产品，培养消费者对本企业的忠诚。

（4）提醒性广告目标，是指企业通过提示性广告的形式，加深消费者对已有商品的认识，使现有消费者养成消费习惯，使潜在消费者产生兴趣和购买欲望，保持消费者对广告商品的好感、偏爱和信心，其目的在于巩固已有市场，满足消费者的购买需求。它适用于产品生命周期的成熟期后期和衰退期。对于企业实施绿色广告而言，通过提炼产品绿色特征，提醒消费者购买绿色产品。通过立体全方位传播，提高企业品牌的知名度。对于潜在客户群体，要逐步获得消费者信任，使其最终认可企业的绿色品牌，将其转为现实客户。

2. 广告受众的定位

广告受众的定位是确定企业的产品广告或形象广告被哪些人看，他们属于哪个群体、哪个区域等。如旅游信息广告是针对人们的外出旅游需求，提供交通、景点、旅游产品等信息服务，广告的受众应定位在旅游团体；职业信息服务广告是通过提供招聘和求职信息满足人们求职的需求，广告受众应定位在劳动力市场和人才市场。随着绿色环保事业的不断发展，公众的绿色消费意识不断觉醒，越来越多的人对绿色消费持积极态度。绿色广告客体也通过实际的绿色消费行为切实参与到可持续发展的绿色循环中，成为倡导绿色低碳生活方式的实践者。绿色广告已逐渐让广告客体从原先的消费者、受众身份转变为参与者、生活者的角色，成为绿色消费的行动者，完成了从认知情感层面延伸到行为意向层面的过渡。在绿色广告的传播过程中既提升了广告客体的绿色消费意识，还营造了一种低碳生活、绿色环保的社会氛围。现在的绿色广告传播让每一位受众都能被绿色消费理念影响，使其成为低碳环保的践行者，每一位践行者又都有可能成为绿色产品的消费者。

3. 广告主题的选择

广告主题是指网络广告的诉求点，即广告将对消费者产生的预期认识、情感和行为反应。广告的主题一般有三种形式：理性主题、情感主题、道德主题。

（1）理性主题：指直接向目标顾客和受众诉诸某种行为的理性利益，或显示产品能满足人们的需求，以促使人们做出既定的行为反应。

（2）情感主题：指试图向目标顾客诉诸某种情感因素，以激起人们对某种产品的兴趣和购买欲望。

（3）道德主题：指以道义诉诸广告主题，使广告接收者从道德层面上分辨出什么是正确的或适宜的，进而规范其行为。

4. 广告创意的创新

广告创意是指表现绿色广告主题的艺术构思。通过广告创意可将绿色广告主题的抽象观念转化为真实、具体的表现形式。广告创意包括垂直思考和水平思考。垂直思考用眼，看到的是和实物直接相关的物理特性。优秀的广告创意会瞬间冲击消费者的感官，并引起强烈的情绪性反应，是降低购买阻力、促进消费行为的有效因素。

（四）绿色广告信息的设计

在设计绿色广告文案过程中，我们可以从以下方面体现绿色广告的特征：

1. 标题的新颖性

消费者每天接触的广告数量非常多，目光所及布满了商家不同类型的广告。消费者对广告标题比较敏感，常常被称作标题读者，即只看大字标题的读者。标题如不吸引读者的注意，不激发读者的阅读兴趣，读者是不可能读到主题文案的。所以，绿色广告文案的标题必须唤起读者的注意，为此标题设计必须要采用引人注目的独特的内容和表现形式。在视觉上通盘考虑文案在版面中的位置，采用能吸引读者注意的字体、字号，使之能在一瞬间抓住读者眼球，引起读者关注。

对于绿色广告来讲，采用新闻、通告形式和断定形式是最佳的。绿色工程是一个全民性的、长期性的、意义深远的系统工程。通过新闻、广告形式可以明确具体地告知消费者绿色产品的信息，向他们明确地传递这些信息，有利于绿色观念的深入和促销活动的开展。

正文是文案的主题部分。开始阅读正文的读者，已经被标题的魅力所吸引，有了想再看下去的心理需求。在这个时候，正文必须有效地将诉求点转换过来并持续下去。为此，绿色广告的文案要明确有力地表现商品的质量、功效以及可以带给消费者的切身利益。要先在正文的开头部分承接标题，使用有绿色意味的词语。

开头部分要能够再次唤起读者的兴趣，进一步提高文案的说服力。正文的开头到结尾，其内容需要有一定趣味性，让读者感受到只要购买该产品，就能得到更多的喜悦和满足感。结尾部分还必须包含呼吁读者采取行动的要素。

2. 绿色因子的发挥

（1）创意的视觉化。视觉传达不仅在报纸杂志、电视广告中运用，而且还普及到了户外广告、网络等领域。广告的视觉化是指形成创意的具体形象，使其以物理形象出现。换言之，用词语以外的方法促使创意形象化。

绿色广告创意的视觉化包括两个方面。一是绿色商品本身。绿色商品是绿色广告的主角，广告创意尽可能质朴单纯。如果单就绿色商品来进行创意思维，把消费者的注意力集中到一个视觉点，广告效果显然会更好。二是绿色商品背景。采用能够更加突出商品特点和功能的背景来衬托商品的手法。例如，"以白雪皑皑的富士山为背景，前面停放着白色的轿车""冰凉的溪流中，放置着冰镇饮料"给商品增添绿色的背景，烘托商品的绿色性能和特点，而不是直接诉说商品的绿色性能。通过绿色背景的刺激，来点燃消费者的消费欲望。这种迂回的创意符合了广告受众的心理特点。

（2）创意的思维方式。广告创意的思维方式包括事实型、形象型、垂直与水平型、放射型、头脑风暴型等。其中，事实型思维方式指在广告创意中，以广告产品本身的诸多事实为依据作为创意的着眼点。事实型思维方式符合绿色广告的特性，能启发消费者的绿色消费心理，例如，猎豹汽车所做的"天地广阔，自然大有可为"广告。创意主要以猎豹汽车本身所具有的事实（动力、性能、空间）为创意元素，并在此基础上进行组合，再完美地表现出来。此创意的绿色因子是人与自然的和谐统一，让消费者觉得买此车有利于环保，有利于减少空气污染，为净化空气做出了贡献。

3. 绿色色彩的安排

色彩能够给受众强烈的视觉刺激，不仅在平面广告中要经常用到色彩，在电视广告，甚至网络广告中，色彩都是不可缺少的视觉要素。绿色是大自然普遍存在的色彩，给人以平和、安静和活力。不同的绿色象征着生命的不同阶段：黄绿昭示青春和活泼；中绿展现健美和成熟；土绿表示衰老和沉重；而青绿则有理智、智慧、沉稳的含义。绿色广告中运用绿色色彩，要注意以下方面：

（1）利用绿色色彩突出广告主题。通过绿色广告色彩所显示的情调，使消费者受到某种特定情绪的感染，直接领悟到绿色广告所要传达的主旨。随着绿色浪潮的推进，广大消费者的绿色意识显著增强，如果在绿色广告中勾画出绿色的情调，凸显大自然的柔情，展示环境的优美，会让消费者的心灵受到冲击，产生心与心的交汇。

（2）利用绿色色彩暗示商品的绿色特性。运用独特的色彩语言，借以表达商品的种类、特性，便于消费者辨认、购买。当绿色商品和非绿色商品在同一卖场时，务必让消费者一眼就认出该商品为绿色商品。所以，对于绿色广告来讲，要将绿色色彩运用得出神入化，通过分析绿色商品的用色特点设计合适的广告以方便消费者对绿色商品的选择与购买，避免消费者混淆。

4. 加强绿色广告的人文关怀

（1）回归广告本身的信息传播功能。绿色广告应该回归广告本来的功能——提供信息。给消费者提供的信息可以是商业信息，也可以是某种新的生活状态、新的行事方式，或某种新的观念。通过绿色广告传播的绿色商品信息一定是真实、可靠的，否则，会引起消费者的反感，反而疏远了消费者。因此，广告代理商要善于捕捉绿色信息，开发新的绿色诉求点，不断强化产品的绿色特性，以便持续锁住绿色消费者，提升其对绿色产品的忠诚度。

（2）以消费者的需求为出发点。真、善、美是消费者永恒的向往。尊重和了解这些人性化需求，注重人性化的沟通，使广告不仅传播绿色广告的理念，还能达成与消费者的默契。尤其是当产品日趋同质化时，广告给人带来的心理感觉越来越重要，只有把握住受众的脉搏，与受众进行情感沟通，才可能在竞争激烈的市场中获胜。

（3）提高广告的审美性和趣味性。广告转型，应注意淡化促销色彩，张扬以人为本的人文精神，增强广告的审美性和趣味性，追求广告社会效益和经济效益的和谐统一。广告本身具有强烈的艺术气息，是唤起需求、引领消费的参谋，因此在艺术创作上要能体现一定的审美色彩，令消费者赏心悦目。增添广告的趣味性和审美性，不仅会受到消费者的欢迎，而且符合广告生态的要求。

三、绿色销售促进策略

（一）绿色销售促进的分类与功能

1.绿色销售促进的分类

销售促进又称营业推广，绿色推广是指通过绿色营销人员的绿色推销和营业推广，在销售现场和推销实地，直接向消费者宣传绿色产品信息、推广绿色产品，讲解、示范产品的绿色功能，回答消费者的绿色咨询，宣讲绿色营销的各种环境现状和发展趋势，激发消费者的消费欲望。同时，通过试用、馈赠、优惠等策略，促成购买行为。绿色销售促进是指企业运用各种短期诱导，通过产品的绿色和有机特点，来实现目标顾客对企业产品或服务的购买和使用的促销活动。绿色销售促进，根据促销对象的不同，可分为两大类。

（1）针对消费者的销售促进：包括折价促销、会员积点促销、赠品促销、抽奖促销等。

（2）针对中间商的销售促进：包括批量折扣、合作广告津贴、中间商销售竞赛、免费咨询服务等。

2.绿色销售促进的功能

（1）沟通功能。企业通过各种销售促进方式，能够起到通知、提醒、刺激消费者的作用，使消费者尤其是潜在消费者了解更多的产品信息，达到与消费者沟通的目的。

（2）激励功能。企业运用销售促进手段，向消费者提供某些额外的利益，如样品的赠送、价格的让利等，可以有效地刺激消费者的试用和购买。

（3）协调功能。企业运用多种销售促进方式，如购买馈赠、价格折扣、批量折扣、经销竞赛等，既可以刺激消费者和中间商的购买，又可以协调企业与消费者、企业与中间商的关系，保持与消费者和中间商，尤其是与中间商的稳定购销关系。

（4）竞争功能。企业通过销售促进方法，可以有效增强企业产品对消费者的吸引力，促使消费者增加购买数量和购买频率，从而可以有效地抵御和击败竞争对手。

（二）绿色销售促进的主要方式

（1）折价促销。折价促销是目前网上最常用的促销方式之一。许多网上商店除了显著地标明市场价格和在线价格的差距外，大大小小的折价促销活动更是层出不穷，有的甚至将打折商品汇总为站点的一个固定栏目，如当当网上书店设置的图书特卖场。

（2）捆绑促销。捆绑促销主要是指消费者在购买企业的核心产品时，可以以相对便宜的价格购买其他相关产品。如某电商的在线捆绑促销活动，允许消费者在购买两份商品之后，只花一元钱便可在指定的商品中再选取另外一份。

（3）赠品促销。赠品促销一般是企业在新产品试用、对抗竞争品牌、开辟新市场时采用的一种促销方式。网上赠品促销可以提升企业品牌的知名度，可以起到很好的推广作用，通过设置获取赠品的资格附加条件，企业还能够及时地收集到真实、详细的产品反馈信息。

（4）抽奖促销。抽奖促销已被很多网站广为采用，但随着各种名目的抽奖活动此起彼伏，抽奖的真实性和公平性越来越受到消费者的质疑，因此，抽奖活动必须做到公正、简洁、有趣，并将抽奖进度及时通报。

（5）积分促销。积分促销是一个较长期的活动。不同的积分往往对应着不同等级的产品优惠政策或是价值不同的奖品，它有利于建立消费者对企业产品的好感、对企业站点的忠诚。获得积分的形式多样，可以是购买产品、提出产品改进意见、在企业论坛发表文章、正确回答与企业相关的问题等。

（6）在线交流促销。在线交流促销是指企业利用聊天室、即时通信类软件、企业论坛、留言簿等在线交流手段，组织消费者联谊活动或产品展销推广活动。如美国亚马逊公司在其网站下分门别类开设的聊天区，引导网民进行相关讨论，并适时推出对口图书，起到了很好的促销作用。

（7）联合促销。联合促销是指企业与非竞争性的企业或其他组织结成促销联盟，共享信息资源和宣传推广途径，增加与潜在消费者接触机会的促销方式。联合促销的产品或服务可以是互为补充的，可以起到相互提升自身价值的效应，进而获得良好的促销效果。

四、以绿色价值为导向的公共关系策略研究

公共关系是指组织机构与公共环境之间的沟通与传播关系。企业利用各种传播手段，有意识地与内外公众进行信息的双向交流，以塑造良好的企业形象，建立稳定融洽的顾客关系，有效促进营销目标的实现。

（一）公共关系的主要特征

（1）根本目标是树立企业良好形象。公共关系是一门"内求团结，外求发展"的经营管理艺术。企业通过建立和维护各种关系，建立和保持与公众的良好沟通，赢得公众的理解、信任和支持，对内形成强大的凝聚力，对外形成强大的吸引力。

（2）沟通对象是社会公众。社会公众是指与企业相互联系、相互作用的个人、群体或组织的总和，包括政府、社区、社会团体、顾客、新闻机构、银行、竞争对手、企业内部员工等。公共关系的沟通对象就是社会公众，公共关系就是要维护好企业与社会公众之间相互合作、相互促进、共同发展的关系。

（3）基本手段是双向沟通的传播方式。公共关系的本质就是企业与其相关公众之间的有效信息沟通。公共关系传播是一种信息的双向沟通，一方面将有关社会公众意愿的信息传给企业，另一方面将企业的信息传播给社会公众，树立企业的良好社会形象，以求得社会公众的信任与合作。

（4）基本方针是持之以恒、不断努力。企业要同社会公众建立和保持良好的关系，需要付出艰辛的劳动，需要长期的、有计划的、持续不懈的努力。企业公共关系应着眼于企业的长远利益，不计一时得失，更要着眼于平时的努力，要通过平时点点滴滴的坚持为社会公众谋利益，才能逐渐树立良好的公众形象。

（5）基本原则是真诚、互利互惠。企业公共关系需要奉行真诚的信条。企业只有为自己塑造一个诚信的形象才能取信于社会公众。公共关系活动的开展必须贯彻真诚原则，企业只有诚实守信才能赢得社会公众的信任，才能实现与社会公众的双向沟通，维持和巩固企业形象。另外，公共关系必须坚持互利互惠原则，企业与其相关公众都有各自的利益，企业只有在满足社会公众利益的基础上实现企业的利益，才能促进企业与社会公众的关系得以长期、稳定、健康发展。

（二）以绿色价值为导向的公共关系探析

"绿色公关"是指企业受生态环保与经济可持续发展观念影响，选择具有"绿色"特征的媒体开展传播活动，以绿色为特色塑造企业形象，赢得公众的信任与支持，给企业带来更多便利和竞争优势的一系列公关活动。绿色公关是树立企业及产品绿色形象的重要途径。它能帮助企业更直接、更广泛地将绿色信息传到广告无法达到的细分市场，给企业带来竞争优势。绿色公关直接造"势"，间接造"市"，在培育消费者和潜在消费者的绿色消费意识，促进绿色产品的销售方面起着传统营销公关活动不可替代的作用。绿色公关对绿色营销的作用可从企业内部绿色公关、企业外部绿色公关以及完善企业绿色沟通网络等方面体现出来。

企业实施绿色公共关系策略可采取的形式有：演讲、发放教材建立信息服务机构、开展活动、提供绿色赞助、提供慈善赞助、举办主题活动、做本企业的绿色报告等，这样可以为企业树立良好公众形象。

（1）绿色宣传。向社会或目标公众传递企业的绿色理念以及企业"绿色"方面的业绩，增强公众对企业的信赖感并宣传企业绿色形象。现代媒体是信息传播的主要渠道，企业要获取信息靠媒体，而公众要了解企业更要靠媒体。绿色形象宣传是通过媒体传递绿色企业和产品信息，从而引起消费者对产品的需求及购买行为。

（2）大众传媒。大众传播媒介具有公开、快速、科学色彩浓、娱乐价值高、社会权威性大、容易形成轰动效应的特点，能够使公众相信它所刊载、传播的内容。因此大众传媒宣传是企业公关宣传的首选媒介，如电视、报纸、广播、网络、宣传手册等。在各种媒体中重视对企业绿色经营理念和绿色消费概念的宣传，传播绿色语言、绿色生活风格和绿色心情等绿色信息，烘托强烈的绿色文化。

（3）环保活动。参与、组织各种与绿色和环保有关的事务与活动，如绿色赞助活动、慈善活动等，扩大企业绿色形象的影响。在策划绿色公关活动时，首先，要注重主题鲜明和形式生动活泼。根据公众的兴趣和娱乐心理，策划出符合其心理需求、无明显商业色彩、强调绿色观念的活动；其次，要选择恰当时机。公众闲暇时间、重大社会纪念日、新产品或新服务项目推出之际、重要人物莅临企业之际、企业组织荣获重大荣誉之际等，往往是进行企业宣传的关键节点，利用这些时机开展成功的公关活动容易引起公众的注意，形成公共关系的轰动效应，从而获得良好的公共关系效果；最后，活动要形成系列。定期举办以"绿色"为中心、具有内在联系、开展时间稍长的公共关系活动，以形成公关活动的规模效应，产生良好的宣传效果。

例如，壳牌（中国）有限公司曾以环保为主题，开展全方位的公司形象公关。其举措包括"壳牌美境行动"、在北京密云认养"壳牌林"、赞助出版《儿童环保行为规范》、支持中国探险学会等。其中"壳牌美境行动"是这些活动中的重头戏，自活动实施以来社会各界的好评如潮，也提升了公司的形象和公众的认同度。开展绿色公关，树立公司绿色环保形象，不但对提高壳牌的经营绩效具有重大作用，还能使公司赢得社会公众的好感和信任，增强公司的竞争力。壳牌公司的绿色形象亦有利于增强公司的凝聚力，激发员工的荣誉感和奋斗精神，使形象力转化为生产力，从而提高公司的生产质量和经营效益。壳牌公司的绿色招牌还能赢得求职者的青睐。

（4）建立绿色沟通网络。企业的绿色沟通就是建立与政府、社区、消费者等各方面的良好关系，形成绿色通道。有了四通八达的绿色沟通网络，就能提高外界对企业的知名度、美誉度，扩大企业的社会影响力，使企业的绿色营销更加有效。

（5）建立绿色政府关系。政府对企业具有重要的影响力。政府的态度会影响社会舆论，从而影响和决定着企业的整个公共关系环境，以及所面临的挑战和机遇。因此，企业要加强与政府部门的绿色信息交流，积极主动地与政府有关部门及时沟通，主动参与环保活动，大力支持环保事业的发展，使企业赢得良好的信誉。

第五节　绿色营销中的绿色企业文化

一、绿色企业文化的内涵

绿色企业文化（green corporate culture）是指企业及其员工在长期的生产经营实践中逐渐形成的为全体职工所认同遵循、具有本企业特色的、对企业成长产生重要影响的、对节约资源、保护环境及其与企业成长关系的看法和认识的总和。绿色企业文化属于"亚文化"的范畴。企业文化是一个企业在长期经营实践中所凝结起来的一种文化氛围、企业精神、经营理念，并体现在企业全体员工所共有的价值观念、道德规范和行为方式。绿色企业文化由外层企业物质文化、中层企业制度文化、内层企业精神文化组成。

绿色企业文化的三个层次是紧密联系的。物质层是企业文化的外在表现和载体，是制度层和精神层的物质基础。制度层则约束和规范着物质层和精神层的建设，没有严格的规章制度绿色企业文化无从谈起，精神层是形成物质层和制度层的思想基础，是绿色企业文化的核心和基础。进行绿色企业文化建设既要重视经济效益，又要重视社会效益、生态效益，满足现代消费者追求绿色产品的要求。提高企业产品的生态含量，树立良好的企业形象。

第一，树立绿色价值观。要树立企业是经济人、社会人、生态人的统一体的绿色价值观。企业价值观是经营活动的指导思想，是企业适应市场环境，为求得生存和发展，在长期的管理实践中，由企业的经营者倡导并为企业的员工所认同的一系列理念。企业价值观是现代企业文化的核心，在绿色文明时代来临之际，树立绿色价值观，即将环保作为企业生存发展的基础之一，是企业推行绿色管理的关键。只有将绿色经营理念导入企业的核心价值观，教育、引导、鼓励员工把企业的发展与生态保护及全社会的共同发展相协调，才能为企业实施绿色管理提供坚实的精神支持，使绿色管理成为员工的自觉行动。

第二，绿色企业文化强调消费者需求的全面性。为实现生态、经济和社会的可持续发展，企业的可持续经营，人类生活质量的全面提高，企业经营活动必须关注消费者需求的全面性。这包括对健康、安全、无害的产品需求，对美好生存环境的需求，对安全、无害的生产和消费方式的需求，对和谐的人与人关系的需求。绿色企业文化使企业在从事经营活动时不仅要发现需求、满足需求，而且要引导需求。积极主动地引导消费者进行合理消费，树立新的伦理观、价值观，避免不合理需求引发的不合理的生产和消费方式，引起自然资源的浪费和损耗、生态环境的恶化以及人的异化，造成人与自然的对立、人与人的不和谐。

第三，绿色企业文化要求重建竞争观念。地球的整体性、自然资源的有限性和相互依存性，把整个人类连在一起。这要求人类必须采取共同的联合行动，才能在全球范围内实现可持续发展。从企业经营活动角度看，经济的全球化使得许多企业在全球范围内建立供应链，供应链某一环节（某一国家）出现问题，整个供应链就会出现问题，甚至停止运转，从而影响生产和消费。某些大的环境问题的解决和环保项目的投资需要许多企业的介入，形成战略联盟才能解决，特别是有些环境问题是跨越国界的，要求企业从全球视角进行绿色管理。因此，生态系统的整体性和相互依存性，把整个企业的命运连在一起，企业之间除了竞争的一面，还有相互合作、相互联系的一面，所有企业都是经济体系的命运共同体，更是整个生态系统的命运共同体。只注重短期利益、局部利益不可能实现永续经营，百年不衰。

第四，强调企业对环境和社会的责任。绿色企业文化强调企业对环境和社会的责任。环境是人类的生存的基础。随着社会的发展，改善人类生存环境、提高健康水平成为人类关注的问题。企业要正视环境问题，关注人类对环境质量的需求，将其贯彻到企业的整个经营活动中。绿色企业文化要求企业将供应链扩展到消费者，一要生产安全、健康、无害的产品，二要消费过程中和消费之后对环境不造成影响。只有把短期利益和长远利益、局部利益和全局利益统一起来，企业才会实现长期经营，长盛不衰。

第五，以绿色为标志塑造企业形象。企业形象的塑造具有一定的选择性：有的企业以质量过硬为特色；有的企业以优质服务为特色；有的企业以成本领先、价格低廉为特色；有的企业以技术领先、不断创新为特色；等等。绿色企业文化的内涵是以绿色作为最佳的企业形象，成为高素质企业的象征，从而使企业获得独特的竞争优势。

二、绿色企业文化建设的必要性

（一）建设绿色企业文化是企业绿色管理的前提

绿色企业文化既是绿色管理的重要内容，也是企业实施绿色管理的前提。企业要制定绿色管理战略、进行科学的环境资源管理，首先取决于员工特别是管理者具有绿色意识。

企业要开发绿色产品、进行绿色设计，研究开发人员树立绿色价值观就是前提。企业要开发绿色市场、进行绿色营销，其营销人员对企业与自然社会关系的认识就起着决定性的作用。

绿色企业文化体现在绿色管理的各个方面。绿色企业文化是企业贯彻绿色管理的措施，是企业树立绿色形象，实现企业绿色目标的保证。企业实施绿色管理的目的，是在促进社会经济可持续发展中实现企业可持续成长，达到经济效益、社会效益、环境效益的统一。为此企业要通过科技进步和管理改进，节约资源，改善环境，并树立绿色企业形象，把环境效益和社会效益转化为竞争优势，进而提高经济效益。这些都离不开广大员工的绿色意识和积极参与。

（二）建设绿色企业文化是促进企业可持续成长的需要

（1）建设绿色企业文化，有利于企业适应经营环境的变化。当前，整个世界都关注可持续发展问题，绿色浪潮此起彼伏，企业应看到这一趋势。

（2）建设绿色企业文化，有利于增强企业员工的凝聚力，提高企业的生命力。绿色企业文化是企业发动广大员工积极参与节约资源、改善环境的实践基础，体现企业对企业生产环境和社区环境改善的认同决心。也体现了企业对员工生产生活环境的改善，是企业对员工身心健康的关心。

（3）建设绿色企业文化，有利于树立良好的企业形象，提高企业竞争力。建设绿色企业文化，使企业重视节约资源和保护环境，承担相应的社会责任，使企业能够取得社区、社会和公众的好感。

三、绿色企业文化建设的策略

企业建设绿色文化，就是要使企业全体员工形成一种共同的节约和有效利用资源、保护和改善环境价值观念，并贯彻于经营管理的实践中去，做到在发展生产中保护环境，在保护环境中促进生产发展，实现经济、社会、环境三个效益的统一与协调发展，坚定不移地走可持续发展之路。建设绿色企业文化是企业创造性的管理活动，从大量的企业实践来看，建设企业文化应从以下方面着手。

（一）精神层建设

绿色企业文化的精神层建设主要是指企业的领导和员工以"绿色"作为共同信守的基本信念、价值标准、职业道德和精神风貌。这是企业文化的核心和灵魂，是形成物质层和制度层的基础。企业文化中有无精神层是衡量一个企业是否形成了自己的企业文化的标志和标准。绿色企业文化的标志是在企业的最高目标、企业精神、企业风气、企业道德和企业宗旨等方面处处体现绿色。

（1）企业领导层观念意识的"绿"化。发挥企业主要经营者的主导作用，用企业家精神带动绿色企业文化的建设，绿色企业文化作为一种群体文化，在企业中主要是靠领导的积极倡导、逐步培养，并贯彻到实际行动中去，才能逐步形成。作为一个现代企业家，首先，要具备可持续发展的长远观念，将保护环境作为企业的基本任务，促进生态与经济的协调发展；其次，要树立资源价值观，将"环境"纳入资源范畴，将环境恶化带来的损失以及环境治理带来的费用纳入成本；再次，树立环境法治观念，研究环保法规，自觉以相关法规约束企业的行为；最后，树立环境道德观，现代企业家应以高度的社会责任感，积极投入保护环境、促进生态发展的事业中去。

（2）坚持以员工为主体，发挥群众的首创精神。首先，要进行绿色知识的培训，培训是手段，目的是提高全体员工的环境意识并使之达到担负相应的环境职责的能力。培训工作是否充分有效是能否成功创建绿色企业文化的关键因素之一。其次，要开展绿色宣传教育，采取群众喜闻乐见的宣传教育形式，使员工的绿色意识不断增强。最后，要通过一些典型事例促进员工观念的转变。例如，海尔集团是最早通过ISO14000认证的公司，该公司特别注重典型事例的作用，他们通过认证前和认证后的对比，使公司全体员工理解并接受绿色观念，克服了认为实施绿色管理就会影响企业经济效益等思想观念，增强环保意识，理解资源综合利用知识，形成了实施绿色管理的统一信念和决心，支持并积极参与到企业实施绿色管理行动之中。

（二）制度层建设

企业的规章制度是企业管理的重要手段，是调节企业的内部人际关系、利益关系的基本准则，是组织企业生产经营活动、规范企业行为的基本程序，也是企业各部门、各部分相互连接的纽带。企业建立绿色文化，必须从严格的规章制度开始。绿色管理制度的形成和落实过程也是绿色企业文化的形成过程。

（1）建立绿色企业文化建设的职能部门。理顺领导机制，建立绿色企业文化建设的职能部门。绿色企业文化建设是需要投入一定资源的活动，需要投入相应的人力、物力、财力及相关技术资源，产生的效益不是那么直接和迅捷的，因此在绿色企业文化建设初期应组建一个专门的工作队伍，负责企业文化的建设及未来的专业工作。工作班子的成员应具备一定的环境科学、管理科学和工艺技术知识和能力。最好由不同部门且对组织有较深了解的人员组成。企业的绿色职能部门应成为企业的监察机构，具有一定的权威性。一方面，能够对企业的决策具有较大的影响力，以保证对环境的保护成为企业决策中的重要因素；另一方面，能够与企业各个部门保持信息的沟通，对企业各个部门的工作起到监督的作用，以杜绝损害环境利益的行为发生。

（2）进行初始环境评审和规划。初始环境评审是建立规章制度的基础。具体步骤如下：第一，调查企业的环境状况。了解企业所在地的生态环境状况，弄清企业的污染源、排污种类及途径；把握企业内部各个方面对资源的不合理使用及造成的浪费和流失情况。第二，评价企业的环境质量。在调查的基础上对企业的污染源及其程度、资源及能源消耗程度与相应标准进行比较分析，做出评价。第三，提出企业的绿色管理目标。参照国际、国家、行业和地方的有关法规和标准，提出量化的降低能耗的具体目标。第四，制定绿色管理的战略措施和企业的年度绿色计划。制订出具体的行动方案，有计划、有步骤地调整企业的业务范围，在"绿化"现有业务的同时，逐步淘汰高污染、高能耗的"夕阳业务"，发展新兴的绿色业务。

（3）编制系统性的规章制度。绿色企业文化的规章制度的编制工作是一项非常重要且技术性较强的工作，它要结合组织的特点，充分考虑组织的环境状况、现有机构和其他资源状况。具体的绿色规章制度应包括环境管理规则、专业技术规程、环保业务管理制度、环境保护责任制度。

（4）绿色规章制度的运行及评审。绿色规章制度区别于一般规章制度的是，它是将绿色价值观念融入企业的生产、人事、营销和财务工作的各种规章制度中，形成了一套系统化、文件化的管理制度和方法。这些成文的制度与约定及不成文的企业规范和习惯，对企业员工行为起着约束作用，保证企业的整个绿色管理工作能够分工协作，井然有序，高效地运转。绿色管理规章的评审是指企业在绿色规章制度的运行阶段，检查整个体系的充分性、适用性和有效性，及时发现问题，找出问题的根源，及时进行纠正。

（三）物质层建设

物质层建设是绿色企业文化的表层部分，它是企业创造的物质文化，是形成企业文化精神层和制度层的条件。从物质层中能折射出企业的经营思想、管理哲学、工作作风和审美意识。

（1）环境信息公开。企业通过将其环境信息公布于众，使广大职工对企业的环境状况和奋斗目标心中有数，企业要让消费者、社区居民、利益相关者、社会公众了解企业的资源和环境管理情况，理解企业的绿色文化，也便于社会监督。反馈回来的批评、建议等信息，是企业推进绿色文化建设的重要依据。环境信息公开有利于树立良好的企业形象，也是一个企业负责任的表现。

（2）构建绿色企业形象识别系统。这一系统应包括绿色企业理念识别系统、绿色企业行为识别系统、绿色企业视觉传播系统。绿色企业文化的物质层包括：企业名称、标志、标准字、标准色；企业外貌；产品的特色、样式、外观和包装；技术工艺设备特性；企业的文化传播网络；等等。

（四）创造企业的绿色价值

可持续发展是企业面临的战略问题，制定绿色发展及营销战略，树立绿色价值观念，实行绿色价值链管理，创造绿色价值，提供并满足社会和消费者对绿色价值的需求，是实现科学发展观、构建和谐社会的要求，也是实现企业可持续发展的重要途径。

1.绿色价值与绿色价值链

（1）价值和绿色价值。关于价值及其本质的问题，存在着多种观点。物理学认为：价值是对于确定的主体、事物所具有、所释放的广义有序化能量。哲学意义上，价值所表达的是一种人与物之间的需要与满足的对应关系，即事物（客体）能够满足人（主体）的一定需要。价值是凝结在商品中无差别的人类劳动，即产品价值。价值又分为使用价值（给予商品购买者的价值）和交换价值（给予商品提供者的价值）。

理解价值需要注意以下三个方面。①价值是一个关系范畴，关系不同价值不同。例如，对于节能、减排等保护环境行动，在企业和消费者或不同的人眼中其价值会有所区别。②价值是一个意义范畴。只有客体对主体有某种意义的需要，客体才有价值，即价值来源于客体，取决于主体，产生于实践。③价值具有个体性、时效性、多维（元）性等特点。例如，人们对天蓝、地绿、水清、宁静乃至空气清新等美好的人类生存环境价值的理解与企盼，因人类发展需要的不同而不同。整体来讲，温饱型社会对生理需要（吃、穿、用等）更多于对安全及更高层次的需要，小康社会则对安全与健康及更高层次需要有更多的需求。具体到消费者群体，收入或社会地位越高，对安全性及更高层次需要（受尊重、自我发展以及自我价值实现）的需要更多。

从广义上讲，或任何有利于环境保护、提升人类生活品质和社会经济可持续发展的物质文化和精神文化，都具有绿色价值。从狭义上讲，绿色价值是指包括产品减少对环境的污染，帮助消费者提高环境保护意识等的效用。

一方面，劳动创造了所有价值，包括绿色价值；另一方面，从企业角度讲，绿色价值就蕴藏在一系列经营活动中。按照马斯洛的需要层次理论，生活资料的使用价值可分为：温饱类价值、安全类价值、爱与归属类价值、受尊重类价值和自我实现类价值五个基本层次。也就是说，每个层次都包含了绿色价值。尽管企业经营的产品不同，也不可能一时将所有产品都改变为绿色产品，但是，任何产品都可以朝绿色方向改进，或任何产品中都隐含着绿色价值，等待着我们去挖掘、研发和生产，去创造，去体现，去宣传，去传递。由此可知，多数企业面对可持续发展战略，如何对多方面相关利益人做出绿色响应，并在原来基础上构建更好、更可持续发展的业务，企业需要实现全新的价值主张，并以能够赢利的方式为绿色新市场创造更具有绿色价值的产品和服务。绿色价值包括节能价值、减排价值、生态价值等，就隐藏在价值链中。

（2）价值链和绿色价值链。企业的价值创造是通过一系列活动构成的，包括市场营销活动。这些不同但又相互关联的活动，构成了一个创造价值的动态过程。"价值链"理论表明企业与企业的竞争，不只是某个环节的竞争，而是整个价值链的竞争，即整个价值链的综合竞争力决定了企业竞争力的强弱。价值链越绿色，企业就越有绿色竞争力。

价值链在经济活动中是无处不在的，上下游关联的企业与企业之间存在行业价值链，企业内部各业务单元的联系构成了企业价值链，企业内部各业务单元之间也存在着价值链。价值链上的每一项活动都会对企业最终能够实现多大的价值造成影响。

绿色价值链是以绿色观念为指导，从企业价值链的角度切入，自绿色设计、绿色采购、绿色生产、绿色产品、绿色营销（包括绿色价格、绿色促销、绿色分销、绿色服务、绿色物流等）、绿色消费、绿色回收和绿色再生材料等环节形成的动态、循环的环状流程，此流程兼顾商业目标与环保目标，将绿色产品价值与绿色社会价值纳入价值范畴，以最大化绿色价值为目标实现企业经济效益、社会效益和环保责任的统一。

绿色价值链拓展了传统价值链，从企业内部价值增值过程看，绿色价值是客观存在的价值形式，主要体现在四个方面：①随着绿色消费意识的提升，消费者愿意为绿色产品价值付费。②绿色形象本身具有极大的商业价值。③从价值形成各个环节看，绿色化创新本身蕴涵着巨大的价值潜力。④与链式、开环的传统价值链相比，产品回收再生（或资源化）逆向过程本身具有巨大的增值潜力。

绿色价值链是一种环境保护为导向的绿色价值体系，在经济活动无处不在，每一项价值活动都会影响企业最终价值。因此，企业要在经营管理中树立绿色价值观念，将绿色价值纳入价值范畴，使用绿色技术，在各个环节减少污染、节约资源并以最大化绿色价值为目标，实现企业经济效益、消费者利益和社会生态效益的统一。每一个环节都包含了诸多绿色因素，如绿色设计包括质量功能开发材料选择设计、制作和装配设计、拆卸设计、循环设计、生命周期评估、绿色工具软件设计等。与营销活动相关的绿色设计包括以下具体领域：一是绿色产品设计，如易回收、节能、节省材料、低污染、危害少等；二是绿色工艺设计，如减少浪费、生产过程中减少"三废"排放及控制等；三是绿色包装设计，如节省材料、复用、无毒、少公害、易分解等设计；四是绿色服务设计，如服务过程中减少二次污染、节约、加强与消费者绿色沟通等；五是绿色品牌及绿色商标设计等。支持绿色价值循环流程运转的需要一系列辅助性活动，如绿色计划包括绿色理念、绿色管理、绿色战略、绿色政策、绿色制度（管理、采购、核算、激励、教育）、绿色组织等。

　　企业确立绿色经营观念是构建绿色价值链的基础，需要从战略高度来认识和对待。大量生产、消费、废弃的大规模发展模式是非可持续发展模式，必将逐步淡出历史舞台。在可持续发展框架下，企业必须承担起相应的环境责任，环境因素将成为企业经营必须考虑的重要因素，需要从战略高度认识、对待，绿色经营系统的构建是企业未来竞争优势的源泉。

　　随着全球消费者绿色消费意识不断觉醒，为企业绿色价值创造提供了越来越强劲的动力，许多企业已经或正在主导和影响全球供应链向绿色化方向发展。对中国企业而言，要顺利进入国际市场或融入全球供应链，绿色价值已经成为一道重要的门槛。从国内环境看，资源环境问题极为突出，发展循环经济已成为必然选择。因此，与其被动适应不如主动出击，尽快构建企业绿色价值链对企业具有战略性价值。

　　企业绿色化经营是发展循环经济的微观基础。企业是社会经济活动的基本单位，推进循环经济发展必须充分重视和激励企业绿色化经营，企业积极参与是建立区域乃至整个社会的循环经济体系的基础内容。

　　企业是价值创造的主体，特别是物质财富方面。尽管从绿色价值观到绿色价值，再将绿色价值融入绿色价值链中，需要一个过程。但是，中国有一批绿色企业已经开始行动，其通过制定前瞻性绿色发展战略，促进利益相关者绿色价值增加的过程中实现商业绿色价值的最大化。

　　2. 产品的绿色价值

　　从产品角度讲，绿色价值就包含在产品主体价值和产品附加价值之中。产品绿色价值包含在产品主体价值和产品附加价值之中。任何产品，包括实物产品与服务，只要其在生产、流通和消费过程中，比一般同类产品对环境保护的贡献多一点儿，就可以说该产品具有了一定绿色价值。

　　（1）产品价值。产品价值是由主体价值和附加价值构成的。三者的关系见式（5–3）。

$$产品价值 = 产品主体价值 + 产品附加价值 \qquad （5–3）$$

　　其中，产品主体价值是指产品的适用性，即产品为满足一定用途（或使用目的）所必须具有的各种性能（或功能）。它是构成产品使用价值的基本条件。由于人们的使用目的不同，对产品性能的要求也各有不同。例如，食品应具有一定的营养功能，包括供给热量，保持体温；维持生命，修补组织；保护器官，调节代谢。服装的功能是遮体、装饰或御寒。电冰箱的功能是制冷、保鲜……产品的适用性除产品所要求的基本性能（功能）外，还包括产品在该用途方面应尽量符合人体工程学原理，满足一物多用、使用方便等要求。又如，食品除具有上述功能之外，还应尽量满足消费者对食品色、味、形俱佳等要求。近年来，产品使用多功能化和方便化，是现代产品开发的趋势。

产品附加价值是指产品价值中除主体价值之外的价值。它独立于产品主体价值之外，能够给产品价值带来增值，并能给消费者带来额外利益。其效用可以激发消费者或用户的购买欲望和购买行为。例如，服务好，具有良好的企业或品牌形象，产品附加价值就高。

（2）产品绿色价值概述。产品绿色价值是由产品主体绿色价值和产品附加绿色价值构成的，三者的关系详见式（5-4）。产品主体绿色价值和附加绿色价值都依附在一般同类产品的价值之中。

$$产品绿色价值 = 产品主体绿色价值 + 产品附加绿色价值 \qquad (5-4)$$

其中，产品主体绿色价值是指在一般同类产品主体价值（如产品适用性）基础上，更加突出强调了消费者对产品安全、卫生及环保性等的需求。或者说，具有主体绿色价值的产品在生产、流通、使用过程中比一般产品更具有保证人身健康和安全、节约资源、减少对环境危害等功能。不仅考虑使用人的安全，还要考虑生产、流通等环节对他人安全和健康，尽量避免或减少对环境造成公害等问题的发生。例如，某一食品产品，如果食用更安全，更易于人体吸收，营养价值更丰富，更有利于消费者健康，这种食品产品就更具有绿色价值。

产品附加绿色价值是指除产品主体绿色价值之外的绿色价值。例如，某一食品产品具有更好的产品或企业形象，让消费者感觉更放心，这种食品产品就更具有绿色价值。

例外，马斯洛需要层次论还可将五种需要层次分为两个级别：生理需要、安全需要和社会需要属于级别较低的需要，这些需要通过外部条件就可以满足；尊重需要和自我实现需要是高级别需要，往往通过内部因素才能满足，而且一个人对尊重和自我价值实现需要也往往是无止境的。马斯洛需要层次论还认为：越低级别的需要，人们越是明确；越高级别的需要越是不明确，也越难满足，因为在满足需要的愉悦体验中又会产生更高的需要。越是高级别需要，就越是需要企业创造产品或服务差异化。而绿色消费需求则属高级别高、层次的需求。

因此，从企业顾客满意战略角度看，创造与提高产品的主体绿色价值和绿色附加价值，既能更好地实施产品差异化，增强产品绿色市场竞争力，为企业带来绿色利润，又能更好地满足消费者对绿色利益的追求，有利于环保和人性的回归。

（3）产品绿色价值的性质。从营销的角度看，无论是研发产品的主体绿色价值，还是创造产品的附加绿色价值，其活动都贯穿于整个营销活动中。因此，讨论产品绿色价值的性质，有利于在产品整个生命周期内，包括产品研发、生产与制造、包装、储存、销售、消费、服务及废旧物质回收等各个环节提升产品的绿色价值。产品绿色价值主要具有隐含性、依附性、多样性和可拓展性、灵活性、促销性、经济性及良好的社会效益性等性质。

第一，绿色价值具有一定的隐含性。是指绿色价值一般都隐含在产品主体价值与产品附加价值中，随着社会、经济、科学的不断发展和深入以及人们的觉悟不断提高，对绿色价值的认识和开发会逐渐加强。

第二，绿色价值具有依附性。是指产品的绿色价值依附在一般同类产品而存在。例如，绿色冰箱所具有的无氟、节能和低噪声等绿色功能，都是依附在冰箱制冷、保鲜等使用价值之上。随着绿色科技不断创新、突破，绿色化程度将不断加深。

第三，绿色价值具有多样性与可拓展性。是指绿色价值既可以通过改变产品的物质性能、功能或适用性使其绿色价值得到提升和拓展，也可以通过提供优质服务来提升或拓展，还可以通过提升消费者的爱心与奉献精神来拓展绿色价值。

第四，绿色价值具有灵活性。是指根据企业宏观和微观、或外部和内部环境以及市场需求变化，灵活多变地运用营销组合策略，进行绿色价值营销。绿色价值营销是指在产品、价格、促销与沟通、分销、服务等营销策略组合运用更加灵活多变的方式，更重视绿色价值的体现、宣传和传递。

第五，绿色价值具有促销性。是指通过绿色价值营销，将不断提升消费者对产品绿色价值的认知，有利于引导和诱发消费者绿色消费欲望，促使社会和消费者产生积极的绿色购买行为。

第六，绿色价值具有良好的经济性。在绿色需求趋于多样化的市场环境中，提高产品绿色价值，有利于增强产品的市场竞争力。从企业可持续发展角度看，提高产品绿色价值，尤其是提高产品附加绿色价值，成本较低，有利于企业获得更大的经济效益。

第七，绿色价值具有良好的社会效益性。消费者或社会公众、企业、政府以及有关组织，通过感知产品的绿色价值，使其绿色意识不断提升，有利于形成关心环境、参与绿色行动、社会良好风气大环境，促进"环保"事业的不断深入发展。

（4）产品绿色价值的分类。讨论产品绿色价值分类，有利于更好地区分、发现和创造绿色价值。产品绿色价值可分为不同的类型。①产品绿色价值按其所处地位划分，可分为产品主体绿色价值和产品附加绿色价值。②产品绿色价值按其有形性划分，可分为有形绿色价值和无形绿色价值。③产品绿色价值按其效用划分，可分为物理绿色价值和心理绿色价值。物理绿色价值是指能够给消费者带来生理满足，如产品的一物多用性、方便性等所带来的是效用满足；心理绿色价值是能够给消费者带来额外心理的满足，如被尊重、个性化、便捷、舒适等效用满足。④产品绿色价值按其在价值链中所处位置划分，可分为原材料绿色价值、中间产品（或半成品）绿色价值和最终产品绿色价值等。

此外，产品绿色价值还可按受益主体不同进行划分，按产品绿色附加值与产品主体绿色价值的分离程度划分等。

3. 创造产品的绿色价值

从企业营销的角度讲，绿色价值就包含在产品价值中。而创造社会和消费者追求的绿色产品价值，是绿色营销活动的主题。创造产品绿色价值要考虑两个问题：①创造绿色价值的决策依据因素；②创造绿色价值的可能途径。

（1）创造产品绿色价值的决策依据。

第一，慎重考虑消费者的客观需求（现实和潜在）。如果有需求并预测绿色效益显著，且有可能通过一定的价值营销策略引导消费者对产品绿色价值认可或接受，就可以实施决策，这也是创造绿色产品价值及增值的有效途径。前提是要进行深入的绿色市场调研与预测，把握消费者对绿色价值的实际需求，并针对这些客观需求来选择绿色价值营销组合策略。在如今消费已成为制约生产和流通瓶颈因素的市场环境下，如何掌握、运用来自社会和消费者方面的信息，是企业最为重要的研究课题。把握社会、消费者对绿色价值的追求，创造符合消费者需求和欲望的绿色价值，并通过绿色产品更好地承载绿色价值，这是创造绿色价值的关键。

第二，紧跟绿色大潮脉搏，把握和引领绿色新时尚。绿色消费者可理解为社会关注型和生态关注型消费者的统称。一方面，消费者绿色意识不断提高，对社会可持续发展的关注不断增强；另一方面，绿色创意不断出现，绿色科技不断创新，消费者的绿色产品价值观不断变化。如何利用先进的绿色技术，创造、把握和引领绿色时尚，使绿色价值对消费者效用满足最大，是对绿色价值创造提出的严峻挑战。其中，绿色价值营销，尤其是促销对创造和引领绿色时尚影响巨大。

第三，从实际出发，考虑企业绿色经济效益。一般来讲，产品绿色价值越大，受社会欢迎程度越高，但对于企业来讲，同一产品其绿色价值并非越多、越大越好，由绿色价值链可知，产品绿色价值越大，企业可能需要投入的越多，组织及其管理难度越大、越复杂。因此，要考虑投入与产出比的问题。为了获得较高的投入产出比，企业必须结合企业实际情况，考虑绿色效益，尽可能选择绿色经济效益大的途径。

第四，考虑绿色技术的可行性。"科学技术是第一生产力"，绿色技术是创造绿色价值的关键因素，必须对绿色技术的可行性加以充分论证，只有绿色技术可行，才能有效地创造绿色价值。

此外，企业所在行业、产品所属类型、企业核心竞争力及其综合实力以及社会与行业的法律和法规、道德规范等也是创造绿色价值的重要依据。

（2）创造产品绿色价值的可能途径。从绿色价值链可知，生产或制造绿色产品表面上只是其中的一个环节，但绿色产品所承载的绿色价值，则涉及整个绿色价值链。这也是绿色产品与一般产品的差别，绿色营销是传统营销的延伸与扩展。因此，寻找创造产品绿色价值的可能途径，是有效创造绿色产品价值的前提。

第一，依据产品绿色价值分类，创造绿色价值。依据产品绿色价值分类创造绿色价值，可知，任何一种（类）食品都具有主体绿色价值和产品附加绿色价值。食品的主体绿色价值就是营养丰富、安全、卫生、无污染；其附加绿色价值则包括让消费者更信赖、放心，让人感觉更安全、卫生、更信赖。

第二，从绿色产品整体概念中创造绿色价值。产品是绿色价值的载体或基础，深入了解产品整体概念，有利于深入全面地了解绿色产品价值。消费者购买绿色产品的动机是获得绿色价值（或利益），而绿色价值可从绿色产品整体概念中寻找。绿色产品整体概念分为以下四个层次。①绿色核心产品。是指绿色产品所具有的绿色功能，是满足绿色需求或欲望的核心利益或功能。从绿色核心产品层次上创造绿色价值，可通过质量绿色化来体现，如能源和资源效率更高（节电、节水）；废弃物和污染更少；产品本身更安全、更耐用；可重复使用等。也可通过改进绿色性能来体现，如通过改进空调消音器以减少噪音；通过变频以节能；制冷和热水器组合以达到节能；等等。还可通过排除不安全成分来体现，如食品不加添加剂，在满足充饥、给人提供热量和营养的同时，更具安全（有害成分更低、副作用更小等）性质。这是消费者真正追求的绿色利益。②绿色形式产品。是指绿色产品本身，包括产品品质、特征、式样、品牌、名称、包装、标志等方面的内容。从绿色形式产品层次上创造绿色价值，可通过改善上述内容进行，如使用更具环保的材料，申请使用绿色标志，树立绿色品牌形象，包装绿色化等。③绿色附加产品，又称延伸产品。是指消费者在购买产品时所获得的附加绿色利益。从绿色附加产品层次上创造绿色价值，如提供上门的绿色服务（包括节能使用指导等）、废弃物回收（上门回收洗衣机等），对消费者进行绿色消费引导等；还可允许免用包装（儿童车回购、以旧换新）等。④绿色期望产品。是指消费者在购买绿色产品时期望得到的，与产品密切相关但高于同等级产品的绿色属性。从绿色潜在产品层次上创造绿色价值，可以是物质的也可以是精神的。不同的消费者对于同一种产品的期望不同，甚至会差别很大。例如对洗涤用品的期望，有的消费者关注洗涤用品对皮肤较少伤害这一绿色利益；有些消费者则希望在获得上述利益的同时，期望其对环境造成的污染要尽量小。

（3）从绿色产品价值体系中创造绿色价值。绿色产品与消费者的关系构成了绿色产品的特定价值，其绿色价值常常是多元的。因此，可通过建立绿色产品价值体系进行综合思考。产品绿色价值体系的建立可从以下三个方面进行：一是建立产品的绿色价值网；二是建立产品绿色价值链；三是挖掘产品潜在绿色价值，创造绿色新价值。绿色产品价值体系实际上涵盖了绿色产品整体概念的各个层次。

第一，建立产品的绿色价值网，从中寻找和创造价值，可从实体产品（品质、生产、外观）、使用情况（洗衣机的方便、节水、磨损少、省时、易冲洗）、消费者对产品的关注点和期望等方面着手。

第二，建立产品绿色价值链，并从中寻找和创造价值，可从绿色产品的社会价值链（友谊、亲情、爱情、诚信、忠诚、尊老爱幼、热心助人、社会公益等）和绿色产品的主观价值链（人的感觉、品牌塑造、产品性格、产品象征等）方面进行。

第三，挖掘产品潜在绿色价值，创造绿色新价值。可通过唤醒消费者、突破消费者观念障碍、逆向思维等方式激发消费者产生绿色需求，创造产品绿色新价值。

（4）从产品自然生命周期各阶段创造绿色价值。产品自然生命周期是指从自然资源中获得产品原材料，经过加工成为产品，供人类使用后又回到自然界，这样一个封闭循环的过程。或者说，产品自然生命周期是由原材料采集处理、加工、运输、分配、使用、维修、循环及最终处置等环节组成的生命链。显然，从产品自然生命周期的各阶段寻找和创造绿色价值，有利于提升产品的绿色价值。例如，绿色食品的自然生命周期是指从"土地—餐桌—土地"的过程。

4. 绿色产品的研发

绿色产品是绿色价值的载体，而绿色产品策略是绿色营销策略的基石。研究与开发绿色产品，是企业绿色营销、塑造绿色形象的关键和保证。研究与开发绿色产品，就是创造绿色价值。

（1）研发绿色产品的途径。研究与开发绿色产品是一项复杂、投资大、风险大的事情，其研发途径有五个方面。

第一，运用绿色科技，研发全新的绿色产品。

第二，通过改变一般相同产品相关的物理参数，或在一般同类产品基础上，改进产品功能，满足绿色需求。

第三，改变原产品物理参数的同时，结合绿色宣传，开发绿色产品。例如，结合某一绿色食品（有机原料、减少或不含添加剂），宣传其给身体健康、环境带来的具体益处，以满足消费者因对环保贡献所获得的心理满足，这是鼓励、引导、促进绿色消费，促进绿色价值实现有效途径。

第四，通过提供优质服务，创造绿色价值。如通过价值营销营造温馨环境，或通过提供热情、便捷、周到和细微的服务，如上门维修、绿色消费指导等，增强消费者对绿色价值的感知与认可，从而增强其绿色消费信心。

第五，通过塑造绿色品牌，创造绿色价值。商界和投资者都已清楚地认识到：品牌是公司最珍贵的无形资产，拥有市场，比拥有工厂更重要。唯一拥有市场的途径，就是拥有具有市场优势的品牌，而品牌是涉及知名度、美誉度、品牌联想和品牌忠诚的总体概念。

（2）研发绿色产品的内容。研发绿色产品涉及内容广泛，主要包括以下内容：第一，绿色产品设计。在现有技术水平及能力达到的情况下，尽量着眼于易回收、节省能源、低污染、对消费者身心健康危害少的产品设计。第二，绿色工艺设计。采用绿色新技术，改进设备，选择清洁生产工艺以减少浪费和"三废"排放。第三，绿色包装设计。采用节省材料、复用、无毒、无公害或易分解的包装材料。第四，绿色服务设计。服务过程中以减少二次污染、节省资源、加强绿色沟通为原则。第五，绿色品牌、商标设计。积极申请"绿色标志"或"环保标志"，按国际化标准开发绿色产品，同时，积极获取各种国际绿色标志认证，以提高企业国际市场竞争力。

5. 绿色产品中的绿色技术

（1）绿色技术内涵及特点。绿色技术是指人们以保护生态环境为宗旨，在利用自然、改造自然的生产劳动中积累的经验和知识。绿色技术是人类为实现可持续发展而采用的意在保护环境、维持生态平衡的各种手段的总和，是一种促进人类与自然和谐发展的技术。绿色技术是节约资源、促进循环经济发展、避免或减少环境污染的技术。与传统技术相比，绿色技术有以下特点。

第一，绿色技术是一个相对、动态的发展概念。随着社会发展与进步，尤其是随着人类对环境价值观改变，绿色技术的内涵不断发展。

第二，绿色技术与高新技术紧密相连。例如，利用太阳能制氢，可以获得清洁的燃料，从而有效防止化石燃料造成的大气污染。再者，高新技术如果没有绿色观念作指导，将对自然环境产生极大破坏作用，因此，将高新技术进行绿色利用，是绿色技术的重要内容。

第三，绿色技术是一个具有网式结构的技术群（网），相互之间紧密相连。它体现在产品自然生命周期的全过程，包括资源替代技术、新能源技术、环境设计技术、清洁生产技术、"三废"防治技术、污染治理生物技术、生态环境监测技术、产品检验技术、包装技术、无害化使用技术、有害废物处理技术、废物综合利用技术等诸多方面，能最大限度地替代有毒有害材料、工艺及设备、操作技术和管理方式，增强企业绿色竞争优势与可持续发展的能力。

第四，绿色技术运用在生产、流通、消费、回收利用再生产的整个循环过程。它突破了传统的"原料—产品—废料"断裂链条，将绿色技术创新与改造应用到"原料—产品—废料—资源"闭路循环系统，实现改"末端治理"变"源头把关"。

（2）绿色技术创新与应用。绿色技术创新是创造绿色价值的关键，是保护环境，实现企业可持续发展的一个必然选择，实施绿色技术创新是节约资源、减少环境污染、生产绿色产品的技术手段，也是有效实现绿色行动美好愿望的桥梁。绿色研究与开发是绿色技术的源泉。

6. 绿色产品中的绿色包装

绿色包装是绿色产品的一部分，实施绿色包装就是提升或创造绿色产品价值的组成部分。因此，讨论绿色包装有利于创造绿色价值。

绿色包装又称无公害包装或环境友好包装，是指对生态环境和人类健康无害，能够重复使用或循环再生，符合可持续发展要求的包装技术和物质材料。绿色包装的核心理念是保护环境、节约资源。绿色包装应符合以下条件：①绿色包装在起到保护产品、方便贮运、促进销售的前提下，使用尽可能少的包装材料及操作；②包装材料和容器对内装物必须是安全的，即不会产生任何有害成分污染产品；③包装废弃物能最大限度地利用、回收和循环再利用。

绿色包装的含义通常通过以下五个方面来体现。①实行包装减量化。尤其要避免过度包装。②包装应易于重复利用或易于回收再生。③包装废弃物可以降解腐化。即不造成第二次污染。世界各发达国家均重视发展利用生物或光降解的包装材料。④包装材料对人体和生物应无毒无害，或包装材料中有毒有害物质的含量应控制在有关标准之内。⑤包装产品在整个自然生命周期中，均不对环境产生污染或造成公害，即包装制品从原材料采集、材料加工、制造产品、产品使用、废弃物回收再生，直至最终处理的生命全过程均不应对人体及环境造成公害。

（1）绿色包装的意义。目前，包装废弃物对城市造成的污染在总的污染中占有较大份额。基于此，实行绿色包装是世界包装整体发展的必然趋势。绿色包装具有以下三方面的意义：①减轻环境污染，保护资源；②顺应国际环保发展趋势；③绿色包装是促进包装工业可持续发展的唯一途径。

（2）绿色包装注意的问题。

第一，树立绿色包装观念。要逐渐克服包装异化，尤其需要在避免或减少过度包装方面下功夫。包装不进行"绿色化"，产品就难言"绿色"。

第二，开发绿色包装材料。绿色包装材料主要有：重复再用和再生的包装材料（啤酒、饮料、酱油、醋等的玻璃瓶）、可食性包装材料（糯米纸、包装冰激凌、玉米烘烤包装杯、土豆纸）、可食用保鲜膜（蜡）、可降解材料（木、藤、柳、草）、纸材料（包括各种纸浆模塑制品等）。

第三，包装技术绿色化。主要是绿色包装设计，应遵循上述"3R"原则。

第四，重视包装的回收与管理。加强回收再利用各环节的监督和管理，是实现绿色包装的关键。

第五，包装标识绿色设计。有专家曾说："消费者往往分不清一种产品和它的包装，很多产品即是包装，而很多包装即是产品。""包装，尤其是日用品的销售包装，是一个沉默不语且极具说服力的推销员。"这些说法都说明了包装（尤其是日用消费品销售包装）的重要作用。尤其是在超市盛行的今天，销售包装在价值营销中的重要作用越来越明显。因此，重视包装标识的绿色设计，对于提升绿色产品价值具有重要意义。标识绿色设计有以下两方面内容。①通过包装图案及色彩的绿色设计，突出环保内涵和绿色产品特点，唤起人们的环保意识，尤其是把"环境标志"放在显著位置并加以说明，说明包装废弃物及产品废弃物的回收、处理方法等信息。在产品绿色业绩方面，可突出"绿色与简便"；在与社会反映相关联方面：可突出社会责任；在与产品属性相关联方面：可突出天然、不含某成分、浓缩、经济、复用、耐用等；在与生产相关联方面：可突出再生、原生、野生、天然、传统、生物等特点。②绿色包装要国际化。这里的国际化是指既要顺应国际化大趋势，也要注意不同国际市场对包装需求的差异性。

第六章　企业绿色营销的创新发展探究

第一节　企业绿色营销实施面临的困境

一、企业绿色营销面临的内部困境

"绿色营销在现有的市场环境下存在消费者绿色意识、生产者绿色营销理念和绿色营销制度方面的障碍。"[①]我国绝大多数企业存在绿色营销理念仍未确立、生产管理方式滞后、营销组合策略不适应等诸多障碍，使我国企业绿色营销面临着不少困难。

第一，观念障碍。目前，我国绝大多数企业仍未确立绿色营销理念，对眼前利益考虑得多，对环境保护和社会长远利益考虑得很少，对环境问题所开拓的新的市场机会缺乏应有认识。究其根源如下。①我国大部分企业的领导及其员工还没有树立绿色价值观念，关注的主要是企业的经济利益，而对环境利益、社会利益及子孙后代的长远利益考虑得较少。②一些企业对实施绿色营销缺乏战略眼光，没有真正理解绿色营销的内涵，只是把绿色营销作为时髦的概念，利用人们追求绿色产品的心理，借绿色营销之名来刺激消费。③企业管理思想缺乏创新。

第二，研制生产绿色产品存在困难。①我国多数企业缺乏高水平的专业人才，绿色产品研发能力不足，导致绿色产品研制开发困难。②绿色产品开发难度大、成本高，而且科研与生产结合得也不够紧密，近期获利不够明显，投资风险比较大，这使许多企业对绿色产品的生产和开发重视不够，导致绿色企业总量和规模都比较小，所提供的绿色产品数量少，档次低，没有形成品牌效应，不能满足广大消费者的绿色需求。

第三，企业实施绿色营销缺乏足够的物质基础。①我国多数企业技术不够先进，绿色技术开发能力不足。②绿色产品投资成本高，而我国很多企业缺乏足够的资金支持。

第四，我国企业创新能力不足。我国企业无论在创新观念、创新人才、创新制度、创新技术以及创新经验积累等方面都与发达国家存在很大差距，主要原因如下。①缺乏先进的生产管理方式。我国企业营销目标多数仍停留在刺激消费，追求消费数量增加的阶段，尚未把资源保护作为企业营销的基本原则。生产方式滞后，高投入，低产出，能源利用率低，

---

① 杨新荣. 我国企业绿色营销的影响因素与实施战略 [J]. 经济管理，2005（23）：57.

对环境造成很大的污染和破坏。②企业营销组合策略还与绿色营销的要求存在差距。在产品包装方面仍然单纯追求豪华、精美，很少考虑所用材料是否节约和环保；选择销售渠道时，没有从产品的绿色特征出发尽量简化分销环节，以降低费用和有效防止绿色产品在分销过程中的二次污染；促销方式不够新颖，缺乏引导绿色消费、开辟绿色市场的新奇创意。

第五，一些企业擅自使用绿色产品标志，绿色市场较为混乱。目前，我国绿色市场发育还不够完善，市场秩序比较混乱。有些企业的产品并没有获得绿色产品标志，却擅自使用"绿色产品"标识，使市场存在大量的假冒绿色产品；有的企业将"绿色产品"证明商标直接作为商品名称或者包装使用；有的绿色产品标志已超过许可使用年限，仍继续使用，不能有效保证产品质量；有的地方政府没有严格按照有关规定批准企业使用"绿色产品"标识。这些现象严重损害绿色产业的信誉，损害消费者利益，妨碍了绿色消费的发展。

二、企业绿色营销面临的外部困境

在我国，绿色消费处于起步阶段，广大公众主动选择绿色消费的动力不足。究其原因，绿色消费主要存在以下障碍。

第一，绿色需求不足。我国人均收入不高，消费水平低，购买力有限，而绿色产品因为附属了环境社会成本，定价较高，普通的消费者难以接受；另外，我国目前处于经济发展转轨时期，人们预期收入不稳定，而人们在住房、子女教育、医疗、养老等方面支出较大，消费者为使自己的支出或成本最小化，很多人会放弃选择绿色产品，从而使绿色消费在我国普及率和大众化程度较低，阻碍了绿色市场的发展。

第二，消费者普遍缺乏环保意识。我国公民多数没有树立生态价值观念，缺乏绿色意识。很多人没有树立从我做起、从小事做起的环保理念，只希望政府、机构解决环境问题，而自己平时没有按照环保要求去做，甚至做些不利于环保的事情，从而制约着我国绿色市场的形成和企业绿色营销的实施。

第三，绿色产品价格过高。绿色产品由于大多采用高新技术和环保材料制成，科技含量高，研发成本、生产工艺以及市场开拓费用相对较高，往往定价高，其高价格往往让消费者难以接受。

第四，消费环境混乱。部分企业利用已经启动的绿色消费市场做虚假绿色广告，甚至假借包装，把根本不符合绿色标准的产品称为"绿色产品"，或非法使用绿色产品的标识，蒙蔽消费者，导致消费者对真正的绿色产品也缺乏信心，不仅损害了消费者的利益，而且威胁着实施绿色营销企业的生存，甚至造成整个社会经济秩序的混乱。

第五，绿色消费能力不足。我国很多消费者缺少有关产品质量、性能方面的知识，不能分辨绿色产品，缺乏自我保护能力，多数不知道绿色标志或生态标志是判别绿色产品的唯一合法依据。

第二节　绿色营销与企业可持续发展的关系

一、企业可持续发展需要树立绿色营销观念

绿色营销观念被界定为企业在经营和发展过程中确立"绿色"的营销思路。以往的营销理念往往是企业在开展市场竞争的过程中，要确立消费者需求至上的营销观念、处理好企业、消费者和竞争对手三者的关系，且只要生产的产品能得到消费者的关注，能在价格和品质方面战胜竞争对手，就能在市场中立于不败之地。但是，当前确立的绿色营销理念又充实了以往营销观念的内涵。首先，企业在市场竞争过程中，不再把关注的焦点放在企业、消费者、竞争者三者的关系协调中，而是怎么样处理经营和环保之间的关系。企业高层在做出营销决策时首先要考虑是不是做到了避免资源浪费、生态环境保护。这样就改变了企业做出营销决策时的立足点。其次，研究消费者需要时，在以往研究理论的指导下又增添了新的内容，把"绿色"贯穿其中，不仅考虑其当前需要，还要考虑未来这种需要的发展趋势。最后，在确定和竞争对手的关系时，立足于以往企业竞争的焦点又做出新的改变，不再单纯地追求产品在市场上的占有比例，而是生产加工过程最大限度地做到环保并能对其不断创新和完善。综合来讲，不同于以往的营销理念，现代化的营销理念更加注重"绿色"，关注生态环境保护，资源节约和可持续发展，关注社会的长远利益和世界整体利益。绿色营销必须建立在生产绿色产品的基础上，为市场和消费者设计出符合其需要的绿色产品。绿色产品其实就是对生态环境、对人民生活改善产生有利影响的产品。

第一，产品的生产要立足于传统产品的优势，满足消费者多样化的功能性需求的同时，也要考虑产品可能对社会、对生态环境、对未来人们的生活是否会产生不利影响，要符合国家卫生安全条例和管理办法。

第二，在选择产品的生产原材料时，要把避免资源浪费考虑其中，最好选用可再生的原材料；加工过程也要避免对环境的污染，不能添加不利于健康的原材料。

第三，选择产品外包装时也要贯穿绿色观念，避免选择不可再生的、对生态环境形成破坏、不环保的包装材料，树立可持续发展的理念。

第四，在确立营销理念时，应该把关注点放在如何引导消费者理性消费，注重生产中

的美学理念，不能为了吸引消费者而盲目生产。

二、企业可持续发展需要相应制定绿色产品价格

价格是形成市场竞争力的一个重要因素，如何确定产品价格关系营销策略的成败，确立绿色营销模式也不能避免定价环节。通常来说，绿色产品在选择原材料、再生产加工过程耗费成本较大，这与以往产品的生产有所不同，重点凸显在以下层面。

第一，在研发过程中，为了环境保护和可持续发展而增加的科研经费。

第二，在生产过程中，因为选择有利于生态环境，对人体无公害的生产方式而增加的支出。

第三，选择无公害原材料和包材也会增加企业的生产成本。因为选择绿色营销模式可能会提高企业的生产成本、营销花费，导致产品价值和价格的升高都不会持续很长时间，随着科技进步和国家政策的不断扶持，产品生产成本会下降价格也必然会有降低的趋势。在定价过程中时，企业也会发现一方面基于上述因素产品价格会偏高，但是基于社会发展，人民生活水平的提升，人们的购买力也会有一定程度的提升。因此，企业可以放心生产绿色产品，同样能在市场中增加产品占有率。

三、企业可持续发展中的绿色营销渠道

第一，企业在营销过程中和中间商关系最为紧密，所以企业要增强中间商的绿色理念，同时要大范围地寻找热心可持续发展的合作伙伴。

第二，在企业生产销售的各个环节都要重视绿色发展理念，为了使产品真正成为绿色产品，要在生产工具、运输工具、保管仓库的选择等各个方面做好绿色营销的工作。

第三，营销渠道的选择要短、要宽泛。在此过程中做到资源耗费的缩减，减小生产成本。

四、企业营销中的绿色管理

"5R"原则是国际上公认的环保原则：5R就是研究（Research）、重复使用（Reuse）、减量化（Reduce）、再循环（Recycle）、挽救（Rescue）的缩写，其中研究（Research）是指重视研究企业的环境对策，如循环经济、清洁生产等绿色技术的研究与推广应用。重复使用（Reuse）是指用已使用过的物品进行二次利用，如用已使用过的纸张背面来印名片。减量化（Reduce）是指减少或消除有害废弃物的排放，如减少进入回收流通的商品及包装材料，在产品和生产过程的设计中充分考虑回收物流的需要，使其方便于将来的回收和利用等。严格控制退货政策也可以达到减少退货量的目的，这一方法在我国的消费品市场上

最常见。再循环（Recycle）是指对废旧产品进行回收处理，再利用。例如，纯净水桶、酸奶瓶等的回收物流。挽救（Rescue）是指对已产生的废旧产品或废弃物进行修复，以使其可再用或将其对回收物流、对社会的损害降到最小。利用确立 5R 管理原则的契机，打造绿色生产、绿色经营的管理和发展模式，确立绿色营销策略，以此为基础，推动企业实现绿色发展的转型，使其在研发、生产等各个环节都能满足消费者的需要，提高市场占有率，推动社会环境的可持续发展。

第三节　企业绿色营销创新发展的有效途径

企业可以通过以下四个途径实施绿色营销的创新。

第一，经营理念的创新。企业的经营理念是企业发展一贯坚持的一种核心思想，也是企业制定战略目标及实施战术的前提条件和基本依据，对企业的经营行为有着决定性的影响。绿色营销不仅是企业营销层面的革命，同时也要求企业在产品设计、生产等方面进行革新，而要做到这一点，必须先从战略层面对企业传统的经营理念进行创新。从企业的决策层到基层员工，都应该意识到企业承担社会责任的重要性以及绿色营销已成为不可阻挡的潮流，在经营理念和经营活动中重视资源节约和环境保护。

第二，管理制度的创新。管理制度的创新是企业绿色营销的重要保障。绿色营销牵涉到市场调研、产品设计、原材料采购、产品生产以及销售等多个环节，是一项系统工程，必须有相关部门和人员的紧密配合及大力协作才行，因而要有配套的管理制度作为保障。企业应根据绿色营销开展的需要，要求相关部门对各自的管理制度进行认真审查，调整其中不合理的地方。在此基础上，从战略层面进行整体协调，建立健全一套有效的激励与约束机制，做到有奖有罚、奖惩有据。让绿色意识和绿色责任深深植入全体员工的脑海中，并落实到具体行动上。

第三，绿色技术的创新。绿色技术创新是指为促使产品自然生命周期各阶段的绿色化、降低产品自然生命周期成本而进行的技术创新，涉及原材料采购、大批量处理、工程化及特殊材料生产、制造与装配、使用与服务、退出使用、处置等诸多环节。企业应在绿色经营理念的指导下，加大对绿色技术研发的投入，并从人、财、物等各个方面予以大力支持。要在市场调研的基础上，根据产品设计、原材料采购以及产品生产、包装和销售等不同环节的绿色要求，分别进行有针对性的技术创新，开发出更多符合国家环保法规要求和市场需要以及便于回收利用的绿色产品，有效站稳绿色产品市场。

　　第四，营销策略的创新。为了促进绿色产品的销售，企业还必须精心制定有效的营销策略。首先，在产品包装方面，要具有环保功能，并凸显企业的绿色标志，对产品的绿色性能和使用方法等进行必要的说明。其次，在宣传上，要根据绿色产品的受众特点，有针对性地选择宣传媒介，增强宣传效果。再次，在销售价格的制定上，既要考虑产品的成本，同时也要有长远眼光，采用适合大众消费的价格进行销售，扩大产品的销量和市场影响力。最后，在销售渠道的选择上，要挑选那些信誉好并具备环保能力的中间商。当然，企业也可以通过开设绿色产品专卖店的方式进行，以增强对市场的掌控能力。

参考文献

[1] 包月姣. 绿色营销 [M]. 郑州大学出版社，2018.

[2] 曹利军，杜世勋，王荣花，等. 从传统营销到绿色营销：企业可持续发展的路径分析 [J]. 软科学，2004，18（5）：55 ~ 57，63.

[3] 查中伟. 生产者行为决策分析 [J]. 工业技术经济，2004，23（1）：85 ~ 86.

[4] 戴文标，孙家良. 经济学 [M]. 杭州：浙江大学出版社，2019.

[5] 董俊武，黄江圳. 绿色消费者分析及启示 [J]. 商业经济与管理，2002（11）：19 ~ 22.

[6] 杜传忠. 寡头垄断市场结构效率的多维性分析 [J]. 山西财经大学学报，2002，24（5）：5 ~ 9.

[7] 高华中. 浅析绿色营销 [J]. 商业研究，2002（18）：91 ~ 93.

[8] 耿乃国，由雷，赵真真. 垄断市场供给曲线的存在性证明研究 [J]. 商业经济研究，2017（13）：188 ~ 190.

[9] 郭红飞. 浅析企业绿色营销的发展现状及创新策略 [J]. 环球市场，2018（32）：133 ~ 134.

[10] 韩娜. 绿色营销与中小企业的可持续发展 [J]. 环境保护，2008（4）：16 ~ 17.

[11] 何平，高杰. 消费者行为理论研究新进展 [J]. 经济学动态，2007（8）：71 ~ 75.

[12] 胡春香. "绿色营销"策略组合研究 [J]. 经济问题，2006（1）：35 ~ 36.

[13] 胡进. 生产价格理论与均衡价格理论的比较研究 [J]. 当代经济研究，2004（2）：46 ~ 50.

[14] 汲德群. 试论企业市场营销战略的创新及其对策 [J]. 中国商贸，2014（28）：27 ~ 28.

[15] 贾根良，兰无双. 经济学学界史的问题意识、方法论与研究意义 [J]. 经济学家，2019（1）：25 ~ 34.

[16] 金鑫.探讨我国实施绿色营销的主要障碍及对策 [J]. 中国商贸，2013（27）：28 ~ 29.

[17] 李建蓉，燕春兰.消费者行为对绿色营销的影响分析 [J]. 中国商贸，2012（6）：40 ~ 41.

[18] 李良智.竞争市场与垄断市场：一个基于福利的分析 [J]. 当代财经，2003（8）：5 ~ 8.

[19] 李卫华.均衡价格理论批判 [J]. 江苏社会科学，2015（6）：35 ~ 42.

[20] 刘黎清.垄断竞争市场与企业的创新战略 [J]. 科学管理研究，2002，20（4）：13 ~ 16.

[21] 刘晓薇，郭航帆.绿色消费的制度选择 [J]. 当代经济研究，2011（3）：39 ~ 42.

[22] 刘晔，周志波.不完全竞争市场结构下环境税效应研究述评 [J]. 中国人口·资源与环境，2015，25（2）：121 ~ 128.

[23] 刘中华，彭乐骅.市场竞争、竞争态势与全要素生产率 [J]. 财会月刊，2021（14）：110 ~ 118.

[24] 齐良书.论经济学中的价值理论 [J]. 政治经济学评论，2022，13（1）：141 ~ 159.

[25] 唐树伶.经济学 [M]. 沈阳：东北财经大学出版社，2019.

[26] 王坚.寡头垄断市场的形成及其积极意义 [J]. 商业时代，2006（19）：55 ~ 56.

[27] 许崴.现实垄断竞争市场中的"最适差异化空间" [J]. 学术研究，2013（3）：84 ~ 90.

[28] 晏国祥.消费者行为理论发展脉络 [J]. 经济问题探索，2008（4）：31 ~ 36.

[29] 杨富贵.绿色营销中的分销渠道建设问题 [J]. 企业活力，2007（4）：42 ~ 43.

[30] 杨旻旻.绿色营销实务 [M]. 化学工业出版社，2021.

[31] 杨新荣.我国企业绿色营销的影响因素与实施战略 [J]. 经济管理，2005（23）：57 ~ 60.

[32] 于金富.经济发展理论的主要范式及其历史演进 [J]. 福建论坛（人文社会科学版），2013（5）：5 ~ 11.

[33] 于淑艳，肖旭副.经济学原理 [M]. 北京：中国铁道出版社，2019.

[34] 湛泳，汪莹.绿色消费研究综述 [J]. 湘潭大学学报（哲学社会科学版），2018，42（6）：46 ~ 48.

[35] 张静.浅析企业绿色营销的发展现状及创新策略 [J].经营者，2018，32（19）：37～38.

[36] 张磊，赵玉琳.经济学研究对象理论不同观点的比较与反思 [J].经济纵横，2017（4）：16～22.

[37] 春荣.经济学 [M].北京：中国经济出版社，2010.

[38] 赵志君.新古典生产者理论的缺陷、引致问题及其解决方案 [J].经济学动态，2019（11）：84～96.

[39] 周静怡，岳洋.绿色营销：企业营销战略新趋势 [J].商业研究，2003（7）：45～47.

[40] 邹函.可持续发展背景下的企业绿色营销创新 [J].全国流通经济，2018（7）：5～6.